徐亮工　整理

徐中舒
先秦史讲义

徐中舒(1898—1991)

　　中国著名的历史学家、古文字学家。曾当选中国史学会理事、中国先秦史学会理事长、中国古文字学学会常务理事。曾任教于四川大学、复旦大学、北京大学、武汉大学等院校,学术成就硕果累累,其主编的《汉语大字典》列入中华人民共和国常备书目。

图书在版编目（CIP）数据

徐中舒先秦史讲义 / 徐中舒著；徐亮工整理—天津：天津古籍出版社，2008.12
（名师讲义）
ISBN 978-7-80696-573-3

Ⅰ.徐… Ⅱ.①徐…②徐… Ⅲ.中国—古代史—先秦时代 Ⅳ.K22

中国版本图书馆CIP数据核字（2008）第161550号

徐中舒先秦史讲义

徐中舒/著

出版人/刘文君

*

天津古籍出版社出版
（天津市西康路35号 邮编300051）
http://www.tjabc.net
E-mail:tjgj@tjabc.net
唐山市天意印刷有限公司印刷
全国新华书店发行
开本880×1230毫米 1/32 印张12.75 字数270千字
2008年12月第1版 2008年12月第1次印刷
印数1—4000
ISBN 978-7-80696-573-3
定价：28.00元

徐中舒

《名师讲义》丛书

序

　　天津古籍出版社拟出版一套《名师讲义》丛书。从书名看，意思很清楚。他们来征求我的意见，我很赞成。

　　这些位名师，都是20世纪执教于中国各著名大学的知名学者，他们的学术地位早有定评。如闻一多、朱自清等位先生，都是一代人师；再如游国恩、雷海宗、周祖谟等位先生，也都是各自学术领域中的权威。他们虽都已去世多年，但薪尽火传，其衣被学人，早非一代。他们虽有许多传世之作，但也有大量当年以讲义形式行世的作品，不甚被人注意保存，极有流失之虞。据我看，其中蕴藏的精金美玉决不会少。

今天常常听到"抢救文化遗产"之类的呼声。天津古籍出版社要出版的这一套书，不正是此种功德之举的具体体现么？我认为，这些讲义是弥足珍贵的寿世之作，把它们成批整理出版，嘉惠学林，是做了一件大好事。

我听说此事正在进行，十分高兴。但因病中医嘱不宜长时间执笔，只写此短序，聊当前军旗鼓云耳。

季羡林

目录

一、先秦史专题课讲义(1957年)

　　本课教学目的是在已讲授的中国史的基础上对先秦部分作系统的深入的讲授,提出若干重要问题,藉以启示学生对先秦史提出问题、研究问题、解决问题,以及搜集史料等工作方法,以培养学生独立工作的能力。

　　本课教学采取专题讲授方式,每个专题多根据教者过去撰写的论文及多年积累的心得加以阐述。每个专题下所列参考资料,在讲授前学生必须择要阅读,必要时每两周或三周举行课堂实习一次,课堂讨论另行布置。

第一讲　黄河流域的地理环境与中国历史的关系

　　一、地理环境与中国历史　　　　　　　　　　／3
　　二、古代中国的基本生产——田蚕织作　　　　／5
　　三、黄河流域两种不同的文化　　　　　　　　／12
　　四、南方低地的开发　　　　　　　　　　　　／16

第二讲　尧舜禹禅让与父系家族私有制的开始

　　一、三代以前的部落酋长　　　　　　　　　　／21

二、尧舜禹的禅让　　　　　　　　　/24
　　三、夏代传子的家族私有制　　　　　/29
　　四、战国以前南方的农村公社　　　　/32

第三讲　地下遗物与夷夏之关系
　　一、夏与仰韶文化的关系　　　　　　/37
　　二、夷与龙山文化的关系　　　　　　/39
　　三、夷夏之争　　　　　　　　　　　/42
　　四、成汤灭夏　　　　　　　　　　　/44
　　五、武王克商　　　　　　　　　　　/47

第四讲　殷虚发掘与殷虚年代
　　一、甲骨文之发现和研究　　　　　　/51
　　二、殷虚发掘　　　　　　　　　　　/53
　　三、巫卜与甲骨文字　　　　　　　　/55
　　四、殷虚遗物　　　　　　　　　　　/57
　　五、殷虚及其年代　　　　　　　　　/60
　　六、殷代(殷虚时代)的物质生活　　　/62

第五讲　殷代世系中的兄终弟及制与嫡长继承制
　　一、殷代世系　　　　　　　　　　　/67
　　二、兄终弟及制　　　　　　　　　　/71
　　三、祖甲改制　　　　　　　　　　　/72
　　四、外婚制与宗法制度　　　　　　　/74

目录

第六讲　殷代侯田男卫四服的指定服役制与周初的建侯制

　　一、殷代官制　　　　　　　　　　　　　　/78
　　二、辽代宫卫制及部族制　　　　　　　　　/81
　　三、周公成王东征　　　　　　　　　　　　/83
　　四、改变指定服役制为建侯制　　　　　　　/86
　　五、殷代的灭亡及其部族迁徙　　　　　　　/87
　　六、夫余与高句丽的奴隶制　　　　　　　　/93

第七讲　西周的社会性质

　　一、西周的生产力　　　　　　　　　　　　/96
　　　（甲）生产工具　　　　　　　　　　　　/96
　　　（乙）农业技术　　　　　　　　　　　　/100
　　二、生产关系　　　　　　　　　　　　　　/105
　　三、西周的社会性质　　　　　　　　　　　/112

第八讲　太王翦商与文王时代的发展

　　一、周代先世　　　　　　　　　　　　　　/115
　　二、国号豳与周　　　　　　　　　　　　　/118
　　三、太王迁岐　　　　　　　　　　　　　　/119
　　四、文王时代国势的发展　　　　　　　　　/120
　　五、武王克商　　　　　　　　　　　　　　/124

第九讲　魏齐争霸与合纵连横

　　一、春秋时代的霸业　　　　　　　　　　　/128

二、战国初期的形势　　/131

　　三、六国称王　　/135

　　四、齐、秦强大与合纵连横的形势　　/138

第十讲　商鞅变法

　　一、变法的内容　　/140

　　二、秦国生产的发达与国势的增强　　/143

　　三、私有制进一步发展　　/146

第十一讲　先秦社会中所存在的家族公社和农村公社对于学术思想的关系

　　一、在阶级社会中的家族公社　　/149

　　二、农村公社　　/153

　　三、儒家学派　　/156

　　四、老庄学派　　/161

　　五、墨家学派　　/167

　　六、法家学派　　/168

第十二讲　《豳风》的研究

　　一、《豳风》的内容　　/171

　　二、《豳风》应为鲁诗　　/173

　　三、七月诗中的生产关系　　/176

二、先秦史讲义(1982年)

一、关于中国古代村社共同体的几个问题　　　　　　/185

　(一)村社共同体是不是原始社会　　　　　　　　/185

　(二)怎样解释古代的三十里　　　　　　　　　　/189

　(三)新石器时代还有许多空白点,这又怎么解释　/190

　(四)游牧民族与农业民族的村社在形态上有什么区别　/194

　(五)我们说一夫一妻制,那么多妻多夫该怎样
　　　解释？比如收继婚。羌族里还有多夫,
　　　后来中国社会里还有纳妾。　　　　　　　　/196

　(六)古代是不是世外桃源　　　　　　　　　　　/196

二、高辛与高阳　　　　　　　　　　　　　　　　　/198

三、唐虞夏部族联盟　　　　　　　　　　　　　　　/216

四、夏代的历史　　　　　　　　　　　　　　　　　/228

五、夏商之际夏民族的迁徙　　　　　　　　　　　　/239

六、殷商的历史　　　　　　　　　　　　　　　　　/249

　(一)商朝的年代和世系　　　　　　　　　　　　/249

　(二)商朝传说的历史　　　　　　　　　　　　　/257

　(三)商代的氏族制　　　　　　　　　　　　　　/260

七、中国的图腾问题　　　　　　　　　　　　　　　/268

八、商朝的侯田男卫四服制　　　　　　　　　　/272

九、殷纣的灭亡　　　　　　　　　　　　　　　/280

十、殷代的两轮车　　　　　　　　　　　　　　/284

十一、殷周之际的民族大迁徙　　　　　　　　　/290

十二、西周的兴亡　　　　　　　　　　　　　　/297

　　（一）周原文化的两个来源　　　　　　　　/297

　　（二）周王朝的兴起　　　　　　　　　　　/307

　　　　　周王朝的兴起（续）　　　　　　　　/312

　　（三）周代的封建社会　　　　　　　　　　/314

　　（四）西周的诸侯、诸监　　　　　　　　　/320

　　（五）周公东征　　　　　　　　　　　　　/321

　　（六）周朝的分封　　　　　　　　　　　　/326

　　（七）周室衰微　　　　　　　　　　　　　/332

　　（八）宣王中兴　　　　　　　　　　　　　/340

十三、春秋霸业　　　　　　　　　　　　　　　/345

　　（一）齐桓始霸　　　　　　　　　　　　　/345

　　（二）晋国霸业　　　　　　　　　　　　　/357

　　（三）楚国的历史　　　　　　　　　　　　/368

　　（四）秦国的历史　　　　　　　　　　　　/379

后　记　　　　　　　　　　　　　　　　　　　/391

先秦史专题课讲义

（1957年）

【第一讲】 黄河流域的地理环境与中国历史的关系

一、地理环境与中国历史

地理环境是人类社会必要的、经常的条件之一,他构成人类物质资料生产过程的自然基础,特别是在原始公社和奴隶社会时期,对生产类别、生产部门发生相当的影响。但是,这种影响无论如何不是决定社会面貌、社会本质的条件。社会学和历史学中的地理学派,故意夸大这种影响,显然是有意识歪曲社会发展的规律,这是我们必须批判的。

人类社会的发展,是生产力和生产关系的发展,地理环境是相对不变的。但是,地理环境也不是完全没有变化的,就是在很短的年代中十年百年或数百年中也是在不断地变化着。例如:我们中国的渤海湾在远古时期就是不存在的;成都的地面在唐朝就比现在要低一公尺至二公尺左右;殷周及其以前的时期,黄河流域气候相当温和,那里盛产竹子,当时人就利用它来作为书册的竹简,这就是一个最鲜明的例子。可是,地理环境和气候的变化是极其缓慢的,而且在千年万年中的一点变化,也绝对不能决定社会的性质。任何一个社会的特殊性质,只有根据历史唯物主义去研究,才能得到正确的说明,地理环境不可能成为决定性的前提。

古代中国的历史,与地理环境有着十分密切的关系。正如古代的埃及和印度等国家的历史与尼罗河流域、恒河流域有着密切的关系一样,古代中国的历史与黄河流域的地理环境是紧密的联系着的。因为,地理环境对于原始社会的人是一种相当大的支配力量。最冷最热的地区,是不能最先独立产生人类文化的。土地肥沃、气候良好的地区,人们稍事劳动,就能够得到必需的生活资料,生活是比较容易维持的。例如,汉代以前中国的江南地区,人们"火耕水耨","食物常足"(《汉书·地理志》)。但是,自然界过于富饶,反而容易使人们过分的依赖着它。最利于社会发展的是最富于多样性的地理环境。马克思说:"这种多样性就帮助人类增加本身的需求,能力,劳动资料与劳动方法。"(《资本论》第一卷,第631页)因而大大有利于人类的生存和社会的发展。我国的黄河流域,正是这样的地区。

黄河是一条著名的大河。肥沃的黄土、温和的气候、多样性的河谷地区,是十分宜于农业的发展的,因此黄河流域的农业就具备了良好的农业基础,当时黄河流域一带,气候比现在暖和些,

《庄子》里谈到黄楠树,直到汉代,渭川、沙园还盛产竹子(《汉书·沟洫志》、《货殖传》)。气候温和的原因,可能是美亚两洲之间的白令海峡还没有出现,北极的寒流不能顺利地到来的缘故。明末清初的西方人,还相信库页岛是与大陆相连的。这一个信念,就说明在明清之际以前库页岛还是大陆的一部分。舟山群岛(即古代的甬东)在春秋时代也是与大陆相连的。从上面许多例证再结合地质学上的现象我们也可以说台湾、海南岛还有日本在远古也是与中国大陆相连的。

由于很早中国有了相当发达的农业,所以,纺织业也非常发达,同埃及一样,在有文字记载以前,就已经有麻布。而且,还有埃及所没有的蚕茧。

正是由于黄河流域的多样性的地理环境,所以,促使中国产生了独立的文化。

二、古代中国的基本生产——田蚕织作

田蚕织作,就是农业与家庭手工业结合的生产,它是中国很早就有了。怎样理解这样的社会呢?首先,我们看看在中国历史上周围的民族和国家。中国史籍上记载的边区民族的生产,就是我们国家在历史记载以前的生产。孔子说:"礼失而求诸野。"礼,狭义的说法是指典章制度,广义的说法是指政治、经济、文化生活的各个方面。孔子的话就是说,有的社会现象在进步以后的中原没有了,但是,在保持原始状态的地区,还存在着,这是可供参考的。孔子这句话是对的。例如:席地而坐的习惯,中国在宋代就没有了,而在日本却从中国学习过去保持到了近代。在许多生产方法上也应当是如此。

由采集发展到初级农业,由田猎发展到畜牧;在畜牧的时候,又发展到了高级的犁耕农业,这是西洋的情况。恩格斯针对这种情况,也是这样论述的。但是,古代中国的情况,和西洋是不同的,与澳洲、美洲相似,它的高级农业是从初级农业基础上发展起来的,中间没有经过完全畜牧的阶段。中国在战国以前是没有牛耕的。商殷以前的远古中国,饲养的家畜主要是鸡犬豕,而不是马羊牛。

马牛羊不是东亚大陆原来就有的。中国古代的生产部门,就只有田蚕织作。这是怎么讲的呢?原有东亚大陆原始驯养的家畜,只有犬和猪鸡。犬是肉食的动物,早在旧石器时代已经为人们驯养成打猎少不了的助手。猪是东亚普遍的家畜,鸡是南亚的家畜,渐向北方发展的。仰韶遗址中猪骨甚多。《后汉书·挹娄传》说,这个部族"好养豕,食其肉,衣其皮,冬日以豕膏涂身厚数分以御寒"。《孟子》说当时农民的家畜,只说"五母鸡,二母彘",我们知道现代中国农民最普遍的家畜,还是鸡和猪。这两种家畜都是吃谷物的动物,而不是游牧民族所驯养的。游牧民族所驯养的马牛羊,在亚洲东部原来是没有的。中国史籍上记载东亚滨海的岛屿,都没有马牛羊。如《汉书·地理志》说珠崖儋耳郡(就是现在的海南岛)"无虎与马",《后汉书·东夷传》说倭"无牛马虎豹羊鹊"(《汉书》、《后汉书》之注不取),《隋书·流求传》说流求(就是我国领土的台湾省。台湾是明末荷兰人强占台湾以后的名称)"多猪鸡,无牛羊驴马"。我们晓得,日本及我国的台湾、海南岛,有史以前都是和大陆相连接的。当其未与大陆断绝以前,大陆如果已经有马牛羊的家畜,这些岛上不应当都没有。汉隋以前这些岛上既没有马牛羊,这就很可以证明这些岛屿离开大陆以前,大陆上还没有马牛羊的驯养（根据地质学家和古生物学家的研究，日本在新统末期尚与大陆相连，有马化石等，惟与今之种或稍不同）。不仅如此，中国近代的农村，也是少马少羊的，养牛是仅为了耕作的特殊需要而已。再以中国史籍所载中国东北黑龙江内外兴安岭一带而论，如肃慎至室韦，见于《晋书》及《北史》的，也没有"牛羊"或是"无羊少马"，柳宗元也说"黔无驴"。又如今日汉族除了受着欧美人生活影响的，他们和苗傜夷族，以及松理懋的羌人都非游牧民族，他们没有吃牛羊奶的习惯，这都是东亚大陆古代不畜马牛羊的明证。但是，东亚大陆的鸡犬却是普遍的。所以，《老子》只说"邻国相望，鸡犬之声相闻"而不言"牛马羊"之声相闻。《孟子》也只说"鸡豚犬彘"就是这个道理。

地质学上中国东边海岸下沉现象的了解，对理解东亚大陆原无马牛羊等牲畜是有帮助的。假定中国东边海岸没有下沉现象，黄河泥沙那样多，那渤海早就填满了。根据邓子恢副总理最近的报告，现在黄河的含沙量仍然是极大的，居世界河流的第一位：

> 黄河的含沙量在世界各国的河流中占第一位。每公方水的多年平均含沙量在埃及尼罗河是一公斤，苏联阿姆河是四公斤，美国科罗拉多河是十公斤，而黄河在河南陕县却达三十四公斤。根据水文资料计算，黄河每年经过陕县带到下游和海口的泥沙，平均达到十三亿八千万吨。体积约折合九亿二千万公方；如果用这么多泥沙堆成高宽各一公尺的土坝，足够绕地球赤道二十三周（《新华月报》，1955年，第8号）。

显然，东海岸的下沉现象是存在的，不然，这么多的泥沙，千万年以来绝大部分入海以后,难道不把海填起来了么?由此更可以明白,正是因为东海岸的下沉现象,使日本及许多岛屿,是逐渐从大陆的土地因海岸下沉而形成的。从而可知,日本等岛屿没有马牛羊,那也就说明中国远古也没有马牛羊的。

人们或许要问,既然古代东亚大陆没有马牛羊和游牧生产方法,为什么中国北方会出现一个强大的以游牧为生的匈奴帝国呢?

不错,匈奴的确是一个大的游牧生活的帝国。我在"论秦与匈奴的统一及其经济原因"(1951年6月17日《工商导报·学林副刊》)中曾经就这个帝国出现的生产条件有所说明。但是,我又指出,在中国北部地区,当其匈奴帝国还没有兴起的时候,在北部森林里居住的是北狄。北狄是穴居的射猎民族,而不是游牧骑马的匈奴,《礼记·王制篇》记:

> 北方曰狄,衣羽毛,穴居,有不粒食者矣。

既然是穴居,那就一定不是居穹庐随畜迁徙的种落,随畜迁徙逐水草、居穹庐的匈奴,是一个游牧国家。它是从中亚方面发展到蒙古地区来的(也可能他原来是东方民族,后来接受了中亚传来的游牧生活),到了秦始皇前后时期,建立了帝国,丢掉了初期的农业,而单独发展了高级的游牧。当然,这在东亚大陆是一件新的事情,在司马迁的眼界里,也是一件新的事情。所以,司马迁的《史记·匈奴列传》记载得特别详细,就是这个道理。可见,东亚大陆原来没有马牛羊,当然谈不到高级的游牧经济。当时虽然有一定的畜牧事业,但是,那是"牧而不游",只是田猎的或农村的副产,东亚大陆所有的农业生产仅仅是田蚕织作。关于田蚕织作的情况，在古代的边区民族中间，我们还可以找出典型的例子来。

《汉书·地理志下》记载了前汉朝鲜的情况：

> 殷道衰，箕子去之朝鲜，教其民以礼义，田蚕织作，乐浪朝鲜民犯禁八条，相杀以当时偿，杀相伤以谷偿，相盗者，男没入为其家奴，女子为婢，欲自赎者，人五十万，虽免为民，俗犹羞之，嫁取无所雠，是以其民终不相盗，无门户之闭，妇人贞信不淫辟，其田民饮食以笾豆……可贵哉，仁贤之化也。

这一大段文字，显然有班固根据自己的看法，夸大了中国对边区民族的积极影响的方面，但是，我们从事实方面来看，明白的看得出来，田蚕织作，是朝鲜在汉朝时代还存在着的生产状况，不仅如此，早在殷末周初，朝鲜已经是以田蚕织作为主要的生产了。而且，这种情况，直到后汉时代还是如此。《后汉书·东夷传》对于由秦人建立的辰韩和朝鲜原有的土著马韩作了分别的记载，关于辰韩他说：

> 辰韩耆老自言秦之亡人，避苦役，适韩国……土地肥美，宜五谷，知蚕桑，作缣布，乘驾牛马。

至于马韩，他说：

> 马韩人知田蚕，作绵布……邑落杂居，亦无城郭……不知跪拜，无长幼男女之别，不贵金宝锦罽，不知骑乘牛马。

显然,看得出来,马韩的情况,就是原来古代东亚大陆的情况,那就是没有马牛羊等牲畜,而过着田蚕织作的生活,至于辰韩因为是由中国的秦人去的,所以,不仅带去了牛马,而且还能骑乘了。但是,他们还不过游牧生活,仍然过着田蚕织作的生活。

在古代曾与中国大陆联系在一起后来才分离的日本的原始状态,也是值得注意的。当其日本还没有受到汉文化的影响以前,日本也是以田蚕织作为主要生产事业。

> 土宜禾稻麻纻蚕桑,知织绩为缣布……无牛马虎豹羊鹊。(《后汉书·东夷传》)

海南岛的情况,也没有例外。《汉书·地理志下》说海南岛的人:

> 皆服布如单被,穿中央为贯头,男子耕农,种禾稻纻紵麻,女子桑蚕织绩。

这是汉以前的事,当然也可以证明中国古代中原地区的生产情况。

不仅中国的东部、南部、东北部存在着田蚕织作的情况,而且,在西南方面也盛行着田蚕织作的生产情况,先以成都等地为例。据《华阳国志》记载,蜀地有"锦绣……桑漆麻苎之饶",巴地盛产"桑蚕麻纻",江南郡汉安县"宜蚕桑"。正因为有着田蚕织作的深厚基础,所以,到了三国时期,四川的织锦业才大大地发展起来,并且传到了江南。任预《益州记》说:

> 锦城在益州南笮桥东流江岸,蜀时故锦官也。其处号锦里,城墉犹在。

另外这里还有一条至关重要的史料,山谦之《丹阳记》:

> 历代尚未有锦,而成都独称妙,故三国时魏则市于蜀,吴亦资西蜀,至是乃有之。

这样发达的织锦事业,就是在原来的田蚕织作的基础上经过长期发展起来的。当然,这里得附带说一句,这时的蜀锦,就是后来说的锦缎。我在"蜀锦"一文中曾经作了论证。

在西南的少数民族方面,永昌一带的"哀牢夷"(或谓即"獠人")也过着田蚕织作的生活,《后汉书·哀牢夷传》:

> 土地沃美,宜五谷蚕桑,知染采文绣,罽毲帛叠,兰干(《华阳国志》作纻)细布,织成文章如绫锦。有梧桐木华,绩以为布,幅广五尺,洁白不受垢污,先以覆亡人,然后服之。

可见,"哀牢夷"的织绩事业是相当发达的,能够靠着手工制成许多优良的布匹,并且还有最进步的绫锦的织品,要是和成都的织锦联系起来,就更可以知道西南的纺织事业,有着十分悠久的历史。《后汉书·南蛮传》言盘瓠之族,

> 织绩木皮,染以草实,好五色衣服,制裁皆有尾形。

也同样证明了南方少数民族盛行着田蚕织作。

要是把东南西北各方的情况联系起来,可见都存在着发达的纺织事业,这是和各地都有着相当发展的农业是分不开的。也就是说,田蚕织作是互相密联的,不能孤立的,它本身是一个完整的体系,是与游牧生活完全两样的。

至于中原地区的情况,纺绩事业,在北宋以前,都以兖州为最甚,《禹贡》和《汉书·地理志》都有记载。《禹贡》说"桑土既蚕",《汉书·地理志》说鲁地,"地狭民众,颇有桑麻之业",又云齐地"织作冰纨绮绣纯丽之物,号为冠带衣履天下",故齐为三服官之处(齐地临淄和湖北的襄邑都是)。《汉书·贡禹传》说"方今齐三服官,作工各数千人,一岁费数巨万",可见桑麻事业,以山东为第一。秦观《蚕书》云:"桑土既蚕,独言于兖。然则九州蚕事,兖为最乎。予游济河之间,见蚕者豫事时作,一妇不蚕,比屋詈之,故知兖人可为蚕师。"由此可见,古代中国黄河流域因田蚕织作为其基本生产,所以蚕桑事业极盛。到了六朝时代,江南地区蚕桑事业才渐渐发达起来,至于发展到居中国纺绩事业的重心,那是北宋以后的事了。

三、黄河流域两种不同的文化

仰韶文化与龙山文化都是黄河流域的文化。但是,他们是两种完全不同的文化。单就陶器来说,他们已经有着显著的不同。仰韶文化的典型陶器,多为大腹、平底、小口,表面用毛笔涂彩,是用手制的。龙山文化的典型陶器,是黑色的,纹饰是刻划的,有三足、圈足或高圈足,是轮制的。再就仰韶文化与龙山文化的分布地区来看，也是显然不同的。河南省及河南省以西，是仰韶文化存在的地区，龙山文化则以山东为其中心区域，它们互相独立发展，所以河南后冈发现了同一地区仰韶文化在下层，龙山文化居中层，小屯文化在最上层的现象。可见仰韶文化与龙山文化是互相代替的，是有着剧烈的斗争的，是一种文化的居民，赶走了另一种文化的居民，而在此以前，两种文化之间，是不相交通的。为什么不相交通呢？这存在着客观的地理原因。在远古时期，河南嵩山与山东泰山之间一带地方原是内海，后来形成很低的薮泽地带，人既不能通过，船也不能通过，所以隔绝了仰韶文化居民与黑陶文化居民之间的来往，使得两种文化独立地发展。但是，"泾水一石，其泥数斗"（《汉书·沟洫志》）的黄河巨量黄土和泥沙，千百年来的淀积淤塞，使这个低下的地带，逐渐地上升起来。这个新形成的冲积平原，不仅渐渐地使两文化开始了交通，而且造成了对于发展农业极其有利的地理环境。本来在黄河支流的河谷地带的发达农业，渐渐地发展到了这个新的地区了。

　　黄河的支流，多存在着大型的河谷。这些河谷地带，最宜于发展农业。《汉书·沟洫志》说，秦国开凿郑国渠，引泾水溉田，亩收一钟（六斛四斗），这在战国时代还是如此，可见战国以前一定也是如此。但是居住在西方发达的农业地区的居民，后来却有两条不同的发展道路。一条是由低等农业发展到高等农业，这是姜姓民族的情况，一条是由低等农业受到游牧民族的影响因而发展了马牛羊的畜牧再进而变成游牧，这是羌族的道路（可能姜羌两族原来是一族，后来因为地理条件、生活条件有所不同而发生了变化）。所以，姜族后来是纯粹的农业民族，而羌族就有所不同。羌字，《说文》谓"西戎羊种也"。段注《广韵》、《韵会》、《史记·索隐》

作牧羊人也"。可见,羌族是由初等农业与游牧结合起来而变成游牧民族的。初等农业与游牧结合的羌族,在历史上是出现过的。《唐书·党项羌传》:"俗皆土著,居有栋宇,其屋织氂牛尾及羊毛覆之,每年一易。"这是定居的现象,西藏有两方面的文化,一是游牧生活,一是营初等农业的羌族,后者与党项是相似的。正因为西方仰韶文化系统只存在初级农业,所以他的纺织事业远不及东方发达,党项的情景,略似原来仰韶文化的纺织水平。

龙山文化是以泰山为中心的小河谷为基地,发展农业是有好条件的:气候好,雨量多湖泽多,狩猎也发达,存在着多种经济部门。在河南是先有仰韶文化,后有龙山文化,但是,山东只有龙山文化。从龙山文化的陶器制作来看,他是轮制的,薄如蛋壳,火候高,应该是相当进步的,可是,他与西方仰韶文化陶器的作法和形制大有不同,我们现在还缺乏应有的中间环节来联系这两种文化而判断他们的起源谁早谁晚,但是仅就两城镇的文化堆积来看,有科学的说服力足以说明他是一个农业民族的农村公社的遗址。

山东的农业区域范围小,地理条件虽然比仰韶文化区域差一些,但富于多样性,有好的河谷,是一个民族很好的发展条件。尤其是他们的渔猎时期相当长,打猎又需要类似军事组织的东西来组织居民共同参加,所以不仅能维持一个很大的氏族的生活,而且,很有可能由此而产生阶级社会,直至完全形成阶级社会。由于打猎的关系,可能在他们的统治集团中,是没有经过母系阶段,至于被统治集团是否经母系阶段,由于缺乏材料,尚不能加以推论。正因为这样,所以较早地形成了男尊女卑的社会,贵族统治的社会。他们的父系延长得很久,可能在新石器时代晚期,男尊女卑的现象已经相当显著了。

【第一讲】 黄河流域的地理环境与中国历史的关系

何以见得呢？从龙山文化的典型陶器的三足器可以看出来。使用三足的陶器，是与席地而坐的习惯密切联系着的。甲骨文的从卩的字作）者（前·伍·一八），金文有作）者（王人甗），就是席地而坐的象形。汉代的石画像和砖画像有许多人坐的形象更具体地表现席地而坐的情形。由于人是席地而坐（假定还不用几），所以盛食物的器皿要高足才适合人取用。另一方面，古人不穿裤子只穿裙子（古人叫裳），到了赵武灵王胡服骑射，穿裤子的习惯才流行起来。古人不穿裤子，怕下部外露，所以才采用席地而坐的方式。这一方面是因为气候温和，没有穿裤子的必要，另一方面也由男权扩张之后在男尊女卑的现象之下，也要求有一种严肃的生活。正因为如此，古代一直认为蹲踞是极不礼貌的事，《论语·宪问》：

原壤夷俟（蹲踞以待孔子）。子曰："幼而不孙弟，长而无述焉，老而不死，是为贼。"以杖叩其胫。

孔子狠狠地责备原壤，就是因为他大大的失礼，《梁书·侯景传》"垂足坐"被姚思廉一次二次地着重点出来，也就是因为他不是中国风俗而是"胡俗"。东方因为很早就是父系社会，存在着男尊女卑的习惯，所以，殷人贵族盛行三年之丧，夫死不嫁等礼节风俗。西方的仰韶文化就不同，他们的器物用平底，可以说明当时还没有男尊女卑的习俗，父系和阶级都形成得比较晚，可能是在东方的父系宗法的影响下形成的。《后汉书·西羌传》谓西羌"氏族无定，或以父名母姓为种号"，这是西方状况的遗留。

但是远在汉代西羌以前的秦代，据《史记·周本纪》载秦国的统治者的世系就已经是父系了。《史记·秦本纪》载秦嬴姓,与东方的徐国同祖,这又是什么缘故呢?秦人的祖先善于养马、御车,也是东方的习惯,可见秦国的统治阶级的祖先也是由东方迁去的。《北史·高丽传》称"居父母及夫丧服皆三年",同书《百济传》称"父母及夫死者,三年居服",都是与中国东方的情况一样。

中国远古的文化,本来是东方西方有显著的差别的。后来,经过斗争与融合,形成了中华文化的基础。就三年之丧、席地而坐等风俗习惯长远流传来看,是东方民族战胜了西方民族。但是就生产力来看,又是东方民族向西方扩张时利用和发展了西方的农业生产的。

东方民族是在什么条件下通过什么地区向西扩张的呢?我们不能不进而论述到南方低地开发的问题。

四、南方低地的开发

南方文化的开发,对中国文化进一步的发展,有着极重要的关系。黄河下游和淮河地区,本来是内海,后来由于上流泥沙的淤塞,成了低湿之地,就是后来的兖州一带地区,也就是我们在本文里所说的南方低地。

《禹贡》说河北以南,河南以东,泰山以西以及淮河一带,有着许多大湖泽,这都是内海还未完全淤塞的现象。兖州有雷夏泽(又名雷泽),在山东濮县南边。徐州有大野泽(又名巨鹿泽),在曹州一带。豫州有荣波泽(又名荣播泽)和孟猪泽(又名明都泽或盟猪泽),在荥阳、商丘一带,冀州有大陆泽在巨鹿一带。这些大的湖泽,都处在仰韶文化和龙山文化的地区之间,也就是说,把这两种文化隔离起来。后来传说黄河河口一带有九河,这就是逐渐淤塞

【第一讲】 黄河流域的地理环境与中国历史的关系

的情况,就兖州的兖字而论,兖本身就是低地的名称。《说文解字》云:"兖古字作⿱八口,山间陷泥地。从口,从水败貌。读若沇州之沇,九州之渥地也。"《禹贡》云:"济河惟兖州。"这块地方,原来是内海,后来逐渐淤塞成了薮泽地带,成了低地,最后成了肥美的冲积平原。在这个冲积平原之间,形成了两条大河,一是黄河的下游,一是济水。这说明兖州原是内海中的孤岛。开发这个地区,是十分艰巨的事业,也不是一下能完全开发成功的。所以到了春秋末年,宋郑之间还有六邑的"隙地"存在(《左传》哀公十二年),这就是还没有完全开发的痕迹。

最初东方民族进入这个地区,进行开发工作,除了大力排水以外,第一步骤是打猎,低地成了他们的猎场。"田猎"之"田",就是打猎。甲骨文的田字,大多数作打猎讲,这也就是所谓"逐水草"的生活。为了猎获野兽,除了使用"阱"、"擭"一类设备捕捉野兽以外,还主动地采用聚集许多人打围的办法。打围的方法,后来一直为贵族所利用,清朝皇帝打猎还是如此,开筑阱擭,以及打围,都是在平原地区才能广泛实行的。可见开发低地是由打猎开始的。打猎的人很多,为了划分区域,形成所谓的疆界,所以疆字从弓,就是这个道理。西方打猎的地区叫苑,是山区的情况,东方打猎的区域叫囿,是方的,这是平原地区才可能的。由囿然后逐渐开成了田地。开发低地的责任,是由东方民族担负的。因为泰山一带,地方狭小,不能满足他们的生活需要。另一方面,东方和东北方的民族一样,善于打猎,具备了开发低地的条件。所以,代表东方民族的黑陶文化,由山东向西南发展到淮河流域,在这里也就出现了晚新石器时代的黑陶。可见南方低地的开发是使用黑陶人民的功绩。

开发低地是长期的过程。首先要排水,不然,只可以打猎而不能农耕。排水是长期的工作,也是需要有组织有计划地进行的工作,要不是有相当发达的公社存在,这个工作是作不好的。《周礼·遂人》讲的沟洫制度,对了解这个问题是有帮助的。《周礼·遂人》:

> 凡治野,夫间有遂,遂上有径,十夫有沟,沟上有畛,百夫有洫,洫上有涂,千夫有浍,浍上有道,万夫有川,川上有路,以达于畿。

这里所谓的遂人,就是管理沟洫的。一夫耕百亩,百亩有遂。《考工记》比《周礼》晚一些。《考工记》记述的情况,更细致:

> 匠人为沟洫;耜广五寸,二耜为耦;一耦之伐(一坡土为一伐)广尺深尺,谓之甽(畎);田首倍之,广二尺,深二尺,谓之遂;九夫为井,井间广四尺,深四尺,谓之沟;方十里为成,成间广八尺,深八尺,谓之洫;方百里为同,同间广二寻(八尺),深二仞(八尺),谓之浍,专达于川。

这种制度是远古起于低地而到战国还存在着的沟洫制度。规模的宏大,体制的完备,只有在平地才有实现的可能。有了这种工程排去积水,才可以种耐旱作物:黍、稷。

黄河流域黄土高原人民原是普遍地经营穴居生活,就是在河谷中也是如此。《北史·勿吉传》"地卑湿,筑土如堤,凿穴以居,开口向上,以梯出入"。这和古代黄河流域穴居的情况也差不多,勿

【第一讲】 黄河流域的地理环境与中国历史的关系

吉民族生活原是古代中国的一环。他们可能原来就住在中国黄河流域一带,然后迁去东北的,由于地理条件的相似,所以居住状况完全承袭了下来。城子崖的发掘,也发现了城,但还是穴居,穴居为了便利出入,或在穴壁开洞,以便上下,所以大陆之陆、丘陵之陵,以及坠字等并从阜,阜即像穴居出入上下之阶梯。《禹贡》云:"降丘宅土。"丘,就是穴居的形状。丘,篆文作𠚍,正像穴居的时候,两侧出入处特别高的情况。这在晚新石器时代就是如此。后其降丘宅土脱离了穴居而住在地面上,也是从低地发展起来的。龙山文化由山东西南部向河南东南及安徽江苏北部发展,在那里遍处出现孤堆或高出地面五六公尺的台地,在这些孤土堆或台地上都出现了类似黑陶文化的遗物,这就说明住在这里的人民已经不再穴居了,他们是适应这个低地环境住在高出地面的孤堆或台地了。春秋时代的宋国、徐国及群舒,他们就是住在这些孤堆或台地的人民。从宋、徐、舒命名的意义看,如宋,《说文》"宋居也",从宀像屋顶及四周墙壁,从木像屋中支柱之形。又如徐从余,甲骨文作𠆢也正像地上建筑的屋顶及中间支柱之形,又如舒从舍,舍的本义就是屋舍,舍从𠆢与甲骨文余形同,从口正像台地之形。这些地名或国名也就是以降丘宅土得名的。

本科参考资料

恩格斯:《家庭、私有制和国家的起源》

苏联关于封建主义基本经济规律的讨论

本讲参考资料

"试论周代田制及其社会性质"(第一节) 徐中舒 见《四川大学学报》1955年社会科学版第2期

"论秦与匈奴的统一及其经济原因" 徐中舒 见1951年6月17日《工商导报·学林副刊》

《历史唯物主义》第二章第二节"地理环境"（康士坦丁诺夫）

【第二讲】 尧舜禹禅让与父系家族私有制的开始

一、三代以前的部落酋长

夏代以前的黄河流域不仅没有统一的国家，而且没有统一的经济文化类型和历史民族区（莫·格·列文、恩·恩·切波克萨罗夫："经济文化类型与历史民族区"，《民族问题译丛》，1956年6月，民族学专辑）。因为东方的黑陶文化和西方的仰韶文化，是完全不同的两个文化区，所以古代历史记载中的所谓夏代以前的帝王，在我们看来，假定那些人是真正有过的话，也不过是部落和部落联盟的酋长而已。《史记》、《左传》、《国语》和先秦子书对于夏代以前的帝王是记载得比较多的。但是，他们说这些帝王的活动区域，基本上限于黄河流域，而且，也没有盘古的出现。盘古是南方民族传说中的祖先。夏曾佑曾经在数十年前说《后汉书》中记载的盘瓠或者就是盘古。即使如此，在后汉以至六朝时代，盘古还没有成为中原传说中人类共同的祖先。西汉末的纬书把中国历史拉长到几万年，也还没有盘古出现，只有三国时代吴国徐整的《三五历记》才开始记载开天辟地的盘古。其后有梁代任昉《述异记》也曾涉及盘古祠墓，这都属于南方民族的传说。到了赵宋时代刘恕作《通鉴外记》，罗泌作《路史》，盘古才成了中国传说中人类开天辟地的祖先。这可能是因为南方民族融合于中国的缘故。我们看现代南方瑶民、畲民还是盛传着盘古或盘瓠，这是他们的祖先的传说。

在这篇文章中，我只谈北方的系统。《史记》说古代的帝王黄帝、尧、舜、禹等都是一族的。他们的世系是这样的：

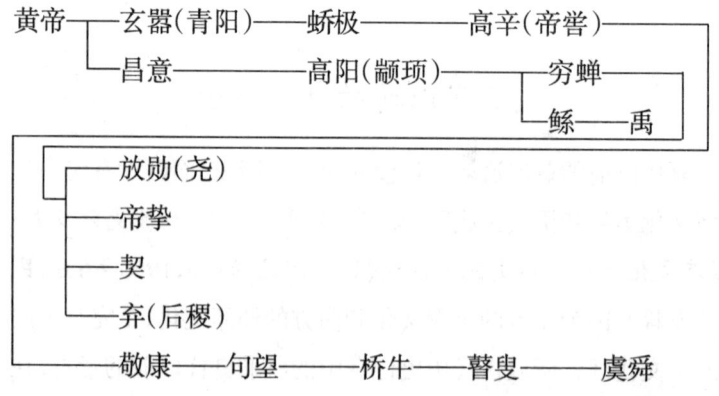

这个世系不是太史公捏造的，他根据的是"古文"的资料，根

【第二讲】 尧舜禹禅让与父系家族私有制的开始

据的是《五帝德》和《帝系姓》两篇。现在这两篇资料都收在《大戴礼》中。

但是有许多人不承认这个系统,另外提出了一个三皇五帝的系统来。《帝王世纪》说:

> 伏羲、神农、黄帝为三帝,少昊、高阳(《史记正义》作颛顼)、高辛、唐、虞为五帝。

《世本》以太昊伏羲氏、炎帝神农氏、黄帝为三皇,以颛顼、少昊、帝喾、帝尧、帝舜为五帝。此外,还有东方民族传说的太昊、少昊的系统。

在我们看来,司马迁整理的系统是有相当根据。他所根据的"古文"是战国时代六国流传下来的资料,而这些东西,是保存了古代人民对于过去的酋长各据一方或互相代立的次第的,至于酋长与酋长之间是否有血缘关系那不是重要的。这些传说的次第,经过战国的史学家们根据当时人民渴望统一的国家要求,从他们生活在私有制社会形成的父子世及的观念出发而整齐划一起来的。所以它并不符合于真正原始社会氏族或农村公社的酋长由于不世继而由于推举的制度产生的。司马迁采用它是因为司马迁以为这是合乎私有制父死子继的制度,是"雅驯"的,是"不离古文"的。所以他抛弃了汉代流传的对于黄帝的许多"不雅驯"的传说,而著成了"五帝本纪"。

我们假定尧、舜、禹是属于仰韶文化系统,太昊、少昊属于龙山文化系统,可是,有人说,尧墓在山东的濮县,舜渔于雷泽,这又是发生在东方的事。可能,这是东方和西方的文化开始融合后,双方争祖先而引起的传说,是不足为凭的。这在后面我们还有说明。

严格说来,黄帝、唐尧、虞舜都不过是古代传说中部落联盟的酋长,不是什么统一国家的皇帝,事实上当时也没有统一的国家。因此,那样整齐的世系是不可靠的。《史记》记载的世系不合理,还可以从下列的事实得到证明。照前述的世系来看,黄帝是第一代的话,唐尧应该是第五代,舜应该是第九代,从亲族的近支来说,这两代是不可能在时间上接近的。舜和禹的情况也是如此,禹是第五代,也不可能接受舜的禅位。还有,黄帝这个名词,就不是原始社会中产生的。就以殷周时代帝王名称而论,王亥、王季、公刘、公非等称呼,王或公之后系以人名是比较原始的称谓,是当时的尊称,是真实的,太王、文王、武王、成王,王之前加以分别名称,这是后起的,如太王原称公亶父,到文王时才追尊为太王。同例,可知黄帝、炎帝等称呼也是后起的。黄帝是阴阳家假设的居于中央的、以土德王的君主,纯全是假托的,因以土德王,土色黄,故名黄帝。

远古部落或部落联盟酋长的代立,是采取推举制的,不是父子相继,这在民族学中是有根据的。根据这个原理和我们前面肯定尧、舜是部落或部落联盟的酋长的看法来研究禅让制度,就可以消除许多后人的附会而接触到历史的事实了。

二、尧舜禹的禅让

我们觉得《尧典》可能是春秋时代的书籍。它的成书年代不能早于《论语》。所以,我们首先根据《论语》来研究。《论语·尧曰篇》:

尧曰:咨,尔舜。天之历数在尔躬,允执厥中,四海困穷,

【第二讲】 尧舜禹禅让与父系家族私有制的开始

天禄永终。

同书《颜渊篇》:

> 舜有天下,选于众,举皋陶。

这是公天下的意思,在私有制和传子局面产生以前,这是社会发展的必经阶段。我们可以在少数民族史中得到例证,《三国志·夫余传》注:

> 旧夫余俗,水旱不调,五谷不熟,辄归咎于王,或言当易,或言当杀。

可见夫余也曾经在远古产生过原始社会的酋长推举制度,当其酋长被认为不称职的时候,原始社会的居民就要另行推举新的酋长,这种推举制度,只存在于原始社会时期,随着私有制、阶级、国家的产生,它必然遭到历史的否定。辽的耶律阿保机由推举的酋长变为终身的皇帝,就是非常好的例子。《新五代史·契丹传》说,契丹

> 其部族之大者曰大贺氏,后分为八部……部之长号大人。而常推一大人建旗鼓以统八部。至其岁久,或其国有灾疾而畜牧衰,则八部聚议,以旗鼓立其次而代之。被代者以为约本如此,不敢争。

这里值得注意的,是契丹和夫余易酋长的原因,都是以生产的盛衰为主要原因,这在阶级社会是不可能的事。更值得注意的是"约本如此,不敢争"。可见推举制度在原始社会是有深厚的经济根源和广阔的群众基础的,是全体人民所承认的。后来,随着经济条件的转变,发生了变化。《契丹传》接着说:

> 某部大人遥辇次立……八部之人,以为遥辇不任事,选于其众,以阿保机代之……汉人教阿保机曰:"中国之王无代立者。"由是阿保机益以威制诸部,而不肯代。其立九年,诸部以其久不代,共责诮之。阿保机不得已传其旗鼓,……用其妻述律策……尽杀诸部大人,遂立不复代。

就这样,阿保机成了终身皇帝。原始的推举制度,在经济状况和阶级产生的剧烈变化促使之下,通过复杂的、残酷的斗争而被父子继立的世袭制度所代替。耶律阿保机就是在这个转变中成为辽的重要君主的。通过夫余、契丹的推举制度,很可能说明禅让之传说,是盛行于东方民族的。

不仅夫余、契丹有推举制度,就是蒙古族和满族也曾经有过推举制度。这可以从他们保存的推举制度或与推举制度密切联系的合议制度中看得出来。元朝在宪宗以前,立皇帝,还是由忽立而台大会推举的。铁木真死,诸王百官大会而立窝阔台。窝阔台死,皇后临朝,会诸王百官而立贵由。蒙哥之立,是拔都倡议然后由诸王百官会议立的。清朝努尔哈赤死,皇太极立。但是,与皇太极同称四大贝勒的代善、阿敏和莽古尔泰,都与皇太极同座受百官朝拜。后来阿敏忧死,莽古尔泰因事被革,代善始则依违其间,继则畏皇太极而承认其一人受百官朝拜,四大贝勒之合议制始完全崩溃。就是八旗的固山额真,最初亦选子弟中的重要人物担任,要是担任不好,也可重新推举。所以,努尔哈赤有八旗共同治理国事的指示。

有不少的人以为禅让制度,是儒家凭空设想出的。要是根据民族学的研究和前述契丹、夫余、蒙古族和满族的推举制度来看,我们认为所谓禅让制度,本质上就是原始社会的推举制度。这是历史上的确存在过的真实事情,不是凭空制造出来的幻想。只是先秦古书中所讲论的禅让制度以及后来儒家学派大加宣扬的禅让制度,都是被涂上了一层深厚的粉饰的。我们剥开他的附着的东西,才可以看出其真实的本来面目。一个人被推举为酋长,或者前一个酋长为后一个酋长代替,都是原始社会的必然规约,谈不上被推举的人是什么圣贤,充其量不过是当时被人认为有主持公共事务能力的一些人而已。

《尧典》说,尧禅舜,舜禅禹,都是由四岳推举的。四岳就是部落的酋长。他们推举出来的人,就是部落联盟的酋长,有点像契丹的遥辇和阿保机为八部大人所推举一样。

尧和舜是否真实有其人呢?禹所开创的夏代是否存在过呢?

尧又称陶唐氏。陶和唐都是地名。唐是晋国初封的地方,在山西太原。所以晋公簋(晋定公时物)有唐公之称。唐字,金文作 ![字]。陶即定陶。陶唐原为两地。如殷商,是殷人先住于商后迁于殷的名称,可能陶唐名称有似于此。据传说,尧都平阳,舜都蒲坂,禹都安邑,这些都在西方的仰韶文化区域。而陶则在东方,属于龙山文化区域。许多书都说,舜渔于雷泽,陶于河滨,作什器于寿丘,就时于负夏,耕于历山。这些地方,都在东方,属于龙山文化的区域。两种传说的不同,可能起于东方和西方两民族争祖先的关系。有点像过去山西和陕西争司马迁是本省的人,与乎山东和四川争李白是同乡一样的道理。虽然传说有其活动地区的不同,但是,都肯定了有尧、舜其人。这点,从夏代的肯定中,将得到进一步的证实。

夏人的后裔,后来建了杞、鄫两国在东方,这是后代迁来的。夏人本为西方的民族。这是有根据的。《史记·六国表》:"禹兴于西羌。"《淮南子·修务训》:"禹生于石。"《汉书·武帝本纪》谓,武帝到中岳,"见夏后启母石"。这与西方的羌民崇拜白石是有关系的,就夏人生子的传说看,也和周人不同。《淮南子》高诱注:"禹母修己,感石而生禹,折胸而出。"《汉书》注引应劭曰:"启生而母化石。"这和东方民族卵生的传说以及后来周人都是不同的。《诗经·生民》说后稷之生是:"不坼不副(剖),无灾无害。"可见夏人的传说是属于西方系统的(周氏父系,应不属于西方系统,说另详)。

除了前引传说禹都安邑属于西方之外,夏人的其他都邑,也在西方,而不是在东方,都是属于彩陶文化的范围,《国语·周语》及《史记·周本纪》均称;"昔伊洛竭而夏亡。"《史记·周本纪》谓伊洛为"有夏之居"。山西也称夏虚,所以《左传》说晋之封地是"启以夏政",夏后皋之墓在殽;汉代人也认为"颍川南阳夏人之居也"(《史记·货殖列传》),《汉书·地理志》认为颍川阳翟是夏禹国。可见,山西及河南西部一带,在古人看来,的确是夏人活动的区域。夏禹的父亲叫崇伯鲧,崇是周人所在地的以东地区,就是后来的嵩,与仰韶一带是十分接近的。由此可以假定,夏人是使用彩陶的居民,彩陶文化是夏人生活所遗留下来的遗迹。经过长期的发展,夏人分为两支,一支是姜姓民族,这是周朝母系的祖先,一是羌

【第二讲】 尧舜禹禅让与父系家族私有制的开始

族,后来变成了留居于四川、青海、甘肃一带的少数民族。另外,夏人的分支,也建立了越国和匈奴。所以,《史记·越王勾践世家》说:

越王勾践,其先禹之苗裔,而夏后帝少康之庶子也。

《匈奴列传》认为匈奴的祖先是"夏后之苗裔",这还可以从下列事实中得到证实。夏人崇拜太阳,据《白虎通》说夏赐日,《汤誓》也说夏拜日。匈奴也崇拜日。匈奴拜天地,这也是夏人的风俗,但是,应该申明的,匈奴也不是纯种,其中混合有羌族;彩陶也不是仅在长江以北,所以越国是夏人之后,江南也可能存在着羌族。

三、夏代传子的家族私有制

酋长继承权传子的局面,是家族私有制的产物,根据夏代的世系,我们看得出这个现象。关于夏代的历史,我们知道得少,夏代世系,一般都根据《史记》。《史记》说的:

禹[1] —启[2] ┬太康[3]
　　　　　　 └中康[4] —帝相[5] —少康[6] —帝予[7] —帝槐[8] —
—帝芒[9] —帝泄[10] ┬帝不降[11] —孔甲[14] —帝皋[15] —
　　　　　　　　　 └帝扃[12] —帝廑[13]
—帝发[16] —帝履癸(桀)[17]

据此,十七人之中,除太康与中康,帝不降与帝扃以及帝廑与孔甲是兄弟行继承而外,其余都是传子的。而且,上述六人,也是或继其父,或传其子的,可见这时已经巩固地建立了帝位传子的制度。

《汲冢纪年》云:"自禹至桀十七世,有王与无王,用岁四百七十一年。"可是,《晋书·束晳传》云:"夏年多殷。"据《汲冢纪年》是"汤灭夏以至于受二十九王用岁四百九十六年",仍比夏年多。这里可能是有错误的。《世本》谓:"帝皋生发及履癸。"比《史记》所说少了一代。帝廑亦名胤甲,可见与殷人以天干为名之习是相同的。后,甲骨文即育字,即毓,作 形,即 字之倒形,夏代有没有文字,我们现在还不能加以断定。《史记》世系是否完全可靠,也不能肯定,从十四代十七君的传说来看,可能是原来口头流传下来的。正如现在彝族的头人,他们可以背诵自己的世系数十代以上。由于夏人的文化本来不太高,所以,他们向南向北发展的支派,越和匈奴都接受了当地原来的土著人民的文化。

但是,夏代的确是有的。中国人民在古代自称"诸夏",周人也自称夏。《论语·为政》:"子曰:'殷因于夏礼,所损益可知也;周因于殷礼,所损益可知也。'"《八佾》载孔子说:"夏礼吾能言之,杞不足徵也;殷礼吾能言之,宋不足徵也。"《尚书·召诰》云:"不可不监于有夏。"《多士》云:"惟殷先人有册有典,殷革夏命。"《国语·晋语》云:"阳人有夏、商之嗣典。"可见,古代的人,包括孔子这样多闻阙疑的人都承认夏代是有的。过去疑古派否定夏代,这是应该批判的。

为什么夏代能产生家族私有制呢?因为,到尧、舜、禹的时代,中国已经产生部落联盟,并且进入部落联盟的末期。这样一个部落联盟,由于剩余生产物的增加,酋长从部落成员那里所得到的东西日益多起来,换句话说,剥削已经出现了,男子权力扩大了,以至完全可以传子,这就形成了家族私有制。夏代的家族组织,可以由羌族的情况得到说明。《后汉书·西羌传》云:"其俗氏族无定,或以父名母姓为种号,十二世后,相与婚姻。"这也很像西洋的风俗。取父名母姓为号。可见这是家族公社,而不是农村公社。同书载湟中月氏胡,"亦以父名母姓为种"。这种部族一强,很容易转变为父系私有制,因为他原来已经处于母系向父系过渡的状态。又如《魏书》和《周书》说:

> 宕昌羌者,其先三苗之胤……姓别自为部落,各立酋帅,皆有地分,不相统摄,……国无法令,又无徭赋,惟征伐之时,乃相屯聚,不然,则各事生业,不相往来。

这种军事性质的屯聚,要是多次举行,行之日久,就会产生军事首长。他们是仰韶文化居民的后裔,也是定居的农业民族,还处于相当原始的状态。但是,经过军事屯聚日久,就会渐渐地形成部落联盟。《北史·党项传》云:"击缶为节。"党项也是定居的低等农业民族。可见,夏代的情况,还不少为羌族所保存。夏禹继承了尧舜的军事联盟的酋长,统一了低地民族,整齐了水利,建立了夏代,把帝位传给他的儿子。

夏代建立了家族私有制,并且得到了巩固。虽然有扈氏反对,也被启灭掉,《淮南子·齐俗训》说:"有扈氏为义而亡。"所谓"义",就是指部落联盟的推举制度,有扈氏想反对社会发展的趋势,当然自取灭亡。《史记》正义引《竹书纪年》云:"舜囚尧,复偃塞丹朱,使不与父母相见。"又云:"尧德衰,为舜所囚。"这是用战国社会篡夺频仍的现象去看原始公社的推举制度所产生的说法,是不可靠的。《孟子》和《韩非子》的说法,更是这种见解的典型代表。《孟子·万章》:"万章曰:'尧以天下与舜,有诸?'孟子曰:'否,天子不能以天下与人。'"《韩非子·说疑》：

> 舜逼尧，禹逼舜，汤放桀，武王伐纣，此四王者，人臣弑其君者也。

由此可见，春秋时代的人，把禅让制度加以理想化，而战国时代的人，把禅让制度加以家族私有制中篡夺的外衣，都是不对的。

四、战国以前南方的农村公社

《孟子》书中，对于战国时代以前南方的农村公社，有着充分反映。《孟子·滕文公》云：

> 有为神农之言者许行，自楚之滕，踵门而告文公曰："远方之人，闻君行仁政，愿受一廛而为氓。"文公与之处，其徒数十人，皆衣褐捆屦织席以为食。……陈相见许行而大悦，尽弃其学而学焉。陈相见孟子，道许行之言曰：滕君则诚贤君也。虽然，未闻道也。贤者与民并耕而食，饔飧而治。今也滕有仓廪府库，则是厉民而以自养也，恶得贤。

许行这种思想和行动，遭到孟子一顿猛烈的批判。这一场尖锐的论战，在我们看来，正是南方阶级刚萌芽的农村公社的思想界的代表人物，与北方阶级社会已经巩固建立所产生的思想界代表人物，各对其不了解的社会加以否定的论战。许行所说所为，都是阶级刚刚萌芽，阶级分裂还不剧烈产生的现象。而他批评滕文公是"厉民以自养（剥削人民）"，正是阶级社会中必然的现象。孟子相

【第二讲】 尧舜禹禅让与父系家族私有制的开始

反,他根据阶级社会中必然的现象,去批驳许行,而认为"从许子之道,相率而为伪者也,恶能治国家"。其实,孟子不懂得在古代的北方以及在战国以前的南方,的确存在过这样的发展阶段,并不是许行的作伪,当时的确是"贤者与民并耕而食"。这在后来的少数民族中,也是有这样的现象的。

所谓神农之言者的生活,也就是田蚕织作的生活。《吕氏春秋·爱类》云:

> 神农之教曰:"士有当年而不耕者,则天下或受其饥矣;女有当年而不绩者,则天下或受其寒矣。"故身亲耕,妻亲绩,所以见致民利也。

这是农村公社的现象。没有任何人脱离生产,要是有人脱离生产,他所在公社的成员生活,就要受到影响。所以,他要亲自耕种,他的妻子要亲自纺绩。这样,不仅保证了自己的生活,也保证了所在公社成员的生活。《汉书·地理志》讲江南无大富的情况,就是指这种社会条件而言。《商君书·画策》谓:"神农之世,男耕而食,妇织而衣,刑政不用而治,甲兵不起而王。"这都是说的南方的情况。所谓神农之世,并不是指一般说神农与黄帝作战的那个神农的时候,而是指农村公社。《庄子·胠箧》说,神农氏以前以至容成氏时候:

> 民结绳而用之,甘其食,美其服,乐其俗,安其居,邻国相望,鸡狗之音相闻,民至老死而不相往来。

也是讲的农村公社的情况。一个农村公社是一个相当孤立的组织,在公社周围,有公社土地,再外一层,有森林地带,西洋9世纪至12世纪日耳曼和佛朗克的情况非常清楚的也是如此。这并不是理想的社会,而是历史上曾经实在存在过的。老子所说的"小国寡民"的社会,也正是这样的社会,他所谓的"国",正如先秦古籍上提到的许多的"国"一样,都只是部落或部落联盟。老子说:

> 小国寡民,使有什伯之器而不用,使民重死而不远徙。虽有舟舆,无所乘之;虽有甲兵,无所陈之;使人复结绳而用之。甘其食,美其服,安其居,乐其俗。邻国相望,鸡犬之声相闻,民至老死不相往来。

老子是楚人,这也是南方农村公社为背景的思想,决不是没有一定社会背景的空想。楚国可以说他存在着大批的农村公社。一般说来,农村公社的人,正如《老子》所说是"重死"不太愿打仗的。所以,农村公社不能好好的动员起来,楚国是敌不过秦国的。《左传》文公十六年:

> 楚大饥,戎伐其西南,至于阜山,师于大林。又伐其东南,至于阳丘,以侵訾枝。庸人帅群蛮以叛楚。麇人率百濮聚于选,将伐楚。于是申、息之北门不启,楚人谋徙于阪高。蒍贾曰:"不可。我能往,寇亦能往。不如伐庸。夫麇与百濮谓我饥不能师,故伐我也。若我出师,必惧而归。百濮离居,将各走其邑,谁暇谋人。"

所谓"离居",就是"小国寡民",也就是农村公社,也还是由低地发展起来的,后来被打猎的民族征服的。所以,《礼运》上讲大同小康也不是没有道理的。前者的大同之世,就是指原始社会,后者的小康之世,就是指阶级社会,这些思想都是现实社会的反映。《汉书·地理志》谓朝鲜"民终不相盗,无门户之闭",就是以农村公社为背景而加以理想化的。

关于农村公社的意识形态而形成一种理论、一个学派,是有其长远的历史渊源的。殷商以来,黄淮流域的鲁、卫、陈、蔡、宋、楚等低地地区,还存在农村公社。周人灭殷,殷人一部向这些地区迁徙,定居于农村公社,经过相当长的时期,在这种环境中形成了一种理论,以之反抗周人,以之驳诘阶级社会。后来这种理论被集中起来,成了所谓"神农之教"。春秋战国时代,思想界的大发展和大论战,就是这两种思想互相矛盾、斗争的结果。

除了许行之外,《论语》也载了不少这样的人,就是过去所谓的隐者。如楚狂接舆、荷蒉、长沮、桀溺、荷蓧丈人、石门等,以及《孟子》载的齐国贵族陈仲子,都是这类反映农村公社思想的人。他们从农村公社的情况出发,不与阶级社会的统治者合作,露骨地讥刺阶级社会的统治者,讽刺希望从事政治活动的孔子,准备使孔子同意他们的见解。陈仲子更突出,他认为他的哥哥在齐国做官,食禄万钟,是不义之禄,他不吃他哥哥的饭,也不住他哥哥的房子,带着妻子离开母亲和哥哥去楚国于陵居住,过着"身织屦,妻辟纑"的生活(《孟子·滕文公下》)。当然,也遭到孟子的反对。传说中孔子时代的少正卯也应属于这样的人。

总的说来,中国古代发展不平衡,长期并存着末期的家族公社和农村公社。末期的家族公社后来发展成了家长奴隶制、家族私有制,统治者内部形成了宗法系统。农村公社作为被统治者生活的园地而存在着,他是地缘关系的组织,没有血缘纽带来范围着。家族私有制又首先在统治者内部完成,所以宗法系统表现得相当强烈。正因为有血缘系统和地缘系统长期并存的局面,所以中国农村中,几乎所有的农村,都存在着宗祠和土地庙。宗祠和土地庙,就是家族公社和农村公社遗留下来的残迹。

1957.10.16

参考资料

《史记·五帝本纪》、《夏本纪》

【第三讲】 地下遗物与夷夏之关系

一、夏与仰韶文化的关系

据近年来地下资料的大量发现,以及考古方面的研究,已经肯定仰韶文化的相对年代是在殷虚文化之前。这不仅因为殷虚文化比仰韶文化进步、复杂和出现了大量的青铜器,更因为在河南发现了仰韶文化在下,龙山文化居中,殷虚文化在上的叠积层次。这是极为坚实的根据,可以证实在河南地区仰韶文化比龙山文化早,龙山文化又比殷虚文化早。

处于最早期的仰韶文化,是有着相当进步的农业的,有着发达的制陶技术的,它的居民是一个掌握了比较发达的高等农业的民族。当然,有的民族,也有初等的农业,可能他们并没有制陶业,因此,也没有或很少有陶器。例如:古代黑龙江一带的民族,他们就有农业,而没有陶器,是用烧石沸水的办法来粒食。南方有的民族用包角黍、装竹的办法来使谷物得以为人所熟食。但是,有着大量陶器的民族,必然有相当高的制陶业以及与此密切联系的发达的农业,这是完全可以肯定的。仰韶文化的民族,正是这样有着大量陶器的农业民族。这个民族,我们认为就是建立夏代的民族。

从历史记载上看,夏代的地区不出河南、山西两省。夏民族大概是以崇山(即后来的嵩山)或伊洛为其活动的中心,然后逐步的由河南向北岸发展,而在山西建立了国家。所以,山西一带又称大夏或夏虚。夏禹的父亲是崇伯鲧,崇伯之国在秦晋之间。汉武帝在中岳(嵩山)见到夏后启母石,这些传说应该是有相当史实作根据的。

伊水洛水一带,土地肥沃,气候好,农业非常发达,直到现在还是一个著名的农业区。这是仰韶文化的中心区域,也是夏民族活动的中心区域。《国语·周语》:"昔伊洛竭而夏亡。"《史记·周本纪》:"自洛汭延于伊汭,居易毋固,其有夏之居。"这说明了伊洛一带是夏民族的居住地区。

夏民族向北发展,在山西一带,建立了国家。所以《左传》定公四年说晋侯的封地是夏虚。因此,山西晋阳又称大夏。《诗经》中的《大雅》《小雅》,《荀子》中"君子安雅"的雅,都与夏是同义语。所谓大夏、小夏;太昊、少昊;大雅、小雅;大月氏、小月氏的大、小都是指不同的地区,新旧的民族而言。新发展的、较远的地区称大,故地或较近的地区称小;民族的本支称小,分支称大。可见,山西晋阳称大夏,是夏民族逐渐发展去的。

夏代的都邑,也在仰韶文化区域。《帝王世纪》说禹都平阳,或都安邑,或在晋阳,又说桀都安邑。《汉书·地理志》说,颖川郡阳翟是夏禹国。这是在低地的边缘,可以说明这是彩陶文化向南发展经过的地区。《世本》云,禹都阳城。阳城在河南登封,也在嵩山之南。《国语·晋语》云:"阳人有夏商之嗣典。"阳人大约是以嵩山为活动中心向北发展的。颛顼称为高阳氏,高犹曾祖以上称高祖,是远古的意思。马融说朝歌以北至于中山,古称东阳,朝歌以南,至于轵县称南阳。所谓阳国,大抵就在这一带。这些都是以嵩山为夏人活动的中心。《史记·货殖列传》说:"颖川南阳夏人之居也。"《左传》僖公卅二年:"殽有二陵焉,其南陵,夏后皋之墓也。"也同样证明了这一点。可见,传说中夏代的都邑,都不出河南、山西两省,都是彩陶文化的地区,有的还是彩陶文化的集中地区。所以,我们认为仰韶文化是夏民族的文化,彩陶是他们遗留下来的陶器。《左传》襄公二十五年:"昔虞阏父为周陶正。"虞是舜之后,可见就是周初这一带的民族,还是以善作陶器著称。

由上所述,可知有着很厚堆积的仰韶文化,是传世悠久的夏代的文化。不然,很难想象一个地区宽广、堆积极厚的文化在史籍上看不到一点记载。也很难想象一个在史籍上有不少记载的大朝代,在考古发掘中找不到一点属于他的物质文化出来。

二、夷与龙山文化的关系

"夷"字后来有着轻视少数民族的意思,这是大汉族主义思想支配的结果。所谓东曰夷、西曰戎、南曰蛮、北曰狄的说法,是汉代人才有的。在汉代以前,特别是殷周及其以前,人们的看法不是这样。《韩奕》称"因时(是)百蛮",这是指北方的少数民族,而且民、氓和闽蛮都是同音同义而书写不同的字,这些字的本义都指的是人(民、氓、闽、蛮、貉与英语men,man可能同源),并无轻视之意。有的书上说 "东夷仁",可见"夷"并不是一个坏的字眼。周灭殷,称商人为夷。《泰誓》称纣"纣夷居"。夷金文作 ?,人作 ? ,字形上并没有多大分别。《汉书·地理志下》说朝鲜"民终不相盗,无门户之闭,妇人贞信不淫辟"。可见东夷的风俗是好的。夷也是善于打猎、射箭的。夷字从大,从弓,从弓就是表示他们善于射猎之意。龙山文化是夷族的文化,所以他出土的箭镞比仰韶文化中多得多,而且种类也很多。所以东方是注重射猎的。《论语·宪问》:"羿善射,奡荡舟。"《淮南子·俶真训》也说羿是善射的,高诱注:"羿善射,能一日落九鸟。"《左传》襄公四年:"有穷后羿恃其射也。"可见,古代人都认为羿是善射的。《孟子·离娄》云:"逢蒙学射于羿。"就是说逢蒙和羿都是善射的。逢蒙,和《后汉书》里的东明声极近,《后汉书·夫余传》谓夫余祖先"东明长而善射",成为酋长。东明,在《魏书》里作朱蒙,在好大王碑中作邹牟,这都是一名的异译,他就是东方善射的酋长。东方一般都是讲究射猎的,这种风气,直到清代还是如此。清太祖也会射,《清实录》有记载。

夷的居住地区,也在龙山文化区域之内。《左传》记载的郯国是一个证明。郯国是在现在山东诸城日照一带。《左传》昭公十七年记载,鲁人问少昊氏以鸟名官的道理。郯子说:"我高祖少暭挚之立也,凤鸟适至,故纪于鸟,为鸟师而鸟名。"我们认为鸟是东方普遍的图腾。所以他们用鸟名官。东方传说朱蒙是卵生的,清人祖先也传说是因鸟含朱果而生。北魏出于东方的鲜卑,他们因以鸟为官号。《魏书·官氏志》谓北魏制定官号:

[第三讲] 地下遗物与夷夏之关系

皆拟远古云鸟之义。诸曹走使谓之鸟鸭,取飞之迅疾。以伺察者为侯官,谓之白鹭,取其延颈远望。自余之官,义皆类此,咸有比况。

这种习俗,在辽代也是如此,可见在东方保存的很久了。

传说中东方的少皞,是建都在曲阜的,《左传》昭公二十九年:

少皞氏有四叔,曰重、曰该、曰修、曰熙,实能金木及水,使重为句芒,该为蓐收,修及熙为玄冥,世不失职,遂济穷桑。

"穷桑",他书又作"空桑"。由少昊到周代,中间隔了许多世代,这在《左传》上也略略可以看得出来。昭公二十年:

昔爽鸠氏始居此地,季荝因之,有逢伯陵因之,蒲姑氏因之,而后太公因之。

《国语·周语下》:

我皇妣大姜之侄,伯陵之后,逢公之所凭神也。

《左传》定公四年谓鲁封于"少皞之虚",这原是黑陶文化区,昭公十七年称:"陈,大皞之虚也。"陈在河南东部淮阳一带,这也是黑陶文化区。《左传》僖公二十一年,子鱼说:

> 任、宿、须句、颛臾,风姓也,实司太暤与有济之祀。

所谓风姓有两种解释,风即凤,风从虫,即龙,这是发展到低地以后的事。黑陶文化的中心是曲阜,后来发展到陈的地区,即太暤之虚,至于少暤氏后来与金天氏结合成一人,那是五行家说盛行以后,糅合东方和西方的传说产生的。不是东方原有的传说本来面目。

三、夷夏之争

《史记·夏本纪》云:"帝太康失国,昆弟五人,须于洛汭,作《五子之歌》。"太康失国的具体情况,《史记》没有记载,但是,在收集了古文资料的《左传》中详细的记载。《左传》襄公四年:

> 昔有夏之方衰也,后羿自鉏迁于穷石,因夏民以代夏政。恃其射也,不修民事,而淫于原兽,弃武罗、伯困、熊髡、龙圉而用寒浞……浞行媚于内而施赂于外,愚弄其民而虞羿于田,树之诈慝,以取其国家,外内咸服。羿犹不悛,将归自田,家众杀而亨之,以食其子,其子不忍食诸,死于穷门。靡奔有鬲氏。浞因羿室,生浇及豷,恃其谗慝诈伪而不德于民,使浇用师灭斟灌及斟寻氏。处浇于过,处豷于戈。靡自有鬲氏收二国之烬以灭浞而立少康。少康灭浇于过,后杼灭豷于戈,有穷由是遂亡。

穷石地区,即鬲之所在,也就是彩陶文化和黑陶文化交会之地区。羿在这个地方,把夏灭掉了。但是,他自恃善射,不理政事,不用贤人,而用了寒(韩)浞。寒浞灭了羿,夺其妻,生浇(《论语》作奡)及豷,封浇于过,封豷于戈。过在掖县,戈在宋郑之间,都是黑陶文化地区。夏的失国,表示了东方黑陶文化区与西方彩陶文化区的斗争,也就是夷夏的第一次斗争。这种斗争的前提,必须是黑陶文化进入低地区域。虽然最初是夷战胜了夏,但是,这一次最终还是夏战胜了。所以《左传》哀公元年说,少康"有田一成,有众一旅"而"复禹之绩"。这也就是所谓少康中兴。可见文字上的材料和地下发掘的遗物,表示的史实是一致的,把它们结合起来研究,使古代史内容更丰富了。

有穷即空桑,《汉书》云"空桑琴瑟结信成"是证。《左传》云无终之国,这也是指在北面的广大地区。后来东北一带称辽,就是辽阔的意思。《后汉书》记载三韩的事相当详细,可见古代对于东北一带是相当了解的。寒浞,《古今人表》和《水经注》作韩浞也是一例。韩,本为武王之子所封,就是《韩奕》所指之韩,也是在东北地区,接近燕国的地方,这可以从《韩奕》一诗所说的物产、地势、民族中看得出来。《韩奕》云:

> 奕奕梁山,维禹甸子,有倬其道,韩侯受命……韩侯取妻,汾王之甥,蹶父之子,韩侯迎止,于蹶之里……蹶父孔武,靡国不到,为韩姞相攸,莫如韩乐,孔乐韩土。川泽訏訏,鲂鱮甫甫,麀鹿噳噳,有熊有罴,有猫有虎,庆既令居,韩姞燕誉。溥彼韩城,燕师所完。以先祖受命,因时百蛮,王锡韩侯,其追其貊。奄受北国,因以其伯,实墉实壑,实亩实藉,献其貔皮,赤豹黄罴。

这里,他谈到了韩国所在是接近燕国的河川湖泽地区,出产走兽皮毛,但也有发达的农业,边境有追貊。这种地区只有松花江混同江一带最相像。以追貊来说,在《汉书》里称涉貊,涉即韦也,即著皮服之人,貊与民、闽声近。书写为闽或貊,虫(龙)或豸即其图腾。《淮南子·原道训》云匈奴出秽(韦)裘。后汉六朝的高句丽,有小水貊,这都是东北地区的情况。可见《韩奕》中说的韩国,是与三韩有一定的联系的。1955年在辽宁省凌源县海岛营子村,发现了燕国的铜器,其中有匽侯盂,就其花纹文字来看,确是周初的东西,而且,就其出土地点来说,与抗日战争时期日本人盗掘一批周器的地点仅距二十里。可见,《韩奕》中所说韩国,在周初是在东北地区,后来才逐渐南迁的。这也可以证实有穷后羿是东方民族的祖先。

四、成汤灭夏

我们把后羿灭夏和少康中兴看做是第一次的夷夏之争。那么,成汤灭夏,就可以认为是第二次的夷夏之争。

史学界几乎公认商民族是起于东北方面的。但是,太史公《六国表》说:"汤起于亳。"关中的亳,这是不对的。

原因有下列几个方面。

当其周灭殷的时候,箕子去朝鲜,可见,东西相争,殷人向东方逃走。

殷人传说他们的祖先是因玄鸟而生。《商颂》:"天命玄鸟,降而生商。"《殷本纪》云:

　　殷契母曰简狄,有娀氏之女,为帝喾次妃,三人行浴,见

【第三讲】 地下遗物与夷夏之关系

　　玄鸟堕其卵,简狄取吞之,因孕生契。

这与东方民族以鸟为图腾是有密切关系,而且玄鸟氏在东方传说是少暤氏以鸟名官产生的,而少暤氏正是东方的民族。
　　黄河河套以下地区,分为河西、河东、河南,再东有河内、河外等部分。当时的黄河入海口还在今日入海处以北很远。称黄河入海地区的北岸为河内,这个名称存在于周以前,可能是起于殷的。这也可证殷人与东北有关系。
　　"有娀方将,帝立子生商。"这也是《商颂》上的话。有娀氏又简狄,商族的母系可能是出于北狄。
　　根据解放以来山东考古发掘工作证明,山东的黑陶文化的土层,存在着殷代文化层,这说明由殷虚以至山东半岛一带,都是殷王朝活动的范围。
　　甲骨文里面,有伐夷方的记载。《左传》说,纣伐东夷。其实,殷人自己就是属于东夷的。《墨子·天志》引《泰誓》"纣越厥夷居,不肯事上帝",《非命》引谓"纣夷之居",《礼记·杂记》谓:

　　　　孔子曰:"少连大连善居丧,三日不怠,三月不解,期悲哀,三年忧,东夷之子也。"

《论语·子罕》云"子欲居九夷"。可见周人认为东方的人,包括殷人都是属于夷的,《汉书·地理志》说朝鲜受箕子"教其民以礼义田蚕织作"的影响,"其民终不相盗,无门户之闭,妇人贞信不淫辟",这正是儒家理想的生活。
　　殷人的发展,也是经过了长期的过程。《殷本纪》里面和甲骨文里面都有许多先公先王。相土和王亥都是。《长发》云："相土烈烈，海外有截。"王亥在《山海经》和《世本》都有记载。《世本》说，相土作乘马，王亥作服牛。可能殷人的祖先是中国最先使用牛马拽引两轮大车的，从相土王亥到成汤灭夏这中间是有一段相当长的时期的。

商的都邑，也有许多，也是经过长期形成的。如曲阜和亳都是。亳，相传在商丘，后汉时为梁国谷熟，或说在偃师，是西亳，但还不能最后肯定在什么地方。郑州二里冈发现了殷代的文物及文化层，可能比安阳的要早，但不会早到成汤时代。偃师就在郑州之西。可见，殷虚的范围要更加扩大了。成汤时期对夏用兵，可以说是扩大殷人文化的一个时期。《长发》云："韦顾既伐，昆吾夏桀。"《国语·郑语》谓"昆吾为夏伯矣"，又说顾和豕韦都是与夏有关系的，而豕韦是商灭的，顾是夏灭的。《孟子》和《殷本纪》都谈到葛伯不祀而汤征之。葛是嬴姓之国，这也是东方系统的。可见这都是商灭夏的一个步骤。而且，就其地域来说，也是在仰韶文化东方的边区。豕韦按其原意来说，就是猪皮，这可能是广泛使用猪皮的民族，大约和挹娄的情况差不多。《后汉书·挹娄传》说挹娄民族："好养豕，食其肉，衣其皮。"挹娄这个部族，远古是在中原的，后来迁于东北的。昆吾和顾都是己姓。这也是仰韶文化的东界。《左传》僖公三十一年："卫迁于帝丘。"杜注："帝颛顼之虚，故曰帝丘。"太康失国以后，后相即居于此。《左传》昭公十二年，楚王自谓："我皇祖伯父昆吾，旧许是宅。"帝丘和许，都是仰韶文化的地区，同时是商灭夏必须首先解决的地区。

夏桀之居，也是在仰韶文化地区。《战国策·魏策一》载吴起的话：

> 夫夏桀之国，左天门之阴，而右天溪之阳，庐睪在其北，伊洛出其南。

而且，后来相传夏桀败于有娀氏之虚，走鸣条被放逐于南巢而死的。要不是东西相争，他又为什么向南逃走呢？而且，夏裔分为两支，一支北去，为匈奴之先，一支南去，为越的祖先，而都被当地民族所融合，习染了他们的习俗。由此可见，夏代本身的文化并不太高，不然不会被他们所融合，所以《论衡·恢国》说"夏禹倮入吴国，太伯采药，断发文身"，是有相当根据的。夏人崇拜日，《汤誓》云："时日曷丧，予及汝皆亡。"匈奴也有拜日习俗，可见他们是有关系的。

夏代是商人亲自眼见他灭亡的，所以，夏代的历史是可靠的，因此司马迁为之立了本纪。先秦典籍中，提到夏的地方很多，几乎没有人怀疑过夏代的存在，可见，夏代的确是真实存在过的。

五、武王克商

第三次的夷夏之争，是武王伐纣。

在我看来，周族的父系和母系的发展情况，应该分离来看。在农业发达的地区，人们是地上居，如像姜姓的民族就是这样的。另一种情况，农业不发达，则为半穴居，如像半坡的遗址，是很好的例证。还有一种则纯全是穴居，那就是周人初期太王居邠而穴居的情况，后来，太王迁到岐下"乃贬戎狄之俗，而营筑城郭室屋而邑别居之"（《周本纪》）。这才发生大大的变化。这可能是周族征服姜族或者与姜族组织部落联盟的结果。不然，与周同族的一支，在春秋时叫做白狄、鲜虞、骊戎的为什么文化都还很低呢?姜族原来是周的母系,周族原来是父系,经过斗争融合,而按照父系的传统组织起来新的周族,这个时候的周族自称是夏,就是说,他接受了仰韶的文化,而与夷狄是对立的。

夏在这时已经不是某一个朝代国家或者民族的固定名词,而成了某种进步文化的表征和许多人仰慕的园地。《左传》定公十年,孔子说:"裔不谋夏,夷不乱华。"周人自称华。也是后来在春秋时期才有的事。在周初是只称夏的。《论语·八佾》云"夷狄之有君,不如诸夏之亡也"。诸夏是泛指夏文化的整个区域。《周颂·时迈》云"肆于时夏",《思文》云"无此疆尔界,陈常于时夏",《康诰》云"用肇造我区夏",《君奭》云"惟文王尚克修和我有夏",在这里表示周人自称为夏,以夏为整个中国的代表了。《公羊传》成公十五年云:"《春秋》内其国而外诸夏,内诸夏而外夷狄。"国家观念更加鲜明了,而夏却仍代表着全部的进步文化。用华来代夏,是春秋时代才有的,戎子驹支说:"我诸戎饮食衣服,不与华同。"界限非常明确。华字本身就含有文采、文化之义。周字亦如此。画字金文作 ,从周,从周之字有彫、雕,也有刻画之意。

周人伐商,是夏又一次战胜了夷。周人自称夏,是他继承了彩陶文化。西安的半坡遗址,可能就是周初的遗迹。洛阳的殷人遗迹,就可能是这次斗争以后,殷人被东迁而留下的。这里是说周人代表着西方。

但是,从发展上看,从周人很早就是父系上看,可能周人的远祖还是属于东方民族,后来西迁,然后与姜族结合才发展起来的。这和后来的秦、西凉、吐谷浑等的祖先是东方民族而迁在西北地区然后发展起来的一样。以《周本纪》来看,《周本纪》说,周人祖先是后稷。后稷是神话人物,后稷这个名词是后来才造的。因为《诗经·緜》上说:"古公亶父,陶复陶穴,未有家室。"迁到岐地,才有的地上居的新情况。这和金人一样。他们原在黑龙江一带穴居,迁到呼尔哈河才发展成了地上居,《周本纪》所说也差不多。《周本纪》说,不窋窜于戎狄之间,改从戎狄之俗,到了公刘以后才恢复了农业,这和发展的规律不合。一个有着长期历史的农业民族,是不可能轻易改变他的生产方法的。太伯虞仲是在殷末周初去江南殖民的,吴国直到春秋时代,还是断发文身落后的地方,这又足以证明周人的文化本来是不高的。另一方面,晋国的边境有姬姓诸戎如白狄、鲜虞、骊戎到春秋时代还是很落后的,这也可以说明上述问题。

就豳字来说,也说明当时的文化是不高的,豳字金文作 ,象征用火驱逐野猪,这是打猎的地区,可能是有粗放农业的父系氏族,文化是并不高,不像后来儒家说的那样。周人是征服商人而被同化于商人的。《论语·先进篇》称:"先进于礼乐野人也,后进于礼乐君子也。"野人是指被征服的殷民,他们在文化方面是先进的。君子是国君之子是统治者,是周人,在文化方面他们是后进的。这很像清朝征服明朝那样。恩格斯说得好:"在长时期的征服中间,文明较低的征服者,在绝大多数的场合上,也不得不和那个国度被征服以后所保有的较高的'经济情况'相适应,他们为被征服的人民所同化,而且大部分甚至还采用了他们的语言。"(《反杜林论》,1956年,人民出版社版,第189页)恩格斯的论点,在中国古代史上也可以找到不少史例。

夷夏的斗争,也反映在黑陶文化与彩陶文化的分布上。黑陶文化产生于东方,越往西去,时代越晚,这表明成汤灭夏以后,黑陶文化逐步向西发展。周族兴起,大概在彩陶文化的晚期。彩陶文化中出现铜器的,就可能是这时的文化。

1957.10.27夜11时毕

参考资料

"再论小屯与仰韶"　徐中舒　见《安阳发掘报告》第三期

《中国新石器时代》　尹达　三联书店出版

【第四讲】 殷虚发掘与殷虚年代

一、甲骨文之发现和研究

甲骨文的发现是1899年的事,离现在快六十年了,由甲骨文的发现和研究,开创了一门新的学问——由甲骨学到殷虚考古。

在1899年以前,甲骨已经陆续的在河南安阳县小屯村出土了,但被人们当成药材"龙骨"出卖。在1899年,甲骨为住在北京的一个小学家王懿荣偶然地发现了,他惊讶"龙骨"上刻得有篆文,于是,他开始出重价大量地收购保存起来。这样,中国学术界才开始有人知道甲骨和甲骨文。王懿荣在一年多的时间内收藏了一千五百片左右的甲骨,还来不及进行研究,发生了八国联军侵略我国的战争,王懿荣悲痛祖国遭受侵略而自杀了。

王懿荣死了以后,他收藏的甲骨被刘铁云得到,刘铁云后来又收买了一些,在1903年编印了《铁云藏龟》一书。这是第一部著录甲骨的书。

1910年,罗振玉著了《殷商贞卜文字考》,这是研究甲骨文进入一个新的阶段的第一本书,是有其历史参考价值的。但是,他不是研究甲骨文字著书的第一人。

孙诒让是清朝末年的一个经学家和古文字学家。他在1904年运用《铁云藏龟》的资料写了《契文举例》一书,这是第一部考释甲骨文字的著作,由于他所据材料不足,《铁云藏龟》的印刷又不好,这部书的贡献是不多的。

罗振玉在辛亥革命以前,已经着手编《书契前编》,并且印了一些。后来,辛亥革命爆发,他逃到日本作了清朝的遗老,在1912年至1916年先后印了《殷虚书契前编》、《殷虚书契后编》及《殷虚书契菁华》等书。1914年,王国维先改编了《殷商贞卜文字考》,补充了新的材料作成《殷虚书契考释》一书,继之又作了《戬寿堂殷虚文字考释》一书,这两部书就为甲骨学奠定了良好的基础。

1915年罗振玉回中国,到安阳去了一趟,收买一些殷代的器物,编印了《殷虚古器物图录》,这是除甲骨文而外的殷虚文物著录之始。

当中国学术界注意甲骨的时候,帝国主义者开始进行文化劫掠了,明义士和林泰辅就是代表人物。半殖民地半封建社会的科学,当然不能不被打上帝国主义侵略的烙印。

【第四讲】 殷虚发掘与殷虚年代

在甲骨文研究中,一方面是材料不断增加流传,一方面是文字的认识和运用也随之发达,这样就大大地丰富了和开拓了古代史料的范围。但是,在1928年以前甲骨文从未获得科学的处理。甲骨文埋藏在地下的情形以及与甲骨文同出的器物都没有记录。这是学术上一种极大的损失。从前中央研究院在1928年的总报告中说,安阳之殷故虚于三十年前出现所谓龟甲文字者,此种材料至海宁王国维先生手中成极重大之发明,但考古学知识不仅在于文字,无文学之器物亦是研究要件,地下情形之知识乃为近代考古学所最要求者,若仅为取得文字而从事发掘,所得者一,所损者千矣! 这些话是一点不夸张的。

二、殷虚发掘

殷虚由考古工作者正式发掘是在1928年开始的,直到抗日战争以前,一次发掘了十五次。发掘的地区有殷人的宫室遗址、陵墓和窖藏。在十五次中小屯村的发掘占了十二次,发现了甲骨文没有记载的许多现象,进一步反映了殷人的社会状况和生活状况。侯家庄和西北冈的发掘了解了殷王陵墓的状况,也得了相当的器物,发现了重要的大批杀殉的遗迹。

后冈和同乐寨的重要发现是关于仰韶文化、龙山文化和小屯文化的地层关系。这样,就提供了解决上述三种文化相对的年代。不过在国民党反动政权之下政令不一,在河南封建军阀支持下,前河南博物馆也发掘过,仅编了《甲骨文录》一书。抗日战争时期,日本文教机构随日本侵华军之后,在安阳盗掘殷代文物,详细数字和种类现在还不清楚。这在研究上也是不可弥补的损失。

解放以后,从1950年开始,政府即派考古研究所进行发掘和清理工作。1950年清理了武官村的大墓。1953年清理了三百多墓葬,发现了车辆遗迹。

1952年以后郑州二里冈的发掘,确切地证实了殷代疆域的辽阔和文化遗址分布的广泛。殷人文化遗址分布在郑州凤凰台、靖王庙、二里冈、杨庄、白家庄、三官庙、豆腐砦、人民公园等处。而且,也发现了殷代文化遗物的堆积。其中也可以划分,早、中、晚三期在一些陶器和卜骨上清楚地看得出来,其中晚期的文物,与安阳殷虚出土的文物很相似。以卜骨来说,早期的有钻有灼,但也有不钻而灼的。中期的多是先钻后灼。晚期的多用龟甲少用牛骨,而且有钻有凿也有灼,这和安阳的卜骨很近似,值得比较研究。同时还发现了商代的炼铜遗址和制骨遗址,以及商代的三种釉陶,这些都是重要的发现。商代的釉陶,陶质很硬,火候相当高,有一层薄薄的黄绿色的釉。它充分表明了祖国制陶技术的高度发展水平。

此外在济南东北九里的大辛庄、滕县宫家庄和岗上村、邹县的七女城、济宁的杨家庄等处,也发现了殷代文化层和龙山文化层的堆积关系。这大大地有助于古代文化的研究。以大辛庄为例,上层出土的纺轮片、陶鬲片、铜刀、铜镞和钻灼过的龟甲,和小屯出土的很少有两样,而下层出土了标准的黑陶和卜骨,可以确定为龙山文化的遗存。而且,这两层文化是直接相联系的,这是近年来很重要的发现之一。

此外,关于殷代文化的发现还有曲阜孔府花园的殷代墓葬、辉县的殷代遗址等,都是与安阳和郑州的殷代遗存作比较研究的很好的资料。至于安徽的太和与亳县的类似殷人遗物的东西,那可能是宋国早期文化的遗存了。

由此可见，随着国家基本建设和文化事业的进一步发展，殷代遗迹和文物的增加，对于殷代文化和甲骨学的研究，创造了广阔的前途。

三、巫卜与甲骨文字

巫，甲骨文作 ✠，金文作 ✠。甲骨文和金文许多都是象形字，但甲骨文和金文的巫字，究竟像什么呢？现在还没有办法确定。《说文》"覡"下说："能斋肃事神明也。在男曰覡在女曰巫。"这是汉代人的说法。《说文》认为男的叫覡，女的叫巫，但是后来不分男女都叫巫。《说文》说巫是以舞降神，这有几分真实性。因为《楚辞·九歌》上记载降神的都是巫。古代的巫，绝多都是女的，这可能是母系社会的遗留。因为在母系社会时期，祭祀是由女的主持的。古代的人，由于生产水平、科学水平的限制，特别是由于统治阶级利用迷信以统治人民的结果，他们都相信巫和巫术，《楚语》绝地天通，这是人类文化进步的结果。在"天地通"的时候，巫就是神，这种相当原始的巫的信仰一直保存了许久。汉代各地有巫，如楚巫、晋巫，也有专门的河巫。满洲蒙古也有类似"巫"的萨满。总的说起来，巫是古代社会中的一个集团，他们掌握祭神、跳舞、医疗、文字等等宗教仪式和科学技术，他们是古代的有知识的人，卜就是由他们掌管着。

甲骨文占绝对多数的都是关于卜的记载，只有极少数是纯粹记事的辞。所以甲骨文又称契文又称卜辞。契是卜以前的整治甲骨之事。卜，就是问神以决吉凶。又卜与筮是有区别的。筮是用草来预测吉凶，他比起卜来，已经有了相当的发展，有一定的例则可寻，已经简单多了，卜则纯靠巫的临时判断。

卜是相当原始的，许多历史上和现存的少数民族，都有用骨卜的习惯。他们用牛骨、羊骨、鸡骨等来卜。殷代绝多是用牛骨和龟甲来卜的。卜的方法可以举牛的肩胛骨为例。先把牛肩胛骨加以整治凿钻，然后用木炭火来烧，这叫烧或灼。烧了以后使牛肩胛骨上产生裂纹，根据裂纹由巫加以解释而预决吉凶。这样做了以后，把卜的日月和事项以及卜的人的名字都契刻在骨上。而且，往往在后来也把应验与否的记录契刻在上面，这就成了现在十分宝贵的卜辞了。

卜字音的来源，就是取烧骨时的爆破声，形的来源就是像骨的裂纹。裂纹有卜、⼘、⼘、⼘等形，在甲骨上表现得很清楚。概括来说，横划向上的一般是吉的，横划向下或歧出的一般表示是不好的，凶的。

骨卜是原始的，而龟卜则晚一些。龙山文化有牛卜骨，小屯早期也多用之。小屯的晚期，则绝多用龟甲来卜，用龟来卜，这是南方崇拜龟的民族的习惯。殷人与这种民族结合，才使用龟来卜，因为，南方民族认为龟是灵物。《礼运篇》以龙、凤、龟、麟为四灵。战国及汉代则以青龙、白虎、朱雀（凤）、玄武（龟蛇）代表四方。中国一直到唐，还有用龟名人的，如李龟年是也。

由于卜和记录所卜之事及其验否，都是巫人主持，所以，殷代的文字，可以说是为巫这个集团掌握了的，正如藏族的喇嘛掌握经典和文字一样，彝族的笔母也是掌握文字的同例。过去传说仓颉造字，假使是事实，那么仓颉也就是当时的卜人之一，因为文字不是一个人能创造的，而是一个相当长的时代的产物，是一群人共同创造的。如卜字，这是掌握卜的巫人共同创造而且共同使用的。这是根据实践而造出的字。其他如用字、骨字、兆字也都是如此。用甲文金文作 ⿴, 从 ⼝ 从卜, ⼝ 像牛肩胛骨；骨字《说文》作 ⿰, 上有卜事, 这就是用这块骨板了, 骨从 ⿱, 金文作 ⿰, 这是甲文 ⼝ 的变形, 也像牛的肩胛骨的样子。兆原应作 ⿰, 卜的时候, 常常正面卜一次, 反面卜一次, 把卜的事记在裂纹的旁边, 成 ⿰ 形, 这是一组卜辞, 所以兆字有范围的意思, 篆文作 ⿰ 是把甲文的兆字加以改变而写错了的。以上这些字如果不是兆人, 他们怎能创造这些字呢？

甲骨上的字数由几个字、十几个字到数十字不等, 最多的有百余字的。有人说, 商代已经有了文学, 这是可以肯定的。

与甲骨文同时存在的还有在玉器、骨器、陶器上面还保存了墨书的文字。字体是用毛笔书写的, 这也可说明蒙恬造笔的说法是完全靠不住的。

用甲骨文和金文、大小篆、古文、隶书以及现在通行的汉字是一脉相传下来的文字, 可以看出, 甲骨文字奠定了造字的原则和中国文字的整个系统。它还是可以认识, 可以读出, 可以使用的活文字。

四、殷虚遗物

这里谈的殷虚遗物, 是指甲骨以外的文物而言的, 这是考古学上大的发现。

汉代出土的宝鼎即周鼎, 用当时的汉隶加以迻写说明, 可以说是考释古器物的开始。正式的考释铜器铭文即金文并作出相当成就的是宋代的学者。他们开辟了金石学研究的道路。但是, 他们一般是特别重视文字而忽略了文字以外的东西。但是, 在历史学和考古学上看来, 除了文字以外的遗物、遗迹的重要性, 并不在文字之下，甚至有的远远超过文字所能表达的范围，而具体生动地表现了当时人的生活状况。可是，在过去的人，常常不重视遗物、遗迹，有的人只是重视有艺术价值的东西而把他当作古董赏玩，或者有的人只孤立的研究一件或一些东西，都不能很好地说明问题。所以，需要科学的发掘，并作出详细的记录，抓住其内部联系，这样才具有真正的科学价值。

著录殷虚出土遗物的书，《殷虚古器物图录》算是早期的一本，但是，他有着不少的缺点，这些缺点，都是由于他著录的东西不是考古工作者所发掘出来的而是在市场上买到的，它的来源是不清楚的。

殷虚出土的遗物，最重要的应该是陶片。它的数量极大，充分地表达了殷人丰富多彩的生活情况，也表现了当时的生产水平和社会发展程度。特别可贵的是他能具体地反映劳动人民的生活。箭镞和玉器，也都能用来说明人们的生活状况。

至于出土的精美的铜器，更是中国铜器时代的特色。他的确数量很大种类很多，不论礼器、兵器、用器都十分丰富。这证明当时铜器的冶炼和制作都相当成熟。但是，这些铜器，一般说来，都是殷末二百年左右的东西，在这以前呢？我们不知道它的发展的前行阶段。这种就有两个可能，一个是在中国发生发展的，但是，考古工作者还没有找到它的渊源。一个是它不是中国本土产生的，而是外地交流来的。中亚地区的铜器，比我们产生得早，这可能与中国铜器有关。要是历史事实是这样，我们肯定这一点，是足以证明我们民族是善于吸收其他民族文化的精华而加以丰富和发展的，这并不是非爱国主义的提法。

人骨和动物骨骼都很重要，玩古董的是不要的，它可以说明古代人与现代人的关系,可以说明与古代人生活发生关系的动物是些什么,也可以说明其他的许多问题。例如,在殷虚发现了象骨,就可以说明古代那里的气候比后来暖得多。

杀殉的遗迹,引起了许多人的兴趣。但是,不少人没有分析清楚。杀是一回事,殉是一回事。殉是亲信的人,也是统治阶级内部的人,有的是自愿殉死的,也有的是被强迫的。过去满族和蒙古族都有这种情形。杀就大大不同了,这是古代吃人风俗的遗留残迹,到了殷代,成了一种祭祀。甲骨文中就有用人祭的记载。所以,一次可杀百十人来祭。这是给死人以人吃的意思。南洋的原始民族,就有吃人的风俗。《墨子·节葬下》说輆沐国,"其长子生则解而食之",即吃人风俗之类。又说"天子杀殉,众者数百,寡者数十,将军大夫杀殉,众者数十,寡者数人",这是以人为祭品的风俗。

居住遗址的发现,这也是考古工作的重要收获。我们知道殷人的居室可分为两种,一种是地上建筑,这有柱础版筑可证。另一种是穴居。穴居又可分为袋形穴居和竖形穴居两种。以竖穴而论,他是相当进步的。两面有出入的道路,如像金文复字的样子,金文复作 畐 。发现这个遗迹,不仅可以说明殷人的生活,而且,也可以确切地解释"陶复陶穴"了。

考古发掘工作的重要性还不止于此。他特别突出的是给了我们关于古器物本身相互的联系。什么样的文字、铜器、陶器、遗迹是一个时代一个地区必然产生的。这种关系的了解,大大地有助于历史规律性的进一步说明。假如没有经过考古发掘,甲骨文的价值是会减少许多的。

五、殷虚及其年代

虚从虍从丘，篆作 ，丘是穴居的现象。像复穴之上两侧可以出入之形。丘虚为古代传说帝王之都。所以有太皞之虚、颛顼之虚、少昊之虚、轩辕之丘。所谓殷虚，就是殷人之都，即现在洹水旁之小屯村。殷虚之名，在秦汉之际以至六朝时代还是人们所共同认识的，所以《史记·项羽本纪》载，项羽与章邯盟"期洹水南殷虚上"，《水经注》："洹水出山（太行）东迳殷墟北。"这个地方，大概可以说是东方的交通孔道。三国时代的曹魏、六朝时代的后赵、前燕都在这里建都的。根据记载，宋人在此地发现了许多铜器，因为这里接近汤阴，所以宋人说河亶甲墓、上甲冢都在汤阴，《考古图》《博古图》和《通考》都是这样说的。

就甲骨文来说，它本身也证明洹滨小屯是殷虚。甲骨文殷代帝王之名极多，这是内证，是非常有力的，绝对可靠的记载。而且，卜辞记载田猎，总是说"入于商"，足以证明小屯是他们经常居住的地方，从而也肯定了小屯殷虚的绝对年代。

殷虚之称商，是因殷人从前居住的地方叫商，所以迁来小屯以后，地名也带来了。例如：殷人之后建立宋国，宋与商则为一音之转。所以鲁国娶了宋之女，也称娶于商，"孝惠娶于商"（《左传》哀公二十四年）。古代部族迁徙，用旧地名称新居地，这在当时地旷人稀，新地原来无名的情况下，是极其普遍的事，并不只殷一地是如此。如晋有故绛和新绛也是一例。殷虚的情况，虽然和上述的情况类似，但是并不完全一样，因为殷虚在未成为殷人都邑以前，已经有殷的名字了，所以后来殷商并称："自彼殷商。"（《诗·大明》）周初的人，已经是有这样名称了。

【第四讲】 殷虚发掘与殷虚年代

殷人的都邑,是经过多次迁徙的。王国维先生在"说契至于成汤八迁"一文中,论证自契至成汤,都邑迁徙过八次。这可以备一说,但不一定就是准确的,应该根据考古发掘来进一步研究。成汤以后五迁,张守节在《殷本纪》的《正义》中说:"汤自南亳迁西亳,仲丁迁嚣,河亶甲居相,祖乙居耿,盘庚渡河南居西亳是五迁也。"这种都邑的迁徙,是因为农业不发达,需要改变地理条件来维持生产。所以,成汤以前的八迁也可能只在几个固定的地方往返耕种,而不是真正迁移了八个地方。从时间上来看,前八次迁徙所占的时间短,后五次迁徙所占的时间长,这说明农业生产有一些发展,用不着多迁徙来改变地理条件了。

殷人在殷虚住的时间是相当久的。《史记·殷本纪》说:"帝盘庚之时,殷已都河北,盘庚渡河南,复居成汤之故居……帝武乙立,殷复去亳,徙河北。"《竹书纪年》谓"自盘庚徙殷,至纣之灭,七百七十三年更不徙都。纣时稍大其邑,南距朝歌,北据邯郸及沙丘,皆为离宫别馆。""七百"应作"二百"。古代七作十,二作二(后来作二),故七可以讹二。至"纣时稍大其邑"以下,可能不是《竹书纪年》的原文,而是皇甫谧作《帝王世纪》时根据《竹书纪年》综合叙述的。可见,殷人在其最后的京城住的时间是很久的。不再迁徙的原因可能因为农业生产大大发展了,国家力量强大,没有迁移都城的必要。这里,我们可以看出《史记》说盘庚迁亳是错的,《盘庚篇》说迁殷是极重要的根据。《史记》的错误,是来源于《书序》,《书序》云盘庚五迁,始治亳殷,"治亳"二字是古文《尚书》"始宅"二字所讹。

另一方面,甲骨和甲骨文本身也证明殷人在殷虚是居住得很久的。十万片以上的甲骨堆积,要不是殷人长期居住在这里,是完全不可能想象的。而且，从甲骨文的断代来讲，同样也说明殷人在殷虚居住得很久。董作宾的"甲骨文断代研究例"，分甲骨文为五期，后来他作《殷历谱》也是如此的分法，他断代的标准有世系、称谓、贞人、书写等例。如甲骨文有称父庚、兄庚等的，就可以有根据认为现在发现的甲骨文，就时代来说是以盘庚时期为最早。武丁时代的甲骨文，笔画严整，字体大方，象征着当时国力的强盛。由此以上种种原因，可以证明殷虚是盘庚以至殷纣灭亡二百多年中殷代的国都。

关于殷代总年数，现在还是一个没有解决的问题。《左传》宣公三年说殷商"载祀六百"，《汉书·律历志》引《世纪》："自伐桀至武王伐纣，六百二十九岁。"同篇又引《殷历》曰："当周公五年，则为距伐桀四百五十八岁。"两者是不一致的。根据《晋书·束晳传》说《竹书纪年》所载"夏年多殷"，这可以大致的得出一个概念。但是，夏代的总年数，也还是一个无法确定的数字。《史记·夏本纪·集解》引《竹书纪年》说：夏代"有王与无王，用岁四百七十一年"（参考《太平御览》卷八三引《竹年纪年》）。而《殷本纪·集解》引《竹书纪年》说："汤灭夏以至于受，二十九王，用岁四百九十六年。"这两种说法，同样出现在《竹书纪年》，同样被裴骃引用，但殷年还是比夏年多，《束晳传》说"夏年多殷"在这里就无法解释了。关于殷代的年历，还没有可靠的记载或成熟了的研究成果。所以，殷代每一个帝王的在位年数，那就更靠不住了。

六、殷代（殷虚时代）的物质生活

由于甲骨文以及殷虚文物的发掘和研究，我们对于殷代的了解，比起从前学者仅仅根据《史记》和《尚书》的一些篇章来研究殷代,是深入得多了,是丰富得多了。在这方面,特别显得突出的是关于物质文化的问题。《史记》和《尚书》关于殷代的部分,除了帝王家谱式的世系以外,只有极少数并且是极为零碎的一点资料谈到殷人的物质生活,而殷虚的发掘以及文字和文物的研究,对于殷人的物质生活的了解却起着决定性的、主要的作用,他丰富了古代史的一个重要方面。

甲骨文记载的是帝王的生活,不是平民的生活,但是帝王与人民的生活也并不是丝毫没有联系的,帝王之所以能够生活,纯全是靠了剥削人民而来的,所以,甲骨文的记载,也反映了一些人民的生活。当然,除了甲骨文字以外,殷虚的遗迹与遗物,更对研究殷代的物质生活,有着特别重大的意义。

殷商时代,打猎是非常盛行的。甲骨文的狩(即兽)、史等字就是证明。狩,甲骨文 ， ,像捕兽之物与被捕之兽。史,甲骨文作 、 ,像手持捕兽之具形。史与事通,狩猎即有所事事也。史,金文作 ,是出使执旗也,这是后起的字。事作 就可见,当时打猎是很盛行的。这种情况,和辽代贵族及其随从们行猎含有娱乐与生产两重意义的情况差不多。《辽史·营卫志》云辽有四时捺钵(行在、行营、行帐之谓),皇帝是出去游猎的,随从的有些以此为暂时生产活动,"秋冬违寒,春夏避暑,随水草就畋渔,岁以为常"。夏捺钵是"与北南臣僚议国事,暇日游猎"。冬捺钵是"与北南大臣议国事,时出校猎讲武"。虽然,政治与军事的意义在这里也体现出来。不过,捺钵毕竟是在辽人原有的生产形式上所产生的。

畜牧在殷商也是普遍的。马、牛、羊、鸡、犬、豕六畜和象都有;而且都是家畜。象,甲骨文作 、 ,象形极为逼真。《吕氏春秋·古乐篇》云"商人服象,为虐于东夷,周公遂以师逐之,至于江南",服象是象为人服役。为字在甲骨文作 ▢,从又从象,像手牵象之形,这是殷人服象在文字上得到的反映。甲骨文有获象的记载,河南一带,古代气候温暖,所以还有野生的象。后来中原气候渐渐发生变化,象逐渐南迁,所以秦的象郡在湖南、广西一带。象在我国绝迹是很晚的事,清朝初年,吴三桂还在用象作战就是例子。关于马、牛、羊、鸡、犬、豕的畜牧,殷人是很注意的,因为解释的人很多。这里不再重复。

农业是殷人的主要生产事业,甲骨文反映出来的情况,百十倍于记载上的材料。农作物有黍(高粱)、米、麦、禾(农作物幼苗之总称)等。年,甲骨文作 ▢,从禾从人,足证当时人十分重视农业。穑,甲骨文作 ▢,象征田地中种植禾黍的情形。就少数民族和殷代的情况研究,可能高地种黍,低地种麦,但有无稻谷,还不能肯定。

殷人的农业生产工具是耒耜。耒,甲骨文和金文作 ▢,耜甲骨文和金文作 ▢。而耤字,正表示用耒耜耕作的方法。耤,甲骨文作 ▢、▢ 等形,象征耕作情形。殷人还用蜃作为生产工具。辰字,甲骨文作 ▢,可证。因此农字从辰从田或从林,表示垦殖之意。《盘庚》云"若农服田力穑乃亦有秋"。可见殷人的农业是相当发达的。

与农业有密切联系的纺织业,在殷代也是发达的。桑,甲骨文作 ▢,蚕,甲骨文作 ▢,丝,甲骨文作 ▢,都是极好的例子。殷虚出土铜器还保存了包裹铜器的麻布纹,可以说明殷人已经用麻纺织成布了。纺绩的方法,也可以从甲骨文的叀字得到了解。叀,甲骨文作 ▢,表示用纺锤绩线之形。至于其他如衣字,甲骨文作 [字形],也表明殷人的纺织业是普遍发达的。这些应该是东亚大陆上最早的、最可信的大量手工纺织史料,是十分值得珍视的。

由于殷虚文物的研究,我们对殷代的工商业能够得到进一步的了解。《酒诰》说殷有"百宗工",在王室里有主管百工的官吏。发掘证明,殷人的手工业是极其发达的。有铸铜的、刻石的、制陶的、雕牙的等等部门。以车来说,它的制造是靠各部配合才行,需要木工、铜工等等工匠,所以《考工记》说是一器而众工聚焉。可见当时的分工是极细的,手工业已经从农业中分离出来了。同时,因为车能载重行远,可以配合其他资料说明殷人的商业也是发达的。

殷人的商业是有一定基础的,先秦以来通称货贝,就是可靠的说明。殷人用贝作交换的媒介。贝,是南海生产的海蚆。甲骨文贝作 [字形]、[字形] 等形,正是象形。《诗经·菁菁者莪》云"赐我百朋",就是指用贝而言。朋字,金文作 [字形],甲骨文作 [字形]。少数民族也用贝。《新唐书·南诏传》云十六贝为一 [字形] 是一个例子。除了用贝作货币以外,还用它来作装饰,婴,即䚢,《说文》云"颈饰也"。这是南方许多民族的习俗。用贝作装饰品而变成货币,这是一个进步,它说明社会又向前发展了一大步。玉在殷代也是财富的象征。所以《盘庚》云"兹予有乱政同位,具乃贝玉"。甲骨文的市字,作 [字形] 或 [字形],表明当时已经有了一定的交易场所。

总之,根据殷人的物质生活来说,是十分丰富的。在当时,在中国周围的任何民族和国家,是都赶不上的。我们祖国的历史,是值得我们十分宝爱的。

1957.11.26

参考资料

《殷墟发掘》 胡厚宣 学习生活出版社出版

【第五讲】 殷代世系中的兄终弟及制与嫡长继承制

一、殷代世系

甲乙丙丁……为日，子丑寅卯……为辰，日为干，辰为枝，见日之时为日，见星之时为辰，合干枝以纪日如甲子、乙丑，即一日一夜为一天，干支就是幹枝省写。殷人以日为名，有大甲、祖乙、外丙、武丁诸称。实际上只有以干（幹）为名，而没有用支（枝）的（王亥是例外）。《白虎通》云，殷人以生日为名。《古史考》云夏殷之礼"死称庙主皆以帝名配之"。我认为以生日为名可靠些。例如，受辛死于甲子日史有明文，这说明他不以甲为名就说明受辛称辛是不以死日为名的。同时，要是以死日为名，岂不是在人死以前的几十年里既没有人称他这个名字，死后哪个又晓得这就是他呢？这不合乎命名的意义。以生日为名，就完全免除了这种不合乎理的情况之产生。

干只有十个，因此加以大、小、文、武、帝、祖等以示区别。这种加的字，一般不是原来就有的，而是后来尊称的。甲骨文称父某、兄某，只是相对的不固定的称谓，称祖甲、祖丁……也是如此，所不同的就是祖以上皆可以称祖，不必即为子之子的孙辈的称谓。所以，我们了解的《殷本纪》的完整世系，都应该是殷商后期造成的分别名称，而不是原来的状况。由于名的产生和祭祀的隆重，我们推测殷人也可能产生讳名的习俗。少数民族中，傣族也有这种风俗。他们生子以后，即以子名为名，如称某某之父。周代称这样的名为字，如某某甫，又甫就是父。

关于殷代世系的记载，见于《史记·殷本纪》和《三代世表》、《汉书·古今人表》、《世本》、《竹书纪年》和甲骨文等等。这里，我们根据《殷本纪》来加以研究。《殷本纪》排列的次序是这样的：（见下页）

这个完整的世系，是不太可靠的，特别是成汤以前，更是如此。例如，振，《天问》作该，《世本》作核，《人表》作垓，而甲骨文作亥。微，《国语》作上甲微，甲骨文作上甲。报乙、报丁、报丙，甲骨文作 ☑、☑、☑，匚古方字，读与报同。主壬、主癸甲骨文作示壬、示癸，主也是示字之讹。而且，《殷本纪》所列世系，与甲骨文世系次序也有出入（前者报丁在前，后者报丁在报丙后）。可能这些都是后追述而有讹误。现在研究起来，不会有什么结果，所以存而不论。汤以后，建立了统一的王朝和奴隶主的国家，子孙对

【第五讲】 殷代世系中的兄终弟及制与嫡长继承制

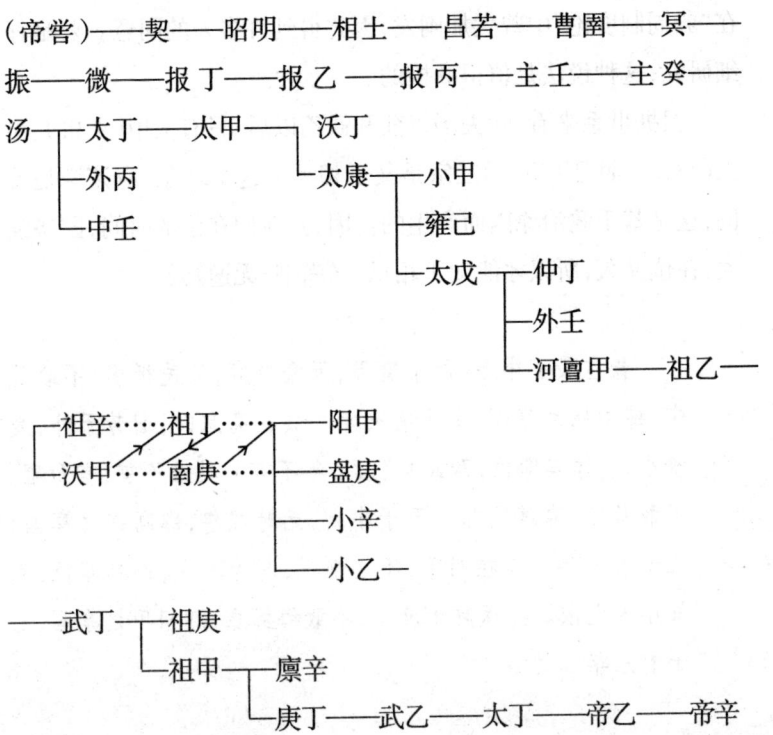

于世系的保存较确,所以甲骨文与《殷本纪》基本上是相同的。但是甲骨文只记世系,而《殷本纪》却注明了兄终弟及的情况。

成汤以后,研究起来相对的说是容易一些的。汤,《殷本纪》称为天乙,卜辞作大乙或作唐,甲骨文的天字与大字是不分的。所以《多士》的天邑商,卜辞作大邑商。唐即汤,《晋公䪼》唐作 𦉢 ,从易,《说文》唐古作 𦉢 ,也从易。唐汤古同属阳部字,故得相通。从世系看得出来,汤以后,兄终弟及的很多。所以,过去的人都说:"商之继统法,以弟及为主,而以子继辅之,无弟然后传子。"而父死子继的嫡系继承制则到周代才产生。这种意见,王国维先生在"殷周制度论"中曾大加阐发,因此得到许多人的同意。要是仔细研究,这种说法是值得商榷的。

根据世系来看,除去汤以前和武乙以后,只有太甲(太宗)、祖乙(中宗)、武丁(高宗)三宗是父子相承。这个现象,应该说是特例,这是基于政治原因而产生的。因为,他们在位的时间,国势强大,在位又久,所以才能父子相承。《尚书·无逸》云:

> 昔在殷王中宗,严恭寅畏,天命自度,治民祗惧,不敢荒宁,肆中宗之享国,七十有五年。其在高宗时,旧劳于外,爰暨小人,作其即位,乃或亮阴,三年不言。其惟不言,言乃雍。不敢荒宁,嘉靖殷邦。至于小大,无时或怨,肆高宗之享国,五十有九年。其在祖甲,不义惟王,旧为小人,作其即位,爰知小人之依。能保惠于庶民,不敢侮鳏寡,肆祖甲之享国,三十有三年。

中宗在位七十五年,高宗在位五十九年,祖甲在位三十三年,可见他们在位的时间很久。这大概因为他们作得比较好,得到人民的拥护,而当时的王位又是在贵族中推举的,所以,他们在位的时间相当长。

一般所谓殷代的兄终弟及,也是有问题的。例如,外壬、外丙,卜辞作卜壬、卜丙,这可能是当时母系继承还有浓厚的遗留,称母系为外家,已见于《尔雅·释亲篇》,可能它有很悠久的历史。由姊妹之子继,必须经过卜的决定。与此相对的,殷王有中丁、中壬等,可能这是父系继承,中表之称相属甚晚(起于六朝),但中外是相对之词,为了与母系继承的"外"相区别,所以称为"中"。

二、兄终弟及制

兄终弟及的继承制度，可能是氏族社会在父系继承确立以前，存在过的，后来残留在殷代的。因为在父系确立父传子以前，同一氏族的生产都由年岁相差不远的人共同管理，因此，后来产生了兄终弟及制。

保定南乡出土的殷代三句兵，据王国维先生说，这是"殷代北方侯国勒祖父兄之名于兵器以纪功者"，他的排列次序是：

(一) 大
祖 祖 祖 祖 祖 祖 祖
日 日 日 日 日 日 日
己 丁 乙 庚 丁 己 己

(二)　　大　大　　中
祖　父　父　父　父　父　父
日　日　日　日　日　日　日
乙　癸　癸　癸　癸　辛　己

(三)
大
兄 兄 兄 兄 兄 兄 兄
日 日 日 日 日 日 日
乙 戊 壬 癸 癸 丙

可见,这里有着清楚的祖、父、子三辈的区分,他们是按照父系而排列的。而每一辈中,又有大、中、小的区别,可能是同辈中的不同集团,世系中称大、中、小等,可能也是这样形成的。《辽史·外戚表》云"拔里二房,曰大父少父,乙室已亦二房,曰大翁小翁"。大、少即大小,可能与商代的情形,极为相似。商代的兄终弟及制,应该说不仅是帝位的递传,而实质上是财产继承的制度。财产传给兄弟,虽然已经不是母系而是父系的现象,但是,终究和嫡长子继承制有着迥然的区别,所以,他们那时可能还是贵族选举制,与辽的选举制差不多。

殷代到了武丁时期,国势极为强盛。《孟子》说,武丁时代,殷是很强盛的。由于国势强盛,武丁以政治、婚姻关系,征服各部,过去有人说武丁封自己的许多妻子为侯的真实情况是如此,他并不是什么真正的如像周代的分封。由于武丁时代,国势强大,贡献增多,因而改变兄终弟及制。所以,自武丁以后,兄终弟及者少多了。《无逸》谓"乃或亮阴,三年不言",有人说这是三年之丧的起始。要是如此,他与改变兄终弟及制是有密切关系的。

三、祖甲改制

祖甲改制,是商代的转折点,也是中国奴隶制社会崩溃的开始。

原来在氏族社会的末期,一个氏族之所以能征服其他氏族,是由于领导氏族的同辈兄弟共同生产、共同生活团结成一个有力量的队伍,当然,这时是实行兄终弟及制的。后来传子,兄弟就相对有所分散,而氏族的力量就削弱了。《国语·周语》云:"玄王勤商,十有四世而兴,帝甲乱之,七世而陨。"就是说,祖甲改变了兄

终弟及制而实行父死子继制。所以甲骨文和世系都只祭直系,弄到天天要祭祀的地步。这是祖甲以后整齐世系的结果。《无逸》:

> 自时厥后,立王生则逸,生则逸,不知稼穑之艰难,不闻小人之劳,惟耽乐之从。自时厥后,亦罔或克寿。或十年,或七八年,或五六年,或四三年。

"立王"一词又见于《大雅·桑柔》"灭我立王",甲骨文又有"小王"之称,疑即后世立太子主储的开始。王位的继承,不由选举而由王在生时预先建立。就是自祖甲改变兄终弟及的贵族选举制以后,殷王都是生于深宫之中,长于妇人之手,不像高宗、祖甲和"小人"一起参加过生产活动,多少知道一些现实的情况,而他们却溺于淫乐,夭折者居多。这是"立王"的结果。

祖甲以后的"立王",庚丁,甲骨文作康丁或康祖丁。按殷人以干支配合为名,庚、丁当无两干联系为名之理,当以甲骨文为是。《殷本纪》所载之庚丁,当为康丁之讹。《殷本纪》所载之太丁,《竹书纪年》作文丁(亦作大丁),卜辞称文武丁。

即使祖甲改制,但到殷末执行起来还是有相当纷争的。《吕氏春秋·当务》云:

> 纣之同母三人,其长曰微子启,其次曰中衍,其次曰受德,受德乃纣也,甚少矣。纣母之生微子启与中衍也,尚为妾,已而为妻而生纣,纣之父纣之母欲置微子启以为太子,太史据法而争之曰,有妻之子,而不可置妾之子,纣故为后。

这传说不一定是可靠的,但反映了继立问题的一些矛盾。从《无逸》记载来看,已经是父死子继,立王的继承制是确立了。

四、外婚制与宗法制度

祖甲改制,已经形成宗法制,确立了父系,建立了大宗小宗。这可能是从氏族社会中的家长制发展来的,是和父系外婚制分不开的。但是,当时是否完全外婚还值得研究。甲骨文有祖、父、子、孙四字,这是父系的现象。同时,他还有王族、子族、多子族等名词。《左传》定公四年:"分鲁公以……殷民六族:条氏、徐氏、萧氏、索氏、长勺氏、尾勺氏……分康叔以殷民七族:陶氏、施氏、繁氏、锜氏、樊氏、饥氏、终葵氏。"这都是殷代的一些氏族,因而,殷代有王族、子族、多子族等区别,也应该是确切的。王族与子族是分开的。王有王族、子有子族,王与子不是同一族的。子族是尊贵的,所以后来春秋时代的人,多称某某子。父子如不同族,是值得研究的。根据《无逸》说,在祖甲以前,王子是不在家里养的,祖甲以后,才在家里养的。所以他说"其在高宗时,旧劳于外,爰暨小人",可见高宗还是参加劳动的。又说"其在祖甲,不义惟王,旧为小人",仍然是与其团体共同劳动。王、子不同族,是氏族制还有相当大的部分存在的,没有走向宗法制时候的情况。

当其宗法相当发达的时候,是绝对外婚,《礼记·大传》所谓"虽百世而昏姻不通者,周道然也",可见周以前并不是如此,夏、殷都不是绝对外婚。《礼记正义》云,殷人五世而后可以通婚,故将殷法以问于周。《丧服小记》正义云殷无世系,六世而婚,故妇人有不知姓者,周则不然。《太平御览》引《礼外传》云,夏殷五世之后则通婚姻,周公制礼,百世不通。《魏书·高祖纪》太和七年诏"是以夏

【第五讲】 殷代世系中的兄终弟及制与嫡长继承制

殷不嫌一族之婚,周世始绝同姓之娶"。可见六朝人的认识还是如此。《公羊传》僖公二十五年云"宋三世无大夫,三世内娶也"。这也就是殷代同姓婚之遗留。

殷有五世之庙,故五世之后可以通婚。《吕氏春秋》云,商书曰五世之庙,可以观怪。《礼记·曲礼》云:"孙可以为王父尸,子不可以为父尸。"这都是部族内婚,是婚级制的现象,是二半部族互为婚姻的现象。母系时代,父子不同族,后来虽然发展成父系,但是其婚级制仍然是存在的。所以父子仍然不同族。父子虽不同族,但因为是婚级制所以同族。因之孙可以为王父尸。甲骨文云:"唯多生飨,唯多子飨。"(《殷墟文字甲编》,380)多生是姐妹之子,多子是兄弟之子。这都是二半部族的现象。子本是幼童之称,后来变生为甥,而以子为己子,是母系向父系过渡的现象。由于父子不同族,所以姐妹兄弟之子也不同族。《诗·周南·麟之趾》,把公子、公姓、公族三者完全并列起来,这就是二半部族的现象。《齐缟(子仲姜)镈》:"以保台身","保余兄弟","保余子姓"。此处所谓子姓,即所指之兄弟之子。

过去谈三族是指父昆弟、己昆弟、子昆弟,也是说明三个不同的集团,他们是共财的,是宗法的形式之一,而不是小家庭。

程瑶田《宗法小纪》云:"宗之道,兄道也,以兄统弟;以弟事兄。"这是说得很确切的,他揭示了氏族残遗的现象。大宗、小宗就是由这里变来的。小宗是固有的,大宗是后来增加的。小宗五世则迁,大宗百世不迁,就是说,他是百世不通婚姻,外婚制。在男系以内,不仅血统关系有联系,而且,经济上有更密切的联系,大宗和小宗都有共财的残迹。这当然也都是氏族的残余,而且,拖得非常长久的。但是,越往后发展,财产的分化也越显著,故有大宗作标志,表示不通婚,以便抑制同族的分化。少数民族之中,有十二世以后通婚的,不通婚的,这些现象,是一步步发展成了绝对外婚,因之产生了宗法。

姓,就是绝对外婚,宗法产生以后才有的,商代没有姓,所谓当时的子姓,就是子族。姓是不同氏族互通婚姻而产生的。因为,女子出嫁,必须带姓去。

分封的出现是很晚的。氏族社会时期,兄弟必须共同生活,才能共同作战,共同生产。后来,生产发展了,不再需要兄弟共同在一起也能生产、生活,造成了可以分封出去的前提,因之才有周代大量分封的事实出现。我们认为这是封建社会的意识形态,他与奴隶社会的集体劳役的意识形态根本不同。因为,封建社会的等级制是宝塔式的,这是封建社会中最突出的东西,是非常明显的剥削形式。中国的等级制,虽然在商代末期,从祖甲以后已经萌芽,有了一些痕迹,但是,发展到了周朝,才成了完整的系统。

中原地区的居民,有姓就表示当时是绝对外婚,但是,四周少数民族的情况就有不同,他们不一定外婚,也不一定有姓。《史记·匈奴传》云"有名不讳而无姓字"。苗瑶也是如此。《黔书》云花苗有名无姓,东瑶有族无姓,《汉书·匈奴传》云"单于姓挛鞮氏",这应该是族而不是姓,《魏书·官氏志》太和十九年诏:"代人诸胄,先无姓族……比欲制定姓族,事多未就。"《周书·文帝纪》魏恭帝元年条:"魏氏之初,统国三十六,大姓九十九,后多绝灭,至是以诸将功高者为三十六国后,次功者为九十九姓后,所统军人,亦改从其姓。"四周少数民族的姓与氏,最初多模仿汉人利用其原有的某种徽号而造成的。《金史·宗室表》序云:"金人初起,完颜十二部,其后皆以部为姓氏。"同姓不婚,四周民族也是没有的。《金

【第五讲】 殷代世系中的兄终弟及制与嫡长继承制

史·太祖纪》收国二年诏:"自收宁江州已后,同姓为婚者扶而离之。"可见在这以前,同姓是能通婚的。《新唐书·南蛮传》云松外蛮其丧婚嫁不废,亦不避同姓。《公羊传》云楚王之妻媦(妹)。朝鲜、日本、安南、缅甸皇室都是内婚。《朝鲜通史》云,高丽王室,以与近祖通婚为定制。可见,宗法是中国特殊的,是适应封建制的上层建筑。《汉书·地理志》云:

> 始桓公兄襄公淫乱,姑姊妹不嫁,于是令国中民家长女不得嫁,名曰"巫儿",为家主祠,嫁者不利其家,民至今以为俗。

这件事又见《风俗通》。我们以为巫儿似即家主,是母系社会之遗迹。这是古代原始社会遗留下来婚姻之遗俗,不可能是齐襄公一人淫乱所造成的,一人的私生活,不可能给予社会那样深切的影响。

参考资料

"新殷本纪"　丁山　见《史蕈》第一册
"殷卜辞中所见先公先王考"　王国维　见《观堂集林》卷九
"殷卜辞中所见先公先王续考"　同上
"殷周制度论"　王国维　见《观堂集林》卷十

【第六讲】 殷代侯田男卫四服的指定服役制与周初的建侯制

一、殷代官制

关于殷代的职官，甲骨文中是有记载的，但是相当零碎，比较系统的是《尚书·酒诰》的材料。《酒诰》载周公述殷代的官制说：

> 越在外服，侯甸男卫邦伯，越在内服，百僚庶尹，惟亚惟服，宗工、越百姓里居(君)。

内服、外服，是以王朝为基准来区分。服是服役之意。内服是指王

【第六讲】 殷代侯田男卫四服的指定服役制与周初的建侯制

朝官吏,在王朝内服役。外服是指侯、甸、男、卫邦伯,是在王朝外服役。所有的内服、外服,都为大奴隶主——殷王服役。侯、甸、男、卫就是四种指定服役制。每服都存有许多氏族、家族或农村公社,和它的氏族长或公社推举的村长(里君)。这些氏族、家族和农村公社,都由它的氏族长、家长或村长统率着在王朝外服役。

但是殷代的官制毕竟简单,等级不太明显,这从官名的本身可以看出来。例如:僚就是衙门,尹就是官长,亚是次官,服是事务官。殷王朝内只有许多大小衙门(僚)的正长官(尹)、次长官(亚)、事务官(服),并没有更多更严密的等级。宗工、里居、百姓都是代大奴隶主主管百工的、农村公社的、氏族的长官。宗工是主百工的。百姓,《国语·楚语下》云:"王公之子弟之质,能言能听彻其官者……是为百姓。"郑康成注《尚书》云"百姓、群臣之父子兄弟",这与《楚语》的说法,还是一致的。百姓和里君在《尚书》和金文中都是两个对举的名称。古代世官,群臣父子兄弟,或王公之子弟,就是与王同部族,或为王之姻族。殷代一个大部族有一百二十个氏族,举其成数言,则称百姓。《周礼·遂人》:"五家为邻,五邻为里。"一里二十五家,里君就是统率二十五家的官长。《尚书·盘庚》说的"百姓""万民",是两种身份不同的人,"万民"也就是《君奭篇》说的"王人"。管理百姓的氏族长也称百姓,管理万民的是里君,即是说,百姓是指的氏族长,是统率家族公社的百姓的官长;里君,是统率农村公社的"方里而井"的君长。等到周王朝征服殷部族以后,殷部族降为庶民,而周部族上升为百姓,仍然是两种身份的人。金文《令簋》以"诸尹、里君"并举,《史颂簋》以"里君、百姓"并称,《㽙簋》有"成周里人"之辞,参互求之,百姓属于周部落,诸尹就是统率百姓的官长,"成周里人"是被征服的殷顽民,里君就是统率里人的君长。百姓居于六乡,里人居于六遂及六乡六遂的余地。六遂由王朝直接统治,仍以百家为单位,故《周礼·遂人》有"五家为邻,五邻为里,四里为酇"的编制,分百家为四里,仍保存了里的名称。六乡六遂的余地,仍按"方里而井"的编制。百姓与里人依然是两种不同身份的人,统治者对不同身份的人,就适用不同的编制。以上是说的内服的情况。

至于外服侯、甸、男、卫四服制的情况,可以简单地叙述如下:

侯、甸、男、卫四种服役制度,一直到周初都还存在。《召诰》云:"周公乃朝用书命庶殷侯甸男邦伯。"《康王之诰》云:"王若曰庶邦侯田男卫。"《逸周书》孔晁注云:"侯为王者斥侯也","甸田也,治田入谷也","男任也,任王事","卫为王捍卫也"。这是外服,也就是四种指定服役制。侯、卫两服是服兵役的,甸是生产的,男是服劳役的。这与周代的封建等级制是根本不同的。《禹贡》所说的五服,《周礼》所说的九服,都是根据这四种服役制而加以改编的。《周礼·职方》贾公彦疏,和孔晁注也是一致的。《国语·周语上》说:"先王之制,邦内甸服,邦外侯服,侯卫宾服,蛮夷要服,戎狄荒服。"这是以后来的观念改变过去的原意来的,已经不是本来的意思了。因之,《禹贡》说五百里甸服,五百里侯服,五百里绥服,五百里要服,五百里荒服,这与《周语》说的大体相同。总之,所谓绥服、要服、荒服,都没有服役的意义,这是封建时代已经不能认识服的涵义了。甸,也叫畿,是生产、界限之意。男作任解,古男、任是同音字,又与南通。如《左传》云"郑伯男也",《周语》作"郑伯南也"。《礼记·明堂位》云"任,南夷之乐也"。这都是古代男、南、任三字通用之证,所以,男、任也有南方之意。而殷代的男服,就是居于殷王畿以南低地区的一些农业公社。春秋时代称男爵的诸侯:如姜姓的

【第六讲】 殷代侯田男卫四服的指定服役制与周初的建侯制

许男,风姓的宿男和任姓的薛国、风姓的任国,可能都是殷代的男服。《周礼·职方》云:"方千里曰王畿,其外方五百里曰侯服,又其外方五百里曰甸服。"因而有男、采、镇、夷等九服。这是不知道服的原意而弄错了的。总之,侯、甸、男、卫是指定服役制,是指定专服某役,这是奴隶制的现象。

二、辽代宫卫制及部族制

由于社会发展阶段的相同,所以辽代的宫卫制与部族制很像殷代的指定服役制。一般说来,辽代的宫卫制像卫服,部族制像侯服。《辽史·营卫志》云:

> 并、营(山西)以北,劲风多寒,随阳迁徙,岁无宁居,旷土万里,寇贼奸宄,乘隙而作,营卫之设,以为常然;其势然也。有辽始大,设制尤密,居有宫卫,谓之斡鲁朵;出有行营,谓之捺钵;分镇边圉,谓之部族。有事则以攻战为务,闲暇则以畋(田猎)渔为生,无日不营,无在不卫。立国规模,莫重于此。

这在朔漠旷野中是需要的。宫是王宫,卫是卫队。营在辽称捺钵,宫叫斡鲁朵,是游牧民族的穹庐。部族是分镇边圉的。这些都是既要生产又要作战的。要是与商代比较,宫卫制更像卫服,部族制更像侯服。与殷人的甸服相似的是俘掠汉人而在燕云十六州以北建立的州县。《辽史·礼志一》云:

> 皇帝即位,凡征伐叛国俘掠人民,或臣下进献人口,或犯罪没官户,皇帝并览闲田,建州县以居之,设官治其事,及帝

崩,所置人户、府库、钱粟,穹庐中置小毡殿,帝及后妃皆铸金像,纳焉(指人户、府库、钱粟簿册,纳于是小毡殿帝后金像之前)。

这里说的叛国俘掠、进献的人口以及犯罪没官户的身份,当然是奴隶,由皇帝处置奴隶生产,设官征收的钱粟,成了皇帝和皇后(都是大奴隶主)的私有财产。至于皇帝皇后以下的奴隶主的私有财产,主要是头下军州。《辽史·地理志一》说:

头下军州皆诸王、外戚、大臣及诸部从征俘掠,或置生口(购买的奴隶),各团集建州县以居之。横帐诸王、国舅、公主许创立州城,自余不得建城郭,朝廷赐州县额。其节度使朝廷命之,刺史以下皆以本主部曲充焉。官位九品以下,及井邑商贾之家征税,各归头下,唯酒税课纳上京盐铁司。

头下亦作投下,意是在头目之下或投充在头目下。投下军州是诸王、外戚、大臣的私有产财。他们是仅次于皇帝的奴隶主。他们对皇帝只有军事和政治的隶属关系而没有经济的隶属关系,即有也只有酒税纳上京盐铁司,那是很轻微的。

辽代的官制也是与上述情况有关系的,辽之官制分为南院、北院两个系统,元好问谓"北衙不理民(万民)",只统治自己部族及被征服部族,"南衙不主兵(百姓)",只统治被俘的汉人。后来,辽侵占燕云十六州以后,在官制上加以改变,设南面官以统治燕云十六州人民,略似殷代的男服。辽代的宫卫制、部族制、头下军州、南北衙、南北面官与商代侯甸男卫是一致的。可见,当社会发

【第六讲】 殷代侯田男卫四服的指定服役制与周初的建侯制

展至相同的阶段的时候,社会经济制度以及上层建筑是具有相同的特征的。这也说明了马克思列宁主义的历史观是科学的、正确的。

但是,作为残余形态的指定服役制,也可以在封建社会时期存在。根据最近的记载,傣族在土改以前,土地是属于领主的,是由封建领主统治的,人民就是农奴。傣族有的寨子专门炒菜、作饭、挑水、砍柴。又有的寨子服养马、养鬼(祖先)的役,或唱歌跳舞,或在领主家死人时专门去担任哭的任务。曼贺寨专门在领主祭祀、打猎时充当仪仗队抬矛扛刀。这是一种指定服役制,而人民是农奴的性质,是古老的、原始的封建统治,是劳役剥削,而不是地租剥削,因为他离奴隶社会还不远,所以还残留了不少奴隶制的东西。洞崽苗的情况,也和这里差不多。洞崽苗是在贵州古州一带的少数民族。"其先代以同群同类分为二寨,居大寨者为爷头,居小寨者为洞崽,洞崽每听爷头使唤。婚姻各分寨类,若小寨与大寨结婚,谓之犯上。各大寨知之,则聚党类尽夺其产,或伤命"(《黔记》)。这是奴隶社会的情形。以部族统治部族,与希腊罗马之城市统治乡村相同。但到了封建社会,有了宗法,统治者是一家人,故可以分散统治。即是说,奴隶制是建立在氏族残余的基础上的,封建社会则将氏族变成了宗法。

三、周公成王东征

周公成王东征,把殷代的奴隶社会变成了封建社会,这是关键性的事。武王克商以后,周的势力达到了边疆,虽当时已具备封建的条件,但还未完全实行分封的建侯制。所以,周公对殷人的残余势力,作了一系列的斗争,才把商彻底解决。武王克商,二年而崩，周的统治还未巩固。成王即位，周公摄政。《尚书》说管叔蔡叔恐惧造谣说，"公将不利于孺子"，故与武庚联合叛周。《尚书·大诰》即征伐武庚时告周人之语。这在周朝是很大的变动。有的说管叔是周公之兄，要是兄终弟及，他也有可能继承做王。另外，武庚也有手腕，他能挑拨周朝内部造成分裂。因此，周公避流言，《尚书》说"周公居东二年（《左传》说周公曾去楚）"，后来成王感悟，迎回周公，内部团结起来，周公奉成王命东征，灭管蔡武庚。殷之余民，由微子启领导退到宋，承认周为领导的政权。其余抵抗得厉害的，封康叔于卫，住殷虚，迁殷顽民于成周（洛邑），分一部分殷民与鲁，一部分与卫，箕子到朝鲜也带走了一部分，这是几个主要的分支。这样，周统治了整个黄河流域，乃建侯卫，营成周，制礼作乐，七年天下大定而后还政成王。《洛诰》："朕复子明辟。"就是周公恢复成王的君位。又曰："惟周公诞保文武受命，惟七年。"可见周公摄政七年之说不误。《尚书大传》把周公事迹分七年叙述："周公居摄，一年救乱，二年践奄，四年建侯卫，五年营成周，六年制礼作乐，七年致政。"古代都是以事纪年，所以一年分配一件事。这里说周公的事中，最重要的是克殷和践奄（鲁又称奄中）。《孟子·滕文公下》说："周公相武王诛纣伐奄，三年讨其君，驱飞廉于海隅而戮之，灭国者五十，驱虎豹犀象而远之。"可见在成王时期，周的势力更不断向海边发展，建侯卫就是在这一段时期的事，齐、鲁、晋等之封，俱应在此时。建侯、建卫是两件事，即把指定服役制改成封建等级制，改成分封制度。

商朝是邦畿千里的大国，在千里的边疆上建侯，由侯服担任侯望之责，周代改变这种制度。周原在关中（即西土），克殷之后把殷邦畿千里也变成他的王畿，他也要在王畿的封疆上建侯以为屏

【第六讲】 殷代侯田男卫四服的指定服役制与周初的建侯制

藩,把甸服变成了畿服。建立鲁、晋、齐等国为周之屏藩,建立陈、蔡、曹、滕等把殷人之后的宋国包围起来。所以建侯略似清朝驻防各地之意,一方面有镇压殷人之意。《左传》说分封在周公时,但有时是和武王克殷联系在一起的,《史记》之误是在这里。《左传》僖公二十四年:"昔周公吊二叔之不咸,故封建亲戚以蕃屏周。"昭公二十六年:"昔武王克商,成王靖四方,康王息民,并建母弟,以藩屏周。"定公四年:"昔武王克商,成王定之,选建明德,以藩屏周。"只有昭公二十八年说:"昔武王克商,光有天下,其兄弟之国者十有五人,姬姓之国者四十人。"《荀子·儒效篇》云:周公"兼制天下,立七十一国,姬姓独居五十三焉"。从以上的史料,可以看出大批的封建是周公和成王时期的事,而不是武王时候的事。所以,《大传》把建侯之事归之周公,云四年建侯卫。

周把殷的甸服变为王畿,由天子直接统治,把侯、卫、男都变成诸侯。甲骨有"多田"、"多侯",在周初铜器《矢令簋》就有"诸侯侯田男"之称,田,男也,在列侯之下,卫服是殷王的卫队,要改为周的诸侯终究不容易,所以周把他们部族分散在殷地和成周,而在故地建立东方的军事重镇,由周直接统治。根据《史记·卫康叔世家》所载,康叔初封康,在畿内有采邑,后封于卫,带上周的部族住在卫地。金文有"成周八师"、"殷八师",就是周的两个军事重镇。《卫康叔世家》的记载,卫有六代称伯,大概是方伯,代天子出征,为一方之长。《左传》定公四年称"康叔为司寇",他一方面代天子镇守东方,一方面还在王朝有职位。但是,建侯与建卫始终是两回事。到了周夷王时,王室的力量不能控制东方,卫顷侯厚赂夷王,夷王命卫为侯,这时卫服才完全变成诸侯了。即是说,卫服最初直接统治于王朝,后来才变成诸侯。

四、改变指定服役制为建侯制

上层建筑的改变,是基础的反映,周的生产力的发展,已经达到封建等级制,等级之间递相隶属,互相依存,奴隶制是没有这样等级层层贡纳的经济关系。

周在未克殷以前,就有采邑制,而殷人无此制度。在《康诰》中说"周公初基作新大邑于东国洛,四方民大和会,侯甸男邦采卫",这里采卫是并称的,与侯甸男是不同的。《康王之诰》:"庶邦侯甸男卫。"说明周初把殷制仍保存了,不过不是同时纳职纳贡,而只是纳贡了,这同指定服役制不同了,它沿袭了采邑制的特点。采是采集之意,给他们一块地,带人去采集,后来变成这些人耕种那块地。周初在太王时代,就殖民分封了,带人出去,如江汉诸姬可能是克殷以前所分封,如太伯、仲雍到吴,也是大王时代的殖民,这只有封建社会才有,奴隶社会不能产生。奴隶社会部族不能分散,一分散,力量就衰弱了。如清初的八旗主,都是兄弟关系,有人想闹分裂,皇太极坚决不允许。能殖民,就可以由等级统治,力量并未削弱,而且是加强了。这正说明生产发达了,就是人分出去了,力量还是可以加强。采邑制就是使子弟分在一部分地方,采邑主对上有职有贡,这样中央力量才可以巩固。文王时代,征服崇、黎。如何统治呢?必然派人去管理。这说明周初已有小型的诸侯,就是采邑。

《汉书·地理志》说,弘农郡陕县有三虢国,"北虢在大阳,东虢在荥阳,西虢在雍州"。虢国之地在崇黎之间,北虢近崇,文王灭崇,就派其弟虢仲、虢叔去镇守北东两虢,西虢即由虢季去镇守(原为周之本土)。《左传》僖公五年:"虢仲、虢叔,王季之穆也,为

【第六讲】 殷代侯田男卫四服的指定服役制与周初的建侯制

文王卿士,勋在王室,藏于盟府。"文献没有虢季,但铜器中有,金文有虢季子白、虢季子俎之称。这些铜器,都出在宝鸡。当时的虢,就是畿内的采邑。

虞国与北虢,俱为晋所灭。虞国的虞,《史记》说是太伯仲雍之后。《左传》僖公五年说:"大伯虞仲大王之昭也,太伯不从,是以不嗣。"

卫原为康侯。康也是畿内的一采邑。周公东征灭武庚以后,派康叔带人去镇压,这说明在周的畿内原有采邑制度。

在公刘居豳的时代,周已经"彻田为粮",生产力已有相当发展,而且有一定比例的剥削了。彻法原是十比一,即千亩与百亩之比,即十与一之比的劳役地租。周宣王不籍千亩,就是由劳役地租变成实物地租。建侯制,就是从无比例的指定服役制,变成有比例的服役制和贡纳制(有职有贡)。因此,周初已经形成封建剥削。周室后来把封建制推行到东方来,把奴隶制变成了封建制。武王克商,周公东征,是转变的转捩点。

又因为有职有贡,就变成等级制的相互依存,王、诸侯、卿大夫、士、庶民等等级。奴隶社会中不可能有这样多的等级。即或军事力量强大的,也只有军事等级,而无赋税的等级,因之大小奴隶主间,不存在贡纳的关系,大奴隶主不能支配小奴隶主的财产。这在辽代和彝族中都是如此。只有建侯制才有封建等级。

五、殷代的灭亡及其部族迁徙

殷代统治者存在着部族组织,是很显明的。《周本纪》云"其登名民三百六十夫",名民就是氏族长,可能殷代是一直存在部族的。希腊罗马的氏族组织,分为部族、胞族、氏族。殷代也是这样,大约分为三个部族，一部族有十二胞族，每一胞族有十氏族，共合三百六十氏族。正因为他是氏族状态，所以殷灭亡以后，部族是极易迁徙逃亡的。《辽史》云，辽亡，耶律大石建西辽，有九十多年之久，就是依靠部族在千里外建立统治的。最初，辽代灭渤海，渤海之原有部族组织，八个猛安率众投降金。又《金史》云奚军，即奚部族。辽代遥辇氏之后为九猛安。这些都是部族组织。据《辽史·逆臣传下》言，辽代之亡，原因在于部族之解体："辽之秉国钧握兵柄，节制诸部帐，非宗室外戚不使。岂不以为帝王久长万世之计哉，及夫肆叛逆，致乱亡皆是人也。"就是指部族之解体，不能抵抗金人，正如殷人部族解体，不能抵抗周人一样。《左传》定公四年说，周室把殷民六族分给鲁，七族分给卫，迁殷顽民于成周，大概是抵抗最力的部族。这些都是周室完全征服的。《史记·宋世家》称，微子降周后，周公封微子于宋，以统率殷人居之于商丘，颇受殷人爱戴。这是殷人的一些部族。另外是箕子带到朝鲜去的一些部族。箕子承认了周，故《洪范》云："王访于箕子。"《宋世家》云："武王乃封箕子于朝鲜。"《汉书》和《后汉书》对箕子封于朝鲜都有较详细的记载。从记载中看出来，朝鲜文化与殷虚文化及儒家学说是很相近的。例如：箕子"教其民以礼义田蚕织作"，"其民终不相盗，无门户之闭，妇人贞信不淫辟，其田民饮食以笾豆"，这是原始的情况。其后与中国接触久，"都邑颇放效吏及内郡贾人往往以杯器食"。《北史》、《魏书》、新、旧《唐书》也有类似的记载。

周公东征，《孟子·滕文公下》云灭国五十，至于海隅，驱虎豹犀象而远之。《吕氏春秋·古乐篇》云："商人服象，为虐于东夷，周公遂以师逐之，至于江南。"可见殷人是使用象的。东征的主要对手是奄徐等国。《逸周书·作雒解》云："周公立，相天子，三叔及殷

【第六讲】 殷代侯田男卫四服的指定服役制与周初的建侯制

东徐奄及熊盈以略。"《左传》昭公元年,"周有徐奄"为叛国。奄在东方是重要的地方,后来就建立鲁国。其次是徐(淮夷),后来周与淮夷仍不断斗争,《大雅·江汉》、《常武》有明确的记载。

此外,东方的国家还有蒲姑氏。《左传》昭公二十年云周以前,齐地为蒲姑氏之居,昭公九年云"武王克商,蒲姑商奄吾东土也"。《周本纪》及《尚书·序》云:"成王既迁殷遗民,周公以王命告,作《多士》《无佚》。召公为保,周公为师,东伐淮夷,残奄。迁其君蒲姑。"《尚书大传》云"奄君薄姑"。可见古代以酋长之名名部族,以部族之名名地方,是真实的历史事实。征奄是成王亲征的,用了不少力量。故《多方》云"王来自奄,至于宗周"。但是,奄并不是游牧的民族。古代中国有游牧民族,是很晚的事,赵武灵王胡服骑射时期才正式的进入中国历史范围,到匈奴强盛,才成了大汉以北的统一国家南与中国相抗衡。

古代中国北方的少数民族是北狄。《礼记》云:"北方曰狄,衣羽毛穴居。"他们是穴居而不是迁徙不定的穹庐。另外有一定农业的是秽貊。《孟子·告子下》云:"夫貊五谷不生,惟黍生之。"《韩奕》云:"其追其貊。"郑玄云,追貊即秽貊。秽又作涉、苏。后来都只说秽而不说追。秽的意义,究竟是什么呢?《淮南子·原道训》云:"匈奴出秽裘,于越出葛絺。"可见秽即是韦。东北方面的少数民族,有低等的农业,但也盛行打猎畜牧,故以兽皮为衣。又如鞑靼从革,也是穿皮的民族。靺鞨,《诗经》作靺韐,也是从革。称为秽,就是穿皮的。但是,这种皮有的还是猪皮,他们是农业民族。《商颂》云:"韦顾既伐,昆吾夏桀。"《郑语》云,商有豕韦氏。《后汉书·挹娄传》言挹娄(即后之靺鞨)"好养豕,食其肉,衣其皮,冬以豕膏涂身厚数分以御风寒"。这种民族,吃的是猪肉,穿的是猪皮,御寒的是猪油,可见他们的生活,是与猪分不开的。《旧唐书·北狄传》言靺鞨"其畜宜猪,富人至数百口,食其肉而衣其皮"。《新唐书》言"黑水靺鞨居肃慎地,亦曰挹娄,元魏时曰勿吉。……俗编发,缀野豕牙,插雉尾为冠饰……无牛羊"。他的居地,据《北史·勿吉传》云居速末水,筑堤穴居,无牛羊,相与耦耕,车则步推。《通典·流鬼》(即库页,卷二百)云:"三面皆抵大海……人皆皮服,又狗毛杂麻为布而衣之,妇人冬衣豕鹿皮,夏衣鱼皮,制与獠同。"他们的制皮技术也很高。《魏志·乌丸传》注引《魏书》云:"能刺韦作文绣。"当然,在皮上绣文采,不仅要皮治练得好,而且还要有很高的刺绣技巧才行。

这种民族,不仅穿的用皮,就是住的也用皮。《新唐书·流鬼传》言儋罗国,居新罗武州南岛上,俗朴陋,衣犬豕皮,夏居革屋,生五谷,耕不用牛,以铁齿耙土。革屋,就是皮室,也就是室韦。室韦是中国的名称,不是译名,中国古代的形容词常系于主词之后,故曰室韦。日本学者不懂这个道理,用瑞兽来解释室韦,这是错误的。庐从字源上看,庐从卢,而卢所从虍乃皮肤之肤或胪之本字,皆作皮解,庐就是用皮盖的屋。《金史》和《辽史》都有皮室军的出现,是很好的例子。《旧唐书·室韦传》云:"或为小室,以皮覆上,相聚而居,至数十百家。"《新唐书·室韦传》云:"所居或皮蒙室。……有巨豕食之,韦其皮为服。"《新唐书》云,室韦人分二十余部,最西的当俱轮泊之西南。他们都有农业,《新唐书》云:"剡木为犁,人挽以耕。"他们在古代都和中国有联系的。夏商两代都有豕韦氏(《庄子·大宗师》作豨韦氏,豨为大豕,是古代可能皆以豕为豨韦为衣服和盖屋顶著称)。《商颂·长发》之诗云:"韦顾既伐,昆吾夏桀。"郑玄《毛诗笺》云:"韦,豕韦,彭姓是也。"豕韦为成汤所伐之国,明是夏代的豕韦,《国语·郑语》也说"豕韦、诸稽,则商灭之矣",这也

【第六讲】 殷代侯田男卫四服的指定服役制与周初的建侯制

说明豕韦存在于商代之前。《左传》昭公二十九年载蔡墨说："陶唐氏……后有刘累……以事孔甲……夏后嘉之,赐氏曰御龙,以更豕韦之后。"这也说明夏代有豕韦,御龙氏当为豕韦之别支,故得以更其后。《左传》襄公二十四年又载范宣子自述其先祖的历史说"昔匄(宣子名)之祖自虞以上为陶唐氏,在夏为御龙氏,在商为豕韦氏,在周为唐杜氏,晋主夏盟为范氏",这是范氏自述其先代的历史,当然是根据他们的家谱或累世相沿的传说。夏代的御龙氏在商代复为豕韦氏,正说明这一部族历史的源远流长。陶唐氏、唐杜氏我们知道都在晋地,这是属于晚新石器时代彩陶文化区域。河南滑县有废韦城,说者以为豕韦所在,这也是晚新石器时代彩陶文化的东界。《商颂·长发》之诗称成汤西征的次第是"韦氏既伐,昆吾夏桀",成汤先伐豕韦而后及于夏桀,因此豕韦部族一部分北迁遂为后来的挹娄、靺鞨或室韦。《后汉书·挹娄传》说"东夷、夫余饮食类此,皆用俎豆,唯挹娄独无法,俗最无纲纪者也。"《新唐书·北狄传》也说"黑水靺鞨居肃慎地,亦曰挹娄,元魏时曰勿吉……于夷狄最浊秽"。这说明这一部族是使用彩陶文化的,迁于商代以前,他们不是使用黑陶的,所以不用俎豆,也没有东夷那样的礼义纲纪。

夫余的北迁是在西周初年。《左传》昭公九年载詹桓伯说："及武王克商……肃慎、燕、亳,吾北土也。"这个亳就是亳姑的省称。亳姑又作薄姑、蒲姑,亳、薄、蒲都是重唇音,夫余就是亳姑、薄姑,或蒲姑北迁后的异译,不过重唇音的亳、薄、蒲这时已转为轻唇音的夫或扶,而余和姑古同属鱼部字,也得相通,夫余在周初北迁时,因为那里已有先住的豕韦或室韦,所以他们只能迁到更北或更东的地方去了,这就是《魏书》所说的北夫余。《魏书·豆莫娄传》

91

云:"豆莫娄国在勿吉国北千里……旧北扶余也,在失韦之东……其人土著,有宫室、仓库……地宜五穀……其人长大,性强勇,谨厚,不寇抄。其君长皆以六畜名官。……饮食亦用俎豆。有麻布,衣制类高丽而幅大。"《魏书》所载北扶余饮食以俎豆,这完全属于黑陶文化的范围。它有宫室、仓库、五穀、麻布,不为寇抄等,这也是进入了高级农业阶段的社会了。后来在濊貊建国的夫余,就是从北扶余南迁的。《三国志·魏志·夫余传》云:"国之耆老,自说古之亡人……国有故城名濊城,盖本濊貊之地,而夫余王其中,自谓亡人,抑有以也。"郭璞于《山海经·海内西经·貊国》下注云:"今扶余国即秽貊故地。"是汉晋时代的夫余还是从北扶余南迁的。而后汉时代的高句丽及南北朝时代的百济,也是从扶余南迁的。

夫余南迁后留在故地的豆莫娄,就逐渐与挹娄种属混合而总名为室韦(《魏书》误作为失韦)。《新唐书·东夷传》说:"达末娄自言北扶余之裔,高丽灭其国,遗人度那河,因居之,或曰他漏河,东北流入黑水。"达末娄即豆莫娄之异译,魏晋时代高丽盛时曾臣属沃沮诸部(见《魏志·东沃沮传》),达末娄之被灭,当在其时。其遗人之度那河或他漏河居之,那河即今之嫩江,他漏河即今之洮儿河。这一带部族在《北史》或《新、旧唐书》中都称为室韦。其中乌罗浑部,就是北魏拓跋氏所从出。《旧唐书·乌罗浑传》云:"乌罗浑国,盖后魏之乌洛侯也,今亦谓之乌罗护。"《魏书·乌洛侯传》云:"其土下湿,多雾气而寒,民冬则穿地为室,夏则随原阜畜牧,多豕,有谷麦,无大君长。……民尚勇,不为奸窃,故慢藏野积而无寇盗。"他们生活大致还是和豆莫娄相似。《魏书·乌洛侯传》又载乌洛侯人朝见北魏时说,他们境内有魏先帝之旧墟石室,当时北魏曾派尚书李敞前去告祭,刻祝文而还。《魏书·序纪》言其先祖由北

【第六讲】 殷代侯田男卫四服的指定服役制与周初的建侯制

而南,颇经艰难。北魏、契丹都是从这方面南迁的。《新唐书·室韦传》云,室韦是契丹之别祖。可见黄河流域部族在古代是有北迁的迹象的。同样,由古代当地的农业来看,也可以证明那一带地区,气候是相当温和的。

总之古代中国人民向北徙可以说有两次,一次是豕韦的迁徙,一次是殷周之际亳姑的迁徙。北迁后的豕韦,后来就叫秽(或作涉、荞),秽是指穿皮的而言的。又称为靺鞨(靺音妹。《史记·刺客列传》有曹沫,《左传》作曹刿)。《周礼·春官》"靺师掌教靺舞"。靺郑司农说读如味,饮食之"味"。《礼记·明堂位》云:"东夷之乐,曰昧。"靺、昧、沫与秽、唛、荞、刿,古同音字,故得相通(旧读靺为莫葛切,以为从末音者误)。

当然,在北方的民族,也有南迁的,这里不再论述。

六、夫余与高句丽的奴隶制

夫余曾经有过奴隶制。《三国志·夫余传》云:"邑落有豪民(奴隶主),名下户皆为奴仆。诸加别主四出道,大者主数千家,小者数百家……用刑严急,杀人者死,没其家人为奴婢。窃盗一责十二……有敌诸加自战,下户俱担粮饮食之……杀人殉葬,多者百数,厚葬,有棺无椁。"裴注引《魏略》云:"其俗停丧五月,以久为荣。"《北史》和《新唐书》云,服三年之丧。这些都是中国古代的风俗。《魏略》又云:"其居丧,男女皆纯白,妇人着布面衣,去环佩,大体与中国相仿佛也。"事实上中国古代也是如此。这是相当典型的奴隶制。统治者不生产,生产者不能参加战斗,"用刑严急",都是奴隶社会的现象。可能,中国古代奴隶制的情况,也和这种情况相差不多。

《三国志·东沃沮传》云："国小，迫于大国之间，遂臣属句丽。句丽复置其中大人为使者，使相主领，又使大加统责其租赋、貊布、鱼、盐、海中食物，千里担负致之。又送其美女以为婢妾，遇之如奴仆。"这里的情况，可能和殷代的男服相似，是以服劳役为主要的剥削形式。

另外，也有处在奴隶制向封建制过渡阶段的民族。《三国志·高句丽传》云："其国有王，其官有相加、对卢、沛者、古雏加、主簿、优台丞、使者、皂衣先人，尊卑各有等级……诸大加亦自置使者、皂衣先人，名皆达于王，如卿大夫之家臣，会同坐起，不得与王家使者、皂衣先人同列。"这已经出现了相当巩固的等级制。但是，从另一方面看，还是停留在奴隶制阶段。"其国中大家不佃作，坐食者万余口，下户远担米粮鱼盐供给之"。这里的下户，就是奴隶。很有些像傣族过去的情况。"有罪，诸加评议，使杀之，没入妻子为奴婢"。罪人之家属，是奴隶的来源之一。这是殷制不同于周制的旁证之一。

秦汉以后，民族向东北迁徙的日益多了起来。如《后汉书·东夷传》记载的辰韩，就是一例。"耆老自言秦之亡人，避苦役，适韩国"。据《汉书·朝鲜传》言："朝鲜王满，燕人。……满亡命，了聚党千余人，椎结蛮夷服而东走出塞，度浿水，居秦故空地上下障，稍役属真番朝鲜蛮夷及故燕齐亡在者王之，都王险。"可见战国末以至汉初，这种迁徙还是不少的。东汉末年，也是如此。《后汉书·东夷传》"灵帝末，韩涉并盛，郡县不能制，百姓苦乱，多流亡入韩者"。在古代，当我们国内的阶级斗争日益尖锐的时候，那么，迁徙的人就更多了。

1957.12.23

【第六讲】 殷代侯田男卫四服的指定服役制与周初的建侯制

参考资料

"论西周是封建社会"　徐中舒　见《历史研究》1957年第5期

《十批判书》第一篇"古代研究的自我批判"（第一章）　郭沫若　人民出版社出版

《金石学》第一编第二章"金石学之价值"　朱剑心　商务印书馆出版

【第七讲】 西周的社会性质

关于西周社会性质的问题，我先后有两篇文章加以研究，认为西周是封建社会。这里，把两篇文章加以概括的论述，并作一定的补充。

一、西周的生产力

(甲)生产工具

西周时期主要的生产工具是木制的耒耜。有人说，西周已经用铁制农具和铜制农具，这是不可靠的。1957年第3期《考古学报》有黄展岳先生"近年出土的战国两汉铁器"一文，他根据许多考古资料推断西周农具主要的并不是用铜制的，当然更无铁制的农具。由于考古资料的不断增加，还可以提供出新的情况，这虽还不是最后的结论，可是就目前来说，这种意见还是相当可信的。至于郑州、洛阳、安阳等地出土的殷周铜制农具，只有殷代铜铲三件，这显然不是当时主要使用的青铜农具，最多只能说是一些辅助性的农具，它只是作铲草用，而不是作发土之用的深耕的农具。过去有人根据《笃公刘》的"取厉取锻"来说西周有铁器，根据甲骨文的字来说殷代有牛耕，都是不合历史事实的。"取厉取锻"，厉是磨石，段是锤砧，都与使用石器相关联的。所以，春秋时候的公孙段，字子石。可见段是与石联系的。

耒耜，是殷周两代主要的农业生产工具。耒，甲骨文作 ，金文作 ，像手( )持耒( )形。篆文变为 ，是形近而讹的。耜，金文作 ，偏旁作 。其形与日本所藏"子曰手辛锄"极相似。这些都是从中国古代文字、货币、画像以及后代的实物可以明白考察的，我在"耒耜考"中有着详细的论证。

杨宽先生在《学术月刊》1957年2期有"论西周时代的农业生产"和《历史研究》1957年10期有"关于西周农业生产工具和生产技术的讨论"两篇文章，批评我对于西周田制和生产工具的看法。为了发展科学，展开"百家争鸣"是很好的，要是我的看法有错，我是愿意接受批评的，但是我仔细读了杨先生的两篇文章，感到他的意见还是值得他重新考虑的。我觉得自己的看法，目前还有必要加以进一步的说明。

关于西周田制的问题，我在"论西周是封建社会"一文中作了答复，这里不再多述，只将生产工具作些说明。

杨宽说，耒耜是方刃的而不是尖刃的。他根据的史料是《考工记》：

> 匠人为沟洫：耜广五寸，二耜为耦；一耦之伐，广尺深尺，谓之畖。

据杨宽说：

> 如果用尖刃的工具去刺的话，即使刃的上部宽五寸，两耜并伐，怎能掘成"广尺深尺"的畖呢？要开掘"广尺深尺"的畖，所用的工具就必须是方刃的。

这是从书本上、从想象上来解决问题，与古文字、实物都是不符合的。要是我们根据事实来考虑，那末耜的情况就不是如此。耒在最初一定是歧头的，耜的原始形状，一定是尖头的，这可以从力学上得到肯定，不知杨宽根据什么一定把原始的耒耜说成是方的呢？杨先生说，阿尔次霍夫斯基在《考古学通论》说的，平犁即平刃的犁，所谓斜犁即指斜的尖刃的犁。但是，平犁完全不是方形的犁，而只是与地面平行使用的犁，这点《考古学通论》已经讲得很明白了。斜犁也不是尖刃的犁而是作锐角形的犁錧（"錧"在《现代汉语词典》中是作为"錧"的异体出现的，这仅限于车毂端的铜铁。作为农具铧锹之"錧"，与"錧"不通用——整理者注），这是可以理解的。

耦耕，一定是两人合力共发的，所以才称耦耕。杨先生认为二人合耕谓之耦耕是我说的，其实早在汉代的学者就这样说了。郑玄注《考工记·匠人》：

> 古者耜一金,两人并发之……今之耜歧头两金,象古之耦也。

杨先生为了证实他自己的意见,又从而否定了清人阮福在《耒耦考》中认为人挽犁是耦耕的意见。但是,他却又承认宋人周去非在《岭外代答》中说的踏犁是耦耕的。

耦耕用的工具虽然简单,但是,他是能深耕的,因此他所体现的生产力并不低下,假使一定要认为要有铁器,生产力水平才高,这就是唯一工具论的看法。而且,从事实上来看,耒耜的效率是胜过原始二牛牵引的犁耕的。如四川大学博物馆的羌族的犁,又小又短,使用起来,是远不如耦耕的耒耜能深耕的。正因为现实的需要,才产生耒耜,也才产生耦耕,远不是程瑶田的唯心的解释。程瑶田说:

> 一人之力,能任一耜,而不能以一人胜一耜之耕,何也?无佐助之者,力不得出也。故必二人并二耜而耦耕之,合力同奋,刺土得势,以终长亩不难也。

这是完全不符合历史事实的说法。

到了春秋战国时期。耦耕渐渐不需要了。这一方面由于工具的进步,另一方面也由于农业技术的进步,农村公社的逐渐解体,因此个人单独进行工作也就逐渐地瓦解了集体农作。杨宽说,战国时期牛耕已经普遍,这是不对的。以当时文化、生产相当发达的齐鲁来说,也未见有牛耕的踪迹。《孟子·梁惠王上》说到齐宣王不忍以牛衅钟,而以羊易之。但是,齐宣王以羊易牛的原因,只是出于"不忍",而不是认为牛有耕田之用。《淮南子·主术训》记载,淮水流域在汉代还没有牛耕之事,而种田只是"一人蹠耒而耕"。可见,牛耕是相当迟的时候,才在全中国普遍的。

杨宽又根据《释名》说:"原来锸有销、铧等名称,是由于'插地起土','有所穿削','刳地为坎'而得名的。"这也不是事实。臿是指木柄插入犁錧而言的。要是依照杨宽所说,锸是插地起土,那么腷(即闸)就不是插地起土了。

杨宽又认为"我们还不能确切断定西周时代已有铁农具",但是,他又说"西周时代是有铁农具存在的可能的"。根据的是什么呢?第一,春秋战国时代冶铸生铁技术的发明情况;第二,郭沫若先生的推断;第三,日本考古学界的一般人认为西周有铁器的看法。但是,依据现存的文献和考古资料来看,西周有铁工具的话是不可靠的,首先,一直到战国末年,兵器还是铜的。第二,现在所确知的战国铁器,质量都不好,很像是刚刚开始冶炼而制成的。第三,汉代的《盐铁论》才有"铁器者农夫之死生也"的话。可见,目前是无法说明西周有铁工具的。

(乙)农业技术

我们祖国的农业,有着悠久的历史,并且积累了许多丰富的经验。特别是在精耕细作方面。而精耕细作也是起源得很早的。西周的三田制就是具体的证明。我认为西周的菑、新、畲就是三田制。而杨宽根据的史料仅仅是东汉以后人的注释,这是不恰当的,而且,照他的解释,不知第四年又该怎样。《尔雅·释地》、《毛诗·臣工》传、《尚书》郑注等都说,田一岁曰菑,二岁曰新田,三岁曰畲,这是周而复始的,是循环往复的。杨宽根据后来人的意见,只说一

年比一年好,这是非常不对的,比《尔雅》早的《周礼·遂人》说:

> 遂人掌邦之野……辨其野之土,上地、中地、下地,以颁田里。上地,夫一廛(居屋),田百亩,莱五十亩,余夫亦如之;中地,夫一廛,田百亩,莱百亩,余夫亦如之;下地,夫一廛,田百亩、莱二百亩,余夫亦如之。

这是西周农村公社的情况。他们把全部可耕之地,分为三个相等的部分,其中菑为休耕的田,新为休耕后新耕的田,畬为休耕后连续种的田,每年休耕五十亩,就是三田制。他与一年耕百亩休百亩,耕百亩休二百亩的二田制、复田制是同时在古代中国存在着的,这是历史的事实如此。我们决不能因为西周没有关于三田制的记载,就说西周没有三田制;更何况西周时代还有比三田制更进步的年年耕种的井田制呢?再说,春秋以后的战国时代,魏国的田,除邺地还是二田制外,其余的田都是比二田制进步的年年耕种的百亩上田。所以,《吕氏春秋·乐成篇》说:"魏氏之行田也以百亩,邺独二百亩,是田恶也。"如果西周或战国以前没有三田制,那么,西周初怎能有年年耕种的井田?魏国怎么能以百亩行田?

况且,我认为不仅西周有三田制而且还有年年耕种的井田。春秋时代,齐、鲁、郑、楚都有井田,《国语·齐语》云齐:"井田畴均。"《左传》襄公三十年云郑"田有封洫,庐井有伍"。《左传》成公元年载鲁"作丘甲",昭公四年载郑"作丘赋",襄公二十五年载楚国"井衍沃"等,都是有力的根据。胡适认为中国古代没有井田,纯全是资产阶级主观唯心论的说法,必须加以彻底批判。

还早一些的材料有《周易》、金文、甲骨文。《周易·井卦》云:

"改邑不改井,无丧无得,往来井井。"金文刑、型均作井;甲骨文田作 囲、田,都是绝好的根据。可见,《孟子》说的井田制,不仅有滕国当时的制度作根据,而且,他还有可靠的历史根据。

不论井田制、二田制或三田制都是为了充分适应地力的作用而发展起来的。但是,这只是一方面,另一方面,肥料的作用,也是为了发挥地力的。菑就是最好的使用绿肥的方法之一。所以施肥与休耕是有关系的。

休耕的菑田,只是耕后不播种子,并不是完全不耕。《尔雅·释地》孙炎注云:"菑,始灾杀其草木也。"灾杀草木就是积肥的初步。《尚书·梓材篇》云:"若稽(计画)田,既勤敷(布)菑,惟其陈(治)修,为厥疆畎。"新田和畬田产量的多少,完全要靠菑田修治得好坏而定,所以要"勤敷菑"。《易·无妄》云:"不耕、获,不菑、畬,则利有攸往。"菑为新畬的基础,不耕而获,不菑而畬,是不可靠的。因此,古代对菑田的耕作,是相当重视的。不仅这些证明西周用绿肥,而且当时的诗人也提到用绿肥使庄稼长得很好。《周颂·良耜》云:

其镈斯赵(锐利也),以薅荼蓼,荼蓼朽止,黍稷茂止。

《周颂》是西周早期的诗。诗人已经觉察到薅除杂草不仅是要使黍稷长得好,还要利用这些杂草作为绿肥,使黍稷长得更茂盛,所以诗人把荼蓼朽止和黍稷茂止相连并称,以说明他们中间的因果关系。就以现代农业知识言,蓼科作物还是良好的绿肥。中国古代,一直到《齐民要术》的时代,仍然要用堆肥。至于用人粪尿,是后来大城市兴起以后才有的事,古代记载是没有用人粪尿作肥料的。

【第七讲】西周的社会性质

有人根据古代的一两个字,来说古代用人粪尿作肥料,是不可靠的。而且,这种研究方法,也是不对的。研究问题,要找出其内部联系,不能孤立片面地看问题,不能用近代的情况去类比古代,古代人的生活,是和近代人在很多方面都有严格的区别的。

除了使用绿肥而外,古人还充分利用土壤中含的养料来发挥作用。休耕的主要作用就在这里。《小雅·甫田》云:"今适南亩,或耘或耔,黍稷薿薿(茂盛貌)。"毛传:"耘,除草也;耔,雍本也。"就是不断地除草和用土壅培农作物的根子。这和作畲田的办法是相仿佛的。除草又谓之耨,壅本又谓之穰。所以,《国语·齐语》:"深耕而疾穰之以待时雨。"穰在这里是包括除草、壅土都在内的。《孟子》书也云"深耕易耨",《吕氏春秋·任地篇》也云:"五耕五耨。"先秦时期,已经极其重视精耕细作了。不仅于此,《左传》隐公六年载:"为国家者,见恶,如农夫之务去草焉,芟夷蕴崇之,绝其本根,勿使能殖。"《周礼》对于水化、火化、土化等,都有相当详细的记载,说明当时除草积肥,烧灰积肥和利用畲田作苑囿或牧场,以畜粪来改变各种土壤,都是已经相当普遍了。现在江南春耕时还是积杂草复土作冢形,然后引火烧作肥料,就可能是远古的火化的遗存。另一方面尽量利用土壤内固有的养分。战国时期李悝作尽地力之教,就是一个很好的史例。由西周的壅本农作到战国李悝的尽地力之教,"治田勤谨(勤于耘耔,精耕细作),则亩益三斗",已大大地提高了单位面积的产量。后来,西汉时代赵过的代田和氾胜之的区田,也是在这个基础上发展起来的。《汉书·食货志》说:

(赵)过能为代田,一亩三甽(畎),岁代处,故曰代田,古法也……广尺深尺曰甽,长终亩,一亩三甽,一夫三百甽,而播种于甽中。苗生叶以上,稍耨陇草,因隤其土以附苗根,故其诗曰:'或芸或芋,黍稷儗儗',芸除草也,芋附根也,言苗稍壮,每耨辄附根,比盛暑,陇尽而根深,能风与旱,故儗儗而盛也。

有些人说,代田就是休耕,耕一半,休一半,这是错的。所谓代田,是非常进步的耕作方法,其大略情况是这样的:长百步宽一步为一亩,一亩中含广尺深尺的三甽(畎为陇间之沟)和高出两畎间的三陇(亩又称陇),一夫治田百亩,就产生了三百甽和三百垅。播种于甽中,犹近代农作物的条播。待苗生叶次第成长时,即一次一次地耨除陇草,并将陇上之土一次一次地隤入甽中以附苗根,等到盛暑时,陇上之土已尽,农作物的根也更深,这样的作物,不但能耐风旱,也是茂盛得很,和近代成都种菜的情况差不多。这样的代田,就是充分地利用了土壤中固有肥料。氾胜之的区种法,在这里不再多加论证了。它的最基本的原则是"区田不耕旁地,庶尽地力",也就是这一原理的应用。大体说来,情况是这样的。一亩分成若干区,一区下种若干颗粒种子。上农一亩可以分为三千七百区。一亩长十八丈,广四丈八尺,横分十八丈,作十五町,町间分十四道,道广一尺五寸,町皆广一尺五寸。横作沟,沟一尺,深一尺。一亩之中,可以种万五千余株。这是精耕细作的、高产的农业。中农、下农又少一些。所谓上农、中农、下农的分法,在氾胜之是按土地来分的。嵇康《养生论》谓一亩收百斛。金代曾下诏推广区田,但因太精太细,没有实现。可见,汉代的农业并不是低下,也不是奴隶制,而是相当发达的封建社会。当然,汉代的边区也有粗耕的缦田,可是,局部的边远地区,是不能代表整个中国的生产水平的。

二、生产关系

从田制来看,西周有一种是彻法。《孟子》说彻者彻也。可见这是当时通行的人人都懂的话,但是后来却把正确的解释失传了。后来有人说,彻为什一之税,或者说,天下之通法也。

其实西周是有着公田和私田之分的。但是两者原来都是属于原始公社中的公有财产。公刘时代周部族征服这些原始的农业公社,彻取公社土地十一分之一作为公田谓之彻,彻就是彻取。《大雅·笃公刘》之诗曰"度其隰原,彻田为粮",这是彻法的开始。后来周宣王征服了谢人,还是承袭了这个办法,故《大雅·崧高》之诗曰:"王命召伯,彻申伯土田。"就是统治者彻取公社土地的一部分作为公田,它只是为借助人民进行生产粮食的准备,并不是直接征收什一的生产税。

周代有千亩之田、百亩之田的区别。千亩是统治者所有的,即是甫田、大田。《小雅·甫田》之诗曰:"倬彼甫田,岁取十千。"岁取十千,是每岁收取十个千亩的谷物。即是说,周征服了人民,十个百家住三十里内,在其中取十个千亩,让一百家耕种千亩,各家自耕百亩,给统治者耕十亩。《诗经》云:"千耦其耘。"千耦是以一千人为耦,以耘十个千亩之田,而不是二千人为千耦。

古代以三十里为一舍,在《诗经》中也常常有"三十里"的记载。如《噫嘻》:"骏发尔私,终三十里。"《六月》:"我服既成,于三十里。"《石鼓文》云:"为三十里。"三十里是一个单位。古代地广人稀,一千家分布于三十里之中,为一舍之地。

可见,彻田为粮,并不是实物地租,而是劳役地租,是三十里一单位的情况。《丰年》云:"丰年多黍多稌,亦有高廪,万亿及秭。"这是说统治者彻取的粮食很多。《良耜》云:"百室盈止,妇子宁止。"这是说一百家农业生产者,在过着比奴隶制好的劳役地租的生活。

另外,前面已经说到西周有井田存在。《孟子》说的井田的内容是"方里而井,井九百亩,其中为公田,八家皆私百亩,以养公田,公事毕然后敢治私事,所以别野人也"。现在还有人不相信这种"八家共井"的制度。有人认为豆腐干式的井田制度,在古代是不可能有的。其实,在大平原中,这是最经济的。而且,八是四的二倍。古代度量衡的计算都属于四进制,如:八寸为尺,八尺为寻,倍寻为常。《王制》云:"古者以周尺,八尺为步。"《左传》昭公三年载:"齐旧四量,豆、区、釜、钟。四升为豆,各自其四,以登于釜。"《仪礼·聘礼》记有"十六斗曰籔……四秉曰筥"的量。《汉书·律历志》有"二十四铢为两,十六两为斤"的数。像这些四进制的计算法,必与井、邑、丘的编制有关。因为,井、邑、丘的编制,既属四进,公社对公社成员生活资料的分配,也必然要采用四进制。这样说来,八家为井,还是周部族征服东方以前就在农业公社里存在的制度了。可能,殷代的男服里也就存在着了。

随着社会的发展,公田和私田的生产情况,也有所不同了。《齐风·甫田》云"无田甫田,维莠骄骄",可见,劳役地租实行久了以后,私田的生产变好了,公田的生产却一天天的坏了,因之而废公田,彻取十分之一,这就成了实物地租。《国语·周语上》云:"宣王即位,不籍千亩。"籍田在西周大约是天子亲耕的,这可能是早期的王不脱离生产之残余。《令鼎》云:"王大藉农于諆(其)田(公田)。"这是从统治者来说的。就是助的意思。"不籍千亩",就是放弃大田,改行彻法。

井田也不是一成不变的。井田中的公田,后来人口增加了,因之改为九夫为井(《周礼·考工记》),从而随之改为实物地租。"初税亩"是晚得多的事。而且还可能有别的解释。可见助、彻都有改为实物地租的过程。生产者都有自己的粮食,可见这是封建制。不仅生产者有着自己的粮食,而且还有着自己的工具。《臣工》云:"命我众人,庤乃钱镈,奄观铚艾。"《七月》云:"同我妇子,馌彼南亩。"

殷代的奴隶制,要是只从殷代去看,是不容易看清楚的。可是,同四边种族的历史配合起来,就容易看明白了。

满洲人在未入关以前的努尔哈赤时代是奴隶制。努尔哈赤抢掳的其他的女真人,变成八旗成员,他们对皇帝自称奴才。当其变成八旗成员时,他的一切牛马、家具、配偶都是努尔哈赤分配给他的。所以努尔哈赤自以为是他养活了奴隶。当收获以后,各地堆起来,共同取用,奴隶也只仅够维持生活而已。要是有共同负担,八旗主均摊。这是非常清楚的奴隶制。还有南诏的情况,也值得注意。据《蛮书》说,收获以后,有官吏管着,只留生活之需给生产者,其余由官吏拿走。契丹的情况,也和这差不多。但是。不管是满族,还是南诏、契丹的奴隶制都不发达,因之很快地进入了封建制。在商代原为商的侯服,侯服内就已存在了封建制的因素。克商以后,周人就在原有封建制因素上,扩大侯服,把男服也改为侯服了。

封建制有着许多等级:天子、诸侯、大夫、士、庶民。士及其以上是属于统治阶级,庶民是农奴,或者称为徒。徒从土(也可以写作 辻),是束缚于土地上的人。所以,司徒是管教化的。天子把土地分出去给诸侯,诸侯又再分给大夫、士。他们是逐层控制依附于他的人的。至于卿大夫是有采邑的,士是当兵的,乘车的,有田的。总之,他们是层层隶属的。

等级制,有人说奴隶制和封建制都有等级制。又有人说,秦爵二十级是等级制。秦爵二十级是表示爵位的高低,有爵位的人都隶属于皇帝,而不是相互之间存在着依附隶属的关系。我们说的等级制,是指君臣关系。《左传》昭公七年云:"人有十等……故王臣公,公臣大夫,大夫臣士,士臣皂,皂臣舆……马有圉,牛有牧。"他们之间,是各等级互为君臣关系,隶属依附的关系。这才是封建等级。孔子三月无君惶惶如已。是说明无君即无衣食之源。天子是最高的一级,只有周氏才有。商朝只称王子,不称天子。天子自以为是天给他的威权人民和土地。《盂鼎》记述周王之言曰"我其遹(语词)省(视察)先王受民受疆土"。此外,天子还有着宗教的意义,就是说,他不仅有着政治权力,还有着宗教大权,因之,西周是祀祖配天的。这种情况,比起后来西洋皇帝有着巨大的宗教权力还要略胜一筹。

公是诸侯,他是仅次于天子的统治者。他在自己的封国内,和天子治天下一样,是没有什么两样的。所以春秋时代的人说:"天子经略,诸侯正封,古之制也。封略之内,何非君土?食土之毛(农产品),谁非君臣?"(《左传》昭公七年)就是说,诸侯在其国内有着最高的统治权,而他却是依附于天子的,他的土地、人民和威权是天子授与的。金文《俎侯簋》载俎侯初封时,王锡俎臣,"锡土:厥川三百又囗,厥囗百又六十,厥西邑州又五,厥囗囗百又卅,锡在俎,王人囗又七囗,锡郑七伯,人囗囗又五十夫,锡俎庶人六百又囗囗囗六夫"。俎侯受封时王即赐山川、田、邑、王人,俎庶人及郑七伯所率领的人。王人,是原属于王的部族,郑七伯,是郑地周部族的

【第七讲】 西周的社会性质

七个部族酋长的属人,俎庶人,是俎地的被征服的人。俎侯在受封以后,就成了那些人的君了。这是诸侯受土受民最具体的记载。《閟宫》之诗述鲁公受封是"乃命鲁公,俾侯于东,锡之山川,土田附庸"。附庸是当地原有的部族。这也是诸侯受民受疆土的明证。诸侯受封于天子,他就依附于天子,所以他必然对天子有职有贡。《左传》僖公五年载晋灭虞以后,尚由晋代虞"归其职贡于王"。只要对天子不失职贡,这个土地人民就是诸侯的世袭财产了,这就是封建等级制的从属关系。

卿、大夫是一个等级,而卿比大夫略尊。卿、大夫在王畿内是次于天子一级的封建主,在诸侯国内,是次于诸侯一级的封建主,前者依附于王,后者依附于诸侯,他们都是有土有民的采邑主(领主)。在王畿和侯国的采邑都是世袭的。故《诗经》曰"在位在服",《齐子仲姜镈》是鲍叔之孙龢所作的器。铭云:"鲍叔有成劳于齐邦,侯氏锡之邑二百又九十又九邑,与𩰬之民人都鄙,侯氏从告之曰:'枼(世)万,至于台(余)孙子,勿或渝改。'"可见,诸侯国的采邑也是有土有民的,而且也是采邑主的世袭财产。齐侯不但允许鲍叔传至万世,而且,还不许他自己的继承人改变他的命令。

士,最初是武士,是统率于大夫的,也是为天子、诸侯、卿、大夫都需要的。所以,天子有士,卿大夫也有士。就其性质来看,很像欧洲中世纪的骑士,他是统治阶级的最下层。古代是车战,车上的三人为甲士,一人主射,一人持戈,一人持矛驱以作战。车后又有七人,称为卒或徒。《左传》云晋国毁车为卒,五乘改为三伍。可见一车是三人。齐桓公派兵戍卫,车三百乘,甲士三千人,这可能是把"轻甲"、"重甲"(借清人之辞)算在一起的。《左传》襄公三年云,楚有组甲(甲士用)被练(颇似轻甲),这表明士是有特殊装束的。

士是统治重要武力的来源。《诗经·文王》云："济济多士,文王以宁。"士是有田的,徒是没有田的。徒,是从庶人中选拔的,是束缚于土地上的人民。士食田。他的田是受封于卿大夫,而由隶属于士的人耕种的。而且,士在周初可能也是世袭的。《大雅·文王之诗》云："凡周之士,不显亦世。"但是,后来就不同了。齐桓公葵丘之命云："士无世官。"《左传》襄公十一年载鲁公室之士有役邑,役邑是为士在职时为其服役的,是不世袭的。

周代的主要生产者是庶人而不是奴隶。皂隶就是官奴婢,是替官府服役的。而不是生产者。有人说古代有高利贷,这也是不确切的。因为,中国古代有浓厚的公社残余,公社内部,有着一定的互相救济的关系,而官奴婢的主要来源是俘虏和罪犯。

总之,这些等级不是奴隶制可能有的。后来,到了秦汉时代,中间的诸侯卿大夫等等级逐渐消灭了,这种封建等级制也就发生了变化了。

至于周的土地制度,有人说是国有制,这也是不确切的,可能他只看到未赏赐以前的情况。《晋语》云："公食贡,大夫食邑,士食田。"可见王与公都只是食贡,而不食租税,与国有制食租税是不同的。所谓士食田,就是五甲首隶五家之谓。士是如此,王的情况也差不多。周赧王无田无贡,则只好筑避债台了。晋国也有此现象。《左传》云,把晋国大夫的田,夺来赐给妇人。三家分晋,就是表明晋君无田。可见,周不是国有制,而诸侯大夫可以世袭土地人民,正是表明他是私有制。《左传》襄公十年云,子驷为田洫,而使司氏、堵氏、侯氏、子师氏这些采邑主的田都丧失了。要不是私有的,又怎样能说是丧田呢?当然,士也有无田的。如《左传》哀公元年载陈国的国人云："有田从田,无田从党。"可见,陈国的国人有两种，一种是有田的，一种是无田的。《左传》襄公三十年云绛地有老人，被征服徭役，予以田。《王制》云，无田禄者不设祭器，有田禄的先为祭服。可见也有世袭与不世袭的区别。统治者无论如何是需要士的，他一定会对士给予田的。天子、诸侯能赏田，受田的能够世袭，这是可以私有的。可见，西周是有私有土地的。

现在，我们要进一步说明征服与被征服的关系，即说明统治集团与被统治集团的关系。《论语》分为君子、国人、野人三种。君子是国人中之上层，所以他是统治集团的中心。《孟子》说："请野九一而助，国中什一使自赋。"国和野住着君子（国君或氏族长之子），国人和野人是不同阶级的人。《论语·先进篇》云："先进于礼乐野人也，后进于礼乐君子也。"野人是被统治阶级，是殷遗民，在文化方面他们是先进者；君子是统治阶级，是周部族，在文化方面他们是从殷人那里学来的，是后进者。这两个阶级，在孔子时代还是存在的，一百多年后鲁国边界的小国如滕国，也还是存在的。

齐国是周部族姜姓所建的国。《国语·齐语》说管子治齐"参其国伍其鄙"。春秋时代国和鄙的制度还是不同的，国是周人所居，是统治者和他的部族所居，鄙是野人所居，是被征服的部族所居。《齐语》说："制国，以为二十一乡，工商之乡六，士乡十五，公帅五乡焉，国子帅五乡焉，高子帅五乡焉。"国中二十一乡，工商之乡六，与士乡十五相对立。工商之乡，原来是统治阶级从各处掳掠具有工商技艺之人所居地。工商的地位，原在自由民之下。韦昭注"工商之乡六"云："工商各三也，二者不从戎役也。"工商不是自由民，所以不从戎政。韦昭又注"士乡十五"云："此士，军士也，十五乡合三万人，是为三军。"士乡是周部族所居，是统治阶级用以镇压被征服者武力的源泉，服兵役是他们光荣的任务。《齐语》云"三军,故有中军之鼓,有国子之鼓,有高子之鼓",这就是"参(三)其国"的编制。他把士乡十五分为三个五乡出兵三万人,为三军,由齐君、国、高二卿,各帅一军。

至于"伍其鄙"是这样的。《齐语》云:"制鄙,三十家为邑,邑有司;十邑为卒,卒有卒帅;十卒为乡,乡有乡帅;三乡为县,县有县帅;十县为属,属有大夫。五属,故立五大夫,各使治一属焉;立五正(长),各使听(听讼)一属焉。"这是把被征服的野人分为五属,而由五大夫五正分掌其行政与司法。野人不服兵役,所以这里只有民政(行政与司法),而没有军政。可见农民是住在这里的。故《齐语》说农"野处而不暱",这表示他们和统治者是有矛盾的。工商也是被统治者,所以有"苟卫国有难,工、商未尝不为患"。

三、西周的社会性质

我们认为西周是封建社会。《资本论》(人民出版社版,第1032页)第三卷第四十七章说到,区别社会经济状况时:

> 它和奴隶经济或殖民地奴隶经济是从这一点来区别:奴隶是用别人所有的生产条件来劳动,不是独立。所以,这里必需有人身的依赖关系,有人身的不自由(不管其程度如何),有人身当作附属物而固定在土地上的制度,有严格意义上的隶属制度。

马克思说的这种共同体,在西周有,在少数民族中也有。解放前松理懋的羌民有纳棚粮的制度,就是一个好的例子,他们共同交纳粮食给汉族官吏。中国在西周时期存在着家族公社的残遗和农村公社。这从古人所称的百姓、万民、黎民、庶人当中看得出来。

百姓,是家族公社的残余,是属于统治集团的,他们是王的宗族、姻族。《楚语》云王公之子弟之质能言能听,是谓百姓。郑玄云,百姓乃群臣之父兄子弟。总之,百姓是合统治者的宗族姻族在一起的。因此,他和黎民是截然分开的。《尧典》云:"平章百姓,百姓昭明,协和万邦,黎民于变时雍。"《小雅·天保之诗》云:"群黎百姓。"民是没有宗法系统的。但是,后来贵族没落而黎民上升了,黎民是有宗法的。没落的贵族仍然保存了原有的宗法,而上升了的黎民也效法贵族制定了宗法,因此宗法遂为人民共有的上层建筑了。

庶人是属于国人之中的一部分。庶人,他们是和被征服的野人同称为庶人,他们是直接生产者,这在西周的人数是不少的。所以《俎侯簋》和《盂鼎》都提到庶人。

西周也有奴隶,但是,人数是极少的,他仅仅为官府服务,如汉代的官奴婢那样,也和辽代的著帐,清代的包衣情况差不多。

庶人有自己的分田,有自己的工具,有自己的私有财产,这表明西周已经有了土地私有制了。

他们缴纳租和税。中国古代租、税、赋是不同性质的东西,在后代才有所混淆的。租,助也,是为公田耕种,属于劳役地租,如"彻田为粮"是也。鲁宣公十五年履亩(私田)税,这是记载征收实物地租之始。赋,是军赋,原是统治集团的临时性征取关于军事的装备给养,衣甲、车马都属此。《左传》襄公二十五年云:"量入修赋,赋车、籍马、赋车兵、徒兵、甲楯之数。"就是说,国人之间,贫富分化进一步显著,所以要"量入修赋"。《国语·鲁语下》云"赋里以入,而量其有无",这时是因为社会有变化,被统治者也要当兵缴赋了。大约就在这时,临时性的赋,变成了定额性的赋了。《孟子·尽心下》云:"有布缕之征,粟米之征,力役之征。"这是封建制下对于农奴的剥削。《小雅·大东》之诗云:"小东大东,杼柚其空。"《六月》之诗云:"我服既成,于三十里。"如果西周没有布缕之征,那么小东大东这些地方的布疋都被搜罗一空呢?三十里内出征将士的衣服如何能制成呢? 现在有许多人说西周是奴隶制,是地租与赋税合一,对于这些史实,又如何能解释得通呢?

综合上述事实,西周应当是封建制社会,武王克商,就是殷商奴隶制到封建制由量变到质变的开始。

参考资料

"耒耜考" 徐中舒 《历史语言研究所集刊》第二本第一分

"论东亚大陆牛耕的起源" 徐中舒 见《工商导报》1951年23日学林副刊

"试论周代田制及其社会性质" 见前

"论西周是封建制社会" 见前

【第八讲】 太王翦商与文王时代的发展

一、周代先世

《诗·大雅·生民》提到周的远祖后稷"即有邰家室"。《史记·周本纪》载后稷封于邰（今陕西武功县），其后世代为后稷之官，后因"夏之衰也，弃稷不务，我先王不窋用失其官，而自窜于戎狄之间"（《国语·周语上》）。《史记》正义引《括地志》云："不窋故城在庆州弘化县（今甘肃庆阳县）南三里，即不窋在戎狄所居之城也。"

不窋孙公刘"虽在戎狄之间，复修后稷之业，务耕种，行地宜，自漆沮度渭取材用（漆沮二水俱入陕西洛河）……周道之兴自此始"(《周本纪》)。公刘死后,其子庆节国于豳(今陕西邠县)。《诗·大雅·笃公刘》说公刘就已迁豳,有"于豳斯馆","豳居永荒"等语,这是公刘迁居之后,庆节就在那里定居下来了。诗中又谈到公刘"涉渭为乱(乱者正绝流也),取厉取锻"。一直到太王以前周人都住在豳地。

从后稷到文王是十五代。《国语·周语下》"自后稷……十五王而文始平之,十八王而康克安之"。若此世系是正确的,后稷亦不得如《史记》所云在虞夏之世,《史记·周本纪》关于周初的年代是有许多问题的。

假定周最初是农业民族,住在靠渭北的农业区有邰,在子孙时代反而丢掉农业成为戎狄,如西汉人不承认公刘由北迁南,而说公刘由邰迁豳。我认为从南方的农业区迁到北方的非农业区,而改从戎狄之俗这和社会发展规律不合。实际情况应是周族本无农业,后来同农业民族接触才接受了农业民族的文化,发展农业。生产落后的民族征服生产进步的民族,就袭用了被征服者的文化,这在我国历史上是屡见不鲜的。

我们再看看周的同族。白狄是姬姓,《左传》成十三年载吕相绝秦之辞云:"白狄及君同州,君之仇雠而我之昏姻也。"此白狄与秦同州,正是骊戎、大荔之戎所在之地,当指晋献公纳骊姬及大戎狐姬之事,是知白狄为姬姓。又白狄的鲜虞也是姬姓,《国语·郑语》韦注"鲜虞姬姓在狄者也"。这些戎狄部落都是周的同族,如果周族有高级农业,何以他们反而同化于边区的戎狄呢?只能认为周族原来的文化很低,留在边区的就把原来落后的文化保留下来了。

大王的长子太伯到吴国去,从前的人说是因为让国,其实乃

【第八讲】 太王翦商与文王时代的发展

是周族派大儿子殖民。周代的楚国和后来的蒙古,俱传位于幼子而不传长子,在生产低下的社会里,幼子能力较弱,他总是和他父亲住在一起。

太伯君吴之后,假使周有较高的文化,太伯就应把这文化带去经营吴国,但吴为蛮夷,始终保持其断发文身之俗,这说明周的文化不高,征服者反而同化于被征服者。

周族原是打猎民族,它的农业是从姜姓继承过来的。姜姓民族是古代高级农业发展较早的民族,故传说中说神农是姜姓。周族始祖后稷之母叫姜原,这说明周的农业是从母系方面学习过来的。周族迁到豳地之后与姜姓通婚,因而取得发展农业的技术条件。《笃公刘》诗说公刘"彻田为粮"(取被征服人民耕地的十分之一),即是周族在征服农业民族之后,榨取其劳役为己耕种土地。

周族原来农业生产的水平低,还可以从其居处来看。太王迁岐以前,从后稷到太王十三代,周族在豳地是穴居,住的是窑洞。《诗·大雅·緜》:"民之初生,自土(用居)沮漆,古公亶父,陶复陶穴,未有家室。"《笃公刘》诗说"于京斯依",这也是穴居的现象,《尔雅》云:"京,人所为绝高丘也。"即人所为的深窑洞。周族在太王迁岐后(岐在今陕西宝鸡北),才有房屋建筑,这是学习岐山居民原有的东西。这在后来的女真人也有同样的事实的。《金史·世纪》云:

> 黑水旧俗,无室庐,负山水,坎地,梁木其上,复以土,夏则出随水草以居,冬则入处其中。迁徙不常,献祖乃徙居海古水,耕垦树艺,始筑室有栋宇之制,人呼其地为纳葛里,纳葛里者汉语居室也。自此遂定居于安出虎水之侧矣(海古水

即呼尔哈河)。

周人居豳时的情况与此相类,可藉以推知周族在豳地时的生活状况和文化面貌。

二、国号豳与周

豳与周代表两个不同区域文化的名称。豳字所从之山应从火作燹,金文之豳字即从火作 ☒ 、☒ 等形,古文字画火俱作半圆形,易与山字相混。铜器有"☒王盂",王前之字可能即豳字,像燃火驱逐野猪的形象,说明豳地是适宜于打猎的高原地区。豳是周人早期的称呼,后来此名称仍然保存,《诗·大雅·韩奕》"汾王之甥",汾即邠,亦即豳,汾王即周厉王。豳是象形字,汾与邠是形声字。《尔雅·释地》"西至于汃国",汃即汾之省写,《经典释文》即引作汾。

因为周人在早期称豳,所以周的音乐称为"豳蕭"、"豳雅",鲁人用豳乐作歌称"豳风"。

周字金文作 ☒ 、☒ 、☒ ,象田有界画,其中有农作物之形(《说文》作 ☒ ,从用,误)。周字从口是后加的,表示发命令之意,代表周的政权。田有界画,说明是高等农业区域,低等农业区域的田没有界画,《汉书·食货志》称为"缦田"。

太王由豳迁于岐下的周原,《诗·大雅·緜》就是歌咏的这件事。其迁徙的原因,《孟子·滕文公篇》说是避狄人侵略之祸,遂率其族人迁徙。《诗·緜》云:"古公亶父,来朝走马,率西水浒,至于岐下,爱及姜女,聿来胥宇。"下接云:"周原膴膴(肥美),堇茶如饴。爰始爰谋,爰契我龟,曰止曰时(是),筑室于兹。"迁岐之后才开始筑室,故下边特别描写了怎样筑室的一段文字。

雕刻的雕、绘画的画俱从周,金文画字作 ,周字是形容有文化的意思。"周原"是农业区域,文化高,周人到此之后始知筑房,才提高了它的文化。

三、太王迁岐

周人建国的基础是在太王迁岐后奠定的,初在豳地,生产水平很低,迁岐之后,采用了高等农业生产发展了,国力逐渐充实,这样后来才有力量把殷商灭掉。太王原称公亶父,太王之名是文王称王以后追尊的。《诗·鲁颂·閟宫》"后稷之孙,实维大王,居岐之阳,实始翦商"。翦商之翦毛传释为齐;郑笺及《周礼》翦氏注均训为断。《说文》:"翦,齐断也。"并训齐断,即斩伐芟除之意。《说文》又引此作戬,谓戬商为灭商,灭亦与齐断同意。《诗》的意思是说太王奠定了灭商的基础。

岐在渭水河谷,土地肥沃,是一个很好的农业区域,对发展生产很有利;同时岐地南接褒斜,是通往南方江汉流域的要道,故周人得此而国势始盛,对翦商的事业起了很大的作用。太王翦商的事,旧史不载,惟太伯仲雍逃之荆蛮的传说,颇可为此语作一注解。《史记·吴太伯世家》所记太伯仲雍君吴的事,乃是太王发展国力的办法。太王之世周为小国,与殷商的国力非常悬殊,当时决不能与殷商正面冲突,故选择抵抗力最小而又与殷商无甚关系之地进行殖民,以培养其国力,故派其子沿江汉而至吴国。太伯仲雍到吴,不是个人去的,他们一定带了周部族的一部分人去,然后才能征服和统治该地。《论语·泰伯篇》说文王时"三分天下有其二",若不把吴国算进去则很难解释。

古代关中与江汉流域的交通必须从岐山过渭水到郿县，从郿县南下褒斜，沿汉水以达江汉，这是古代与南方的交通要道。《诗·大雅·崧高》云："申伯信迈，王饯于郿。"申在南阳，郿在丰镐之西，岐山附近。申伯到汉水流域的南阳去，宣王不是送他由镐京出武关，而西饯之于郿，说明从郿走要方便些。

《论语·泰伯篇》称赞太伯仲雍让国，这是嫡长继承确立后，儒家所作的解释，并不合乎周初的事实。在江汉流域有许多姬姓小国，这些都可能是从太王时起殖民去的，因力量不强，文化不高，故江汉诸姬后来都为楚所灭（《左传》僖二十八年栾贞子之语）。经营南土是周初屡代一贯的国策，江汉诸姬的立国，必不在武王以后，因武王克商后所封之国都是比较大的，以上说明王季以前周的势力就已向江海发展。

太王子王季历时代，周的势力更发展强大起来，其与商的关系见《竹书纪年》等书。《后汉书·西羌传》："武乙暴虐，犬戎寇边，周古公逾梁山而避于岐下。"《竹书纪年》："武乙三十五年，周王季伐西落（洛水之西）鬼戎，俘二十翟王"（见上引书注）。这说明公亶父时力量还弱，到王季历时国力迅速地膨胀了。《易·既济》"高宗伐鬼方，三年克之"。高宗是武丁，三年克鬼方，说明鬼方的强大。《易·未济》："震用克鬼方，三年有赏于大国。"此谓周伐鬼方（当即王季历之事），而殷人赏之，以小邦而伐大国之敌，故有震惊震怒之意（鬼方与犬戎有别，《西羌传》宋忠注误合为一）。

四、文王时代国势的发展

太王迁岐后到王季时，周的国势逐渐发展，到文王时就成为大国了。王季与文王俱因国势发展而与商朝所统治东方部落结

【第八讲】 太王翦商与文王时代的发展

婚。《诗·大雅·大明》云：

> 挚仲氏任，自彼殷商，来嫁于周，曰嫔于京，乃及王季，维德之行。大任有身，生此文王。……文王嘉止，大邦有子。大邦有子，俔天之妹，文定厥祥，亲迎于渭。……缵女维莘，长子维行，笃生武王，保佑命尔，燮伐大商。

大邦指商，这一方面说明周的国力伸展，可以高攀，同时，也使周接受奴隶社会的高级文化。但与商朝比，力量还是不行。《书·大诰》："天休（福）于宁（文）王，兴我小邦周。"《左传》桓公十一年"商周之不敌，君之所闻也"，可见在文王以前周的力量还敌不过商朝。

文王时周的国势已发展到可以与商朝为敌了。《孟子·梁惠王下》："惟仁者为能以大事小，是故汤事葛、文王事昆夷。惟智者为能以小事大，故太王事獯鬻、句践事吴。"此可证文王时已由小国变成大国，与外族力量的对比已发生变化，周要集中力量向中原发展，所以文王要事昆夷。《左传》襄三十一年载：

> 《周书》数文王之德曰："大国畏其力，小国怀其德。"言畏而爱之也。……纣囚文王七年，诸侯皆从之囚，纣于是乎惧而归之，可谓爱之。文王伐崇，再驾而降为臣，蛮夷帅服，可谓畏之。

《左传》昭四年"纣作淫虐，文王惠和"，知此时商的力量尚强；但纣囚文王之后，终于又惧而归之，可知此时之周，已经俨然是一大国了。

周原商之侯服,在边疆为商服役守卫,后国势发展,崇侯虎谮之,纣囚文王于羑里七年,文王归后即伐崇。崇地在今河南洛阳西,是周人向东进出的要道,周欲东向攻商,非先灭崇不可。《左传》僖十九年:"文王闻崇德乱而伐之,军三旬而不降。退修教而复伐之,因垒而降。"《诗·大雅·皇矣》:"以尔钩援,与尔临冲,以伐崇墉。"崇有坚强的堡垒,故用大军。《诗·文王有声》:"既伐于崇,作邑于丰。"(丰在西安西南)都城东迁,表示了大举东进的决心。后武王伐纣,不期而会者八百诸侯,可知文王时"蛮夷帅服",有许多部族归附周人。

《论语·泰伯篇》:"三分天下有其二,以服事殷,周之德其可谓至德也已矣。"三分天下有其二,当将江汉和吴国包括在内。以九州来说:冀、兖、豫大体上是属于商的;青、徐是东夷所居地,扬为吴国所在,荆是江汉流域,梁即《牧誓》之蜀,雍为周人根据之地,这些都属于周的势力范围。(关于青徐说详下)

文王伐崇之后接着就戡黎。黎在今山西中条山侧的壶关,越过中条山就是平原,朝歌一带就无险可守了。《书·西伯戡黎》:"西伯既戡黎,祖伊恐,奔告于王曰:'天子,天既讫我殷命,格人(至人)元龟(指龟卜),罔敢知吉。'"可见戡黎是对商的极大威胁。

此外周对东夷也进行了联络,使与周人东西呼应。《左传》昭四年"商纣为黎之蒐,东夷叛之"。蒐是春天打猎,古代打猎就是军事动员。纣治兵于黎,向西边的周示威,引起了东夷的背叛,可见东夷对纣起了牵制的作用。

《左传》昭十一年"纣克东夷而陨其身"。《左传》宣十二年"纣之百克而卒无后"。甲骨文和商代铜器有很多商纣伐夷方的记载,次数不止一次,而且时间拖得很长。从这些地方,我们可以清楚地看到:东夷与周是互相配合的。当时东夷分布于淮水流域及沿海之地,属青徐二州,与周的利益是一致的;但在周灭商后,东夷又与周冲突,故后来周朝对他们长期用兵。

据《史记》所载伐黎在伐崇之前,此记载是否可靠?值得怀疑。到中条山虽可走风陵渡,但武王伐商都是先出幽谷;伐崇之前伐黎,以地理形势看,不大可能,《史记》此处的安排有些错乱。

《论语·泰伯篇》及后来的史家,说文王始终事殷,未尝背叛,这是根据古文学派的说法,不大可信。今文学派说文王在伐崇伐黎前就已称王,并追尊太王、王季,《史记》对此问题,采用的就是今文学家的说法。《史记·周本纪》云:

> 虞芮之人,有狱不能决,乃如周。入界,耕者皆让畔,民俗皆让长。虞芮之人未见西伯,皆惭,相谓曰:"吾所争周人所耻,何往为?只取辱耳!"遂还,俱让而去。诸侯闻之曰:"西伯盖受命之君。"明年伐犬戎,明年伐密须,明年败耆(黎)国……明年伐邘,明年伐崇侯虎而作丰邑,自岐下而徙都丰,明年西伯崩。……诗人道西伯盖受命之年称王而断虞芮之讼。后十年而崩,谥为文王,改法度,制正朔矣。追尊古公为太王,公季为王季,盖王瑞自太王兴。

《诗·大雅·緜》云:"虞芮质厥成,文王蹶(感动)厥生(性)。"《史记》所云与《左传》说纣囚文王七年,文王归而伐崇的记载冲突,必先伐崇然后才能够伐黎。据《史记》则文王受命称王是可信的。《书·无逸》"文王受命惟中身,厥享国五十年"(中身指五十岁,言继承王季之后又统治五十年);《诗·大雅·皇矣》"乃眷西顾,此维与宅";都是说文王受命,已经不是商的诸侯了。

五、武王克商

武王伐商是文王发展的自然结果。《史记·周本纪》说武王为文王木主,载以伐商(《伯夷列传》同),军中自称太子发,这是说奉文王的遗命伐商。武王继承文王的年数并未改元。《史记·周本纪》说武王"九(当为七)年……东观兵,至于盟津",后二年(十一年)伐商,刘歆《三统历》作十三年伐商是错的。《书·洪苑》"惟十有三祀,王访于箕子"(此为箕子到朝鲜后,隔了二年曾经回来,故武王访之),刘歆据此而误。从武王继承文王的年代,足见称王是从文王时开始的,此与清在入关前已改国号、称帝,入关后仍继续从前的年数,约略相同。

商纣时内部面临崩溃,故祖伊说"格人无龟罔敢知吉",已知将要灭亡。奴隶制是部族统治,当时商部族许多都离心归周,与武王不期而会的八百诸侯即八百部族。《左传》昭七年"昔武王数纣之罪以告诸侯曰:纣为天下逋逃主,萃渊薮,故夫致死焉"。此说明纣的生产发展,对奴隶要宽大些,故四周之奴隶往商逃亡,因而受到奴隶主的反对。《书·牧誓》说纣"乃惟四方之多罪逋逃,是崇是长,是信是使,是以为大夫卿士,俾暴虐于百姓,以奸宄于商邑"。商纣疏远了自己的部族而信任奴隶,以致引起部族的离心,这是商纣失败的原因之一。《左传》昭七年"周文王之法曰,有亡荒阅(有逃亡的,进行大搜捕),所以得天下也"。《史记·周本纪》载:

武王……乃遵文王,遂率戎车三百乘,虎贲三千人,甲士

【第八讲】 太王翦商与文王时代的发展

四万五千人,以东伐纣。……至于商郊牧野……诸侯兵会者车四千乘。……帝纣闻武王来,亦发兵七十万距武王。……纣师虽众,皆无战之心,心欲武王亟入,纣师皆倒兵以战。以开武王。

上述情况说明双方的战争不取决于战斗,而取决于内部。辽代受到金人攻击时,也是因部族内部崩溃而失败。

商纣时文化提高,他不信鬼神,但商最重祭祀,此与旧制度不适应。他收容逃亡奴隶,使奴隶主不满,任用奴隶,使自己的部族不满,这是纣兵倒戈的原因。

武王克商并未把商完全击溃,纣子武庚仍在原来的地方称王(见《书·大诰》),设三监以监视之。商朝完全崩溃还须要经过另外一次战争,即周公东征。

武王克商是继承文王的事业,但有两点需要说明:

1.关于分封与建侯,《史记·周本纪》说许多先代的部族之后都是武王封的,"封神农之后于焦,黄帝之后于祝,帝尧之后于蓟,帝舜之后于陈,大禹之后于杞"。这些是原来存在的部族,对周表示服从,周也承认他们的原有地位,可以理解为武王所封。《左传》襄二十五年说"昔虞阏父为周陶正,以服事我先王(杜注:武王),我先王赖其利器用也,与其神明之后也,庸以元女大姬配胡公(阏父之子胡公满),而封诸陈"。其他如封尧、禹之后,情形当大略相似。

《周本纪》又说武王"封尚父于营丘曰齐,封弟周公旦于曲阜曰鲁,封召公奭于燕,封弟叔鲜于管,弟叔度于蔡"。此说法靠不住,这几国之封都应在周公东征后,成王时代。

名师讲义
徐中舒先秦史讲义

武王克商后,武庚仍处故地称商王,周乃置管叔、蔡叔以监殷,称为三监。故当时有"诸侯诸监"之称。至于其所处之地,《汉书·地理志》言诗有邶、鄘、卫,俱在卫地。邶即武庚封地(邶或作鄁,金文有北国,即此),鄘是管叔所居,卫是蔡叔所在,鄘、卫皆在邶之边境。《逸周书》与《帝王世纪》加一霍叔。《逸周书·作雒解》:"武王克殷,乃立王子禄父,俾守商祀,建管叔于东,蔡叔、霍叔于殷,俾监殷臣。"这是监视的制度,说明商朝还存在,周只是派人在那里监视它。周人能否越过商地在东方封建诸侯呢?这是不可能的。周的力量只能达到殷虚以西及江汉流域。《周本纪》说武王克商后"自夜不寐",筹划如何镇抚殷人,决定"营周居于雒邑",可见当时商的力量还很强大,并未彻底被周征服,至于封蔡叔之子等等乃是以后的事情。

又从铜器出土情形看,宋代在湖北安陆出土的有南宫六器,《中甗》(二)云"隹王命南方伐反虎方之年,王命中先省南国,贯行埶王屋(居)。"《中甗》(一)云:"王曰:中,兹裒人入史(使),锡于武王作臣。"南国应指汉水流域而言,此所举铭文是武王与南国关系密切的证明。

2.关于武王的年代。武王未改元,他的年数是继续文王年数往下算。《汉书·律历志》引刘歆《世经》"文王即位四十二年受命,九年而崩"。武王伐纣在十一年,是从文王受命之年计算下来的,但《史记》说武王在文王崩后四年伐纣,因此《汉书·律历志》误以为伐纣在十三年。《史记·封禅书》说"武王克殷二年,天下未宁而崩"。《逸周书·明堂解》"武王既克纣,六年武王崩"。据此则文王应是七年而不应有九年,武王又继续称王六年,共是十三年。关于武王的年代,《史记》与《汉书》相差两年,《汉书·律历志》根据《三统历》更改年代来牵合算法是错误的。

参考资料

"殷周之际史迹之检讨"　徐中舒　见《历史语言研究所集刊》第七本第二分

【第九讲】 魏齐争霸与合纵连横

一、春秋时代的霸业

春秋时代的霸业是西周封建制的继续。西周时期的封建等级制是很明显的。当时王权很大,诸侯从王处得到土地和人民,因而必须服从王命。诸侯虽然是世袭的,但是必须取得王朝的承认,而且还要遵守王朝规定的典章制度,不然王朝是要进行干涉的。这也就是孔子所说的"天下有道则礼乐征伐自天子出"的情况。因为西周诸侯土地小、人口少、力量软弱,一切只能听命于周天子,所以铜器铭文中有关王伐南淮夷、东夷的记载,也多是王命诸侯从征。可见西周时期的封建等级秩序是良好的,《诗·小雅》"溥天之下,莫非王土;率土之滨,莫非王臣"就是反映这个绝对统一王朝的实际情况。

到西周末年,王室衰微,诸侯中边疆大国逐渐兴起来了。这些国家的周围都是一些小国或落后部族,他们不是被大国武力所吞并,就是由于"贵货而易土"(《国语·晋语七》)被收买了。于是,小国灭亡,"而秦、晋、齐、楚代兴"。

春秋霸业始于齐桓公。当时,北方戎狄势力十分强大,灭邢、灭卫,横行于黄河以北;南方楚国兴起后,灭申、息、邓,服蔡,侵郑,其锋芒也指向中原。在这种"南夷与北狄交,中国不绝如线"(《公羊》僖四年)的情况下,已经衰弱了的周王室是无力加以抵御的。而齐国曾经管仲整顿内政,发展经济已开始富强,但以齐国一国的力量也不可能扭转这种局面。所以在"内其国而外诸夏,内诸夏而外夷狄"的目标下,团结诸夏,领导诸侯共同抵御外侮,继承并维护封建等级制的旧秩序,保护封建贵族利益的霸业随之出现了。

西周灭亡后平王继位东迁雒邑,这并不是说东周继承了西周,东周是西周迁来的。因为西周是完全灭亡了,东周是在成周的基础上建立起的新国。当时,西周有虢公翰立携王,平王与携王的二王并立,到携王二十一年,晋文侯杀掉了携王,在晋、郑诸国的支持下平王在东周的地位才得巩固下来。《尚书》的"文侯之命"就是平王赏晋文侯而作的。《国语·周语中》说"我周之东迁,晋郑是依",都说明东周并不是西周的继承而是紧紧依靠了晋、郑的扶持。

东周依靠晋、郑两国,而晋、郑两国也是借王命谋求自己的利益。郑国建立的基础也是不大好的。郑桓公先在幽王时寄孥贿于虢、桧之间，后灭桧建立了郑。到春秋初年，郑武公、庄公都是王室卿士，他们非常活跃，常"挟天子以令诸侯"，曾以王命伐宋国，开创了春秋时期的霸业先例。郑庄公死后，因诸公子争立，内乱不绝，郑国衰弱了。当时的晋国也是内乱连绵，最后曲沃一支消灭了翼的一支统一了晋国，但是晋国内部还没有稳定下来，所以春秋初年无论周王室与晋、郑等国都不能负起抵御南北交侵的外侮的任务的。

齐桓公继位之后，正是中国最衰弱的时期。桓公用管仲做了一些富强的工作。在富国方面，齐开发了鱼盐之利；在强国方面则有"作内政以寄军令"的工作。全国分二十一乡，出军三万，又"伍其鄙"使野人担负生产、徭役与自卫的工作。

齐桓公时国力虽然比较充实，但还不能代替周天子。当时晋、楚的国力和齐国是大致相等的，以齐国一国的三万兵力想要征服各国是不可能的。例如战国末年赵奢与田单论兵说当时"千丈之城，万家之邑"很多，如果三万人保卫千丈之城万家之邑是只能保卫一个。这在春秋初年用三万人统一中国也是困难的。因为继续作战或多出兵是要有国内生产力的支持，这在齐国也是不可能的。在这种情况下，齐桓公称霸的最好办法是用"尊王攘夷"号召诸侯团结起来抵御外侮，齐国领导这一事业，既能维持旧秩序，又能"存亡继绝"而提高齐国的威信。在"邢迁如归，卫国忘亡"的事实下，齐国成为诸侯的霸主，领导诸侯，从而订有"葵丘之会"的盟辞，各国经济上互通有无，齐国从中也得到很大的利益。特别是取得了霸权就是取得了各国的领导权，也就是把周天子的礼乐征伐大权拿到自己手里。

齐桓公在团结诸侯时也是非常讲求手段的。《左传》僖七年说他是"招携以礼,怀远以德……齐侯修礼于诸侯"。具体办法是收诸侯送的礼很轻,《国语·齐语》说有"罢马以为币",而齐国回答的却是"重其礼",因而诸侯"垂橐而入,捆载而归",诸侯都向往于齐国了。

继齐桓公之后的晋国霸业却有很大的不同。晋文公、晋襄公为霸主的时代是使诸侯"三岁而聘,五岁而朝;有事而会,不协而盟"(《左传》昭三年),在晋悼公、平公以后竟"岁聘以志业,间朝以讲礼,再朝而会以示威,再会而盟以显昭明"(《左传》昭十三年),而且每次朝聘会盟诸侯都要送给霸主很多贡献,因而会有"子产争承"贡赋之轻重。

由于诸侯的职贡都落到霸主的手里了,所以诸侯争得到霸主的地位,也就是获得了这种实际利益。霸主既然享有这种利益,当然诸侯只要取得了霸主的实际领导权也就可以了,并不想冒天下之大不韪而代周天子的。

二、战国初期的形势

战国初期仍然是争霸的局面。春秋末年的秦、晋、齐、楚四大国之中,晋分为韩、赵、魏三国,再加上北方的燕国就是战国的"七雄"。春秋时代晋国最为强大。霸业也维持最久,其中虽然经过两次弭兵之会晋、楚曾平分霸业,但是楚国由于一度被吴所灭,直到战国初期都未得复兴,所以晋国是终春秋之世仍然掌握着中原霸权。

战国初年晋虽三分,但三晋如能联合起来仍然是当时最强大的国家。在这一方面魏文侯是很有作为的。他厉行团结三晋的政

策,使韩、赵都接受魏国的领导,《国策·魏策一》:

> 韩、赵相难。韩索兵于魏……文侯曰:"寡人与赵兄弟,不敢从。"赵又索兵以攻韩。文侯曰:"寡人与韩兄弟,不敢从。"二国不得兵,怒而反。已乃知文侯之讲于己也,皆朝魏。

这说明魏文侯团结韩、赵的政策是很成功的。另一方面魏文侯又能尊贤养士,破除贵族的统治局面。"(魏)文侯师子夏,友田子方,敬段于木。"(《吕氏春秋·举难篇》)当时知名之士如李悝(克)、翟璜、吴起、西门豹、乐羊、屈侯鲋都到了魏国。他们帮助魏文侯推行法治,改革政治,集中权力于公室,打破了春秋以来的世卿政治。李悝"作尽地力之教"(《汉书·食货志》),西门豹等兴修水利,使魏国生产发展,国势富强。《吕氏春秋·举难篇》说"魏文侯名过桓公,而功不及五霸",就是指他在使魏国富强方面成就很大,只是因为当时都是一些大国,没有春秋时期那些小国可以领导,在霸业上的成就便不能和五霸相比。

秦国在战国初年也很衰弱,楚国也无力争夺中原霸权,当时只有齐国是比较强大的。齐国已经被田和所代替。公元前453年韩、赵、魏的分晋,前391年田和的代齐,是两国内部的巨大变化,是贵族的没落,也是周王朝更加衰弱的新局面。这种内部变化既由于晋、齐的强大,没有霸主可以加以干涉,所以在前403年和前386年周王室也只好承认这个既成事实,尽管这件事严重地破坏了旧秩序,是旧日周天子和霸主所不容许的。而且齐国得到周天子的承认又是魏文侯从中帮忙的,在前391年田和迁齐康公于海上,过了三年齐太公(田和)与魏文侯会于浊泽(河南临颍县)"求为诸侯",文侯遣使请于周,齐国才正式被承认。这也说明魏文侯实际就是当时的霸主了。

魏国在文侯、武侯时都很强大,到魏惠王(梁惠王)时代(前369-319年)三晋内部已经分裂,齐、秦也开始强大了。

齐威王这时也尊贤养士,进行改革政治、整顿吏治,赏"田野辟,民人给,官无留事"的即墨大夫,烹"田野不辟,民贫苦"的阿大夫,于是"齐国大治"。秦国经公元前408年"初租禾",前378年"初行为市",前375年"为户籍相伍"等改革后,生产也有了发展,国势也开始增强了。

齐国强大后就逐渐背叛魏国,《庄子·则阳篇》"魏莹(魏惠王)与田侯牟(牟即田午)约,田侯牟背之"就说明齐、魏关系已经恶化了。齐国更进而与魏国争夺东方泗上十二诸侯(鲁、卫、宋、郑)的领导权。因此在公元前381年魏国便把都城从安邑迁到大梁(开封)来。魏国迁都的原因并不是惧怕秦国,因为当时魏国力量仍然很强大,同年就曾打败过韩、赵的联军;但是为了加强控制泗上十二诸侯,为了接近东南生产发展较好的地区,是必须迁都于大梁的。

魏迁都之后,进行了一些发展生产的措施。"入河水于甫田(今河南中牟县西北),又为大沟(今河南尉氏县西南)而引甫水",又"发蓬志(今开封附近)之薮以赐民"(《汉书·地理志·河南郡开封县》臣瓒注引《竹书纪年》)。此后宋、卫、鲁、郑各国国君在魏惠王十四年曾到魏国朝见过,但这些都只是一些较小的国家,至于大国在当时却不服从魏国。尤其是赵国更积极展开了反对魏国的活动。

梁惠王十六年(前354年)魏围赵都邯郸,十八年攻下邯郸,其间齐、楚虽然出兵攻魏，但是因为没有真心，所以并未达到救赵的目的。由于楚国乘机攻占了魏国睢水和涉水之间的土地，秦国攻陷了魏河西重镇少梁（今陕西韩城），进至魏旧都安邑，因而魏惠王被迫放弃吞并赵国的计划，将邯郸归还赵国，以便集中力量对付秦的威胁。果然魏惠王回军后迅即打败了秦国，秦孝公在魏惠王二十年与魏讲和，《战国策·齐策五》中卫鞅说："魏氏其功大而令行于天下……其与必众。故以一秦而敌大魏恐不如。"这可见秦国对魏国是惧怕的。这时魏国的霸业可以说已达到顶点了。

公元前344年，魏惠王在大梁附近的逢泽召集诸侯会盟，会后又率领与会诸侯朝天子于孟津。这次会上魏惠王虽然也摆出了尊王的形式，但是这与其说是魏惠王霸业的顶点，毋宁说是魏国走向衰弱的征象。因为这说明魏国的实力已经空虚，若不是假借周天子的名号便不能维持下去了。

公元前342年，韩又背叛魏国，魏大举攻韩，韩向齐国求救。齐威王命田忌、田婴为将，孙膑为师率军救韩，大败魏军。杀魏将庞涓，歼灭魏军十万。这就是有名的"马陵之战"，是魏国前所未有的惨败，梁惠王对孟子讲的"及寡人之身，东败于齐，长子死焉"就是指的这次战争。从此魏国不仅丧失了霸主的地位，反而向齐国屈膝，到齐国朝见齐威王了。这也是魏国的唯一出路，不然更没有办法维持下去了。

齐威王取得胜利后也仿照魏国率领泗上十二诸侯去朝见周天子，这也说明齐的国力还是不够，而且从《国策》中反映的周天子死齐威王不吊被王使责难一事看来，齐威王称霸朝天子的影响并不大而且时间也不长。威王死后，其子宣王问孟子"齐桓、晋文之事可得闻乎"？表示齐威王的子孙仍要企图继续发扬齐国的霸业。威王铜器有"绍练(统)高祖黄帝,伣(近)嗣桓文"(陈侯因𰯼敦),也表示了齐国称霸的野心,但这在七国势均力敌的情况下,齐国的霸业此后并没有得到实现。

这就是战国初年的形势,由魏独霸而魏、齐争霸,最后形成七国势均力敌局面的发展过程。

齐败魏后,魏国四面受敌,尤其是齐国对魏的威胁更大,魏采用惠施的建议尊齐为王。《吕氏春秋·爱类篇》质问惠施主张平等博爱"去尊"是和尊齐为王相矛盾的问题,就是指的这件事。公元前334年魏、齐会于徐州相王,一方面说明齐国自知力量不足称霸而勾结魏国互相称王,另一方面也说明周天子被抛弃了,封建等级制又减少了一个等级,战国的局面又向前进了一步,周天子的名义从此也再没有什么作用了。

三、六国称王

七国之中,楚在春秋时就已经称王了。后来吴、越也曾经称过王,但这都偏在南边不属于中原系统,不为诸侯所承认,其影响也不大,因而《春秋》经、传仍然称他们为"子"。但是到战国时代魏、齐称王之后,局面却大不相同了。这比三家分晋、田氏代齐还进了一大步,因为分晋和代齐之后都还争取周天子的承认,说明周天子的虚名还有些作用;现在互相称王,就是连周天子的虚名也用不上了。从此,周王室的地位更低了,西周以来极为尊严的天子这一等级没有了。

魏、齐会于徐州相王是在公元前334年,《史记》记载苏秦说燕以合纵也是这一年,这与事实是不符合的。魏、齐相王,楚国不满便围徐州(下邳,今山东滕县),败齐。这时齐还受楚打击,那里会有合纵的事迹存在。同时，秦国也还不十分强大，因为秦国在惠文君称王（公元前325年）以前还未灭蜀，秦是灭蜀以后才"富厚轻诸侯"。《国策》记载司马错与张仪争论伐蜀时，司马错认为秦"地小民贫"，应当"先从事于易"，不要征服诸侯，秦王采纳司马错的建议在公元前316年伐蜀。这件事充分说明当时秦国并不为各国所怕，当然也就没有合纵的必要了。

秦的发展是在称王以后，秦在春秋时期始终受制于晋，不能向东发展，因而"诸夏摈之，比于戎狄"。秦在晋惠公时虽然曾经取得河西之地，但在战国初年秦因内乱又为魏国占领去了，吴起为西河守就是这时的事。当魏逢泽之会时，秦国还派太子参加。这些事实都说明秦国在商鞅变法之前并不强大，因而当时的商鞅也说过："以一秦而敌大魏恐不如。"

马陵之战以后，魏国衰落；楚国攻魏之南，秦攻魏西。在这种形势下，魏国才采用惠施的建议，合齐、楚以抗秦。但这是连横的局面，仍然谈不到有合纵的出现。

秦国趁魏国衰弱的机会曾经不断攻魏，魏国被迫献出河西郡与北地郡，这就是梁惠王说的"西丧地于秦七百里"。此后秦国为了缓和两国关系，又把一些远在河东不便控制的地方归还了魏国，魏惠王任张仪为相，于是秦、魏间出现了短期和平的局面，秦惠文君也趁机在公元前325年称了王。

魏惠王在秦称王之后，又采纳了犀首的建议，企图联合韩、赵、宋、中山共同抗秦，于是在公元前323年便出现了韩、赵、魏、宋、中山的五国称王。五国称王这才是合纵，也是后来合纵的核心国。五国相王是深为齐、楚、秦等国所仇视的，因此齐国曾进行了一系列的外交破坏活动；齐阴谋失败之后楚国又"攻魏，破之于襄陵,得八邑",加以军事压力,使魏惠王感到这是"南辱于楚"的一件大事。从此可见,五国相王的目的是在于联合起来反抗包围他们的齐、楚、秦三个大国。

魏国任用的三个宰相,是代表了三个政策。惠施为相,出现了魏、齐相王。这政策失败后,张仪拉拢魏国,魏惠王又用张仪为相以亲秦。但是张仪的目的是想不断地削弱魏国,所以不久惠王又任用犀首(犀首即公孙衍,犀首是官职名),出现了五国相王。公孙衍的政策是代表真正的合纵政策,而惠施、张仪都是属于连横政策。《孟子·滕文公下》:"公孙衍、张仪岂不诚大丈夫哉,一怒而诸侯惧,安居而天下熄。"这些事是孟子亲眼看到的事实。

但是在孟子的言论中只提到公孙衍、张仪的活动,却没有苏秦的事迹。其实,苏秦的合纵是后来燕王哙子之时的事,因为合纵不仅有对秦还有对齐的内容,苏秦可能是燕、齐间的游说之士。《史记》所载苏秦、张仪的游说之辞都是后来编造的。张仪只说服了魏国,至于对楚国以及与屈原的关系还是不明确。《史记·张仪列传》:"三晋多权变之士,夫言纵横强秦者,大抵皆三晋之人也。"三晋在齐、秦的夹攻下出现了合纵政策,这不独是抗秦,也包括抗齐的内容。《国策·秦策三》中的"天下之士合纵相聚于赵,而欲攻秦",乃是在赵武灵王胡服骑射以后发生的事情,是在秦昭王时代。在长平之战后,才有六国的合纵,而实际楚国却也很少参加。至于范雎的"远交近攻"完全是对付三晋,使齐国不参加反秦联盟。

战国时最活跃的是齐、秦两国,而齐、秦的发展决定了战国后期合纵连横的局势。这与苏秦、张仪的一套说辞完全不同,苏秦的事迹可能是三晋权谋之士编造夸大的。

四、齐、秦强大与合纵连横的形势

《韩非子·内储说上·七术》:"张仪欲以秦、韩与魏之势伐齐、荆,而惠施欲以齐、荆偃兵。二人争之。群臣左右皆为张子言,而以攻齐、荆为利,而莫为惠子言。王果听张子而以惠子言为不可。"偃兵是惠施的主张,他是要造成一个平衡的局面。这说明当时的合纵连横不仅对秦而且也是对齐。

齐国早在春秋时,就是屡败于晋而服于晋。战国初年,田氏代齐后,齐国势力仍然不强。到齐桓公午时齐国才开始敢于背魏,到威王时齐的国势才强大起来。齐国在稷下(齐城门稷门之下)设馆养士,宣王时竟达千余人之盛,说明这时齐国已经生产发达、社会进步了。

但是齐国的军事力量却还不强。《荀子·议兵篇》说"齐人隆技击",是没有严密组织的。不能战胜"魏氏之武卒",马陵之战齐的胜魏,还是利用了魏强齐弱的形势,由于战略指导的正确,并不是依靠齐国的军事力量实力。这次胜利后齐国才真正强大起来,宣王灭燕,缗王灭宋,于是出现了齐、秦相约为东西帝之事。秦、齐互帝是说明他们的实力超乎诸侯之上,但齐的强大也促成了燕昭王用乐毅以五国之军伐齐,齐几乎被灭。齐、秦强大时,凡是联合齐、秦的都属于连横,而合诸侯对抗齐、秦的就是合纵。齐败于燕后,秦国独强,这才出现韩非子说的"合众弱以攻一强"的合纵政策。

总之,合纵连横政策必须是在大国形成后,小国不足轻重,天子威名不存,且各国以力相尚的时代才会产生的。

参考资料

"战国初期魏齐的争霸及列国间合纵连横的开始" 徐中舒、何孝达 见《四川大学学报》1956年第2期

【第十讲】 商鞅变法

一、变法的内容

商鞅变法是中国历史上的重要事件,有人认为变法改变了社会性质,这种看法是不合乎马列主义的。商鞅变法只是上层建筑的改变而已。

商鞅变法的基础如何呢？我们知道,秦国的生产力在春秋战国时是比较落后的,但在变法前,秦的社会经济已有了一定程度的发展,如"简公七年(前408年),初租禾"(《史记·六国表》),"献公立七年(前378年),初行为市"(《史记·秦始皇本纪》),这些都是商鞅变法的基础。在变法后不久,"孝公十四年(前348年),初为赋"(《秦本纪》),"惠文王……二年(前337年),初行钱"(《秦始皇本纪》),可见秦的商业在变法前后在逐渐地发达起来。秦孝公(前361-338)即位后下令说:以前秦国衰弱,诸侯看不起秦国,"丑莫大焉","宾客群臣有能出奇计强秦者,吾且尊官,与之分土"(《秦本纪》)。商鞅闻令,由卫西入秦,游说孝公变法改制。

孝公三年(前359年)以商鞅为左庶长,定变法之令,《商君列传》载其内容是:

> 令民为什伍(五家为保,十家相连),而相牧司(纠伺)连坐,不告奸者腰斩。告奸者与斩敌首同赏(告奸一人赐爵一级),匿奸者与降敌同罚(降敌者,诛其身没其家)。民有二男以上不分异者,倍其赋。有军功者,各以率受上爵,为私斗者,各以轻重被刑。大小(成年的与未成年的)僇力(努力)本业耕织,致粟帛多者复其身,事末利(商业)及怠而贫者,举(皆)以为收孥(奴隶),宗室非有军功,论不得为属籍(不属于公族)。明尊卑爵秩等级,各以差次(分等)名田宅,臣妾衣服以家次。有功者显荣,无功者虽富无所芬华。

这是第一次变法令,所提到的全是封建社会的现象,等级制是非常清楚的。这次变法是在原有基础上,打垮贵族,集权公室,加强组织,发展生产,使封建社会前进了一步。最初贵族认为不便,但商鞅贯彻了变法令,太子犯法,刑太子的师傅,"行之十年,秦民大说。道不拾遗,山无盗贼,家给人足,民勇于公战,怯于私斗,乡邑大治"。于是商鞅以功进为大良造。

第二次变法在秦由栎阳（临潼）迁都咸阳之后，内容是："令民父子兄弟同室内息者为禁（讲究文化），而集小都乡邑聚为县（此为郡县制在秦的开始，郡县制标志贵族没落，封建统治削弱），置令丞（此为集权公室的现象），凡三十一县（当从《秦本纪》作"四十一县"）。为田，开阡陌封疆而赋税平。"（《商君列传》）为田是改变田制，这是生产发展的结果。秦、晋本实行爰田（即换田）制，田分为上中下三等，一家上田百五十亩，中田二百亩，下田三百亩，各家轮流耕种。现在则改为年年耕种。

开阡陌，从前的注家说是南北曰阡，东西曰陌。现在我们从亩制来加以考查：百步长一步宽为一亩，东西行为东亩，南北行为南亩。阡陌是每家把一百个长条亩的田界固定下来为陌，十家的田界叫阡，这与五家为伍，十家为什的什伍之制是相联系的。从前在公社中每人有分田，无一定田界，因休耕田是大家公有，不能私有；此时，建立阡陌，有了田界，是私有的开始，是在生产发展的基础上出现的。封疆是贵族的田界，是按秦爵等级应有田多少而建立起的界划。

赋税平是生产发展后，把赋税固定下来。这次变法（前350年）是在生产已经发展的基础上进行改革，如初为赋（前348年）就与改革田制约略同时。这时秦又改变田亩的大小，以二百四十步为亩。汉武帝时，把这种大亩推广到全国。

《汉书·地理志下》说："孝公用商君，制辕田，开仟佰。"因为改变了爰田制，故必须把田亩改大。

这次变法内容，还有"平斗桶权衡丈尺"，统一度量衡的计算标准。变法后，行之四五年，秦益加富强，天子致胙于秦。

二、秦国生产的发达与国势的增强

商鞅变法促进了秦的富强。《史记·商君列传》"秦人富强,天子致胙于孝公,诸侯毕贺"(前343年)。但变法并没有使秦的社会发生什么质变,《战国策》载司马错与张仪论伐蜀,其中有一段话很可供我们参考。前330年秦打败魏国,魏的河西、少梁皆入于秦,此后,到前325年秦惠文君才称王改元,改元之后十年(前316年)伐蜀。

秦惠文王继承孝公之业,要决定发展方向,连衡派的张仪主张东进,但这样做秦的力量还不够,若伐蜀则东方诸侯可以不过问,故司马错说:"今王之地小民贫,故臣愿从事于易。"孝公死后二十多年,秦还是地小民贫,可见商鞅变法的作用不能估计过高。这一重大决策为惠文王所接受,司马错的说法必不是没有根据的。生产的发展是逐渐的,不能说变法后就有很快的发展。

蜀当时的生产力、组织武器等都不如秦国,由四川出土的武器看,主要是受秦、楚的影响,所以司马错说:"以秦攻之,譬如使豺狼逐群羊也。取其地足以广国也,得其财足以富民缮兵……故拔一国而天下不以为暴,利尽西海,诸侯不以为贪,是我一举而名实两附。"惠文王采用他的意见,决定伐蜀。《战国策·秦策一》"蜀既属,秦益强富厚轻诸侯"。这时也是秦国国力超过六国的开始。

秦占领四川,对统一中国的事业起了很大的作用。周开国时也是首先在西南方发展,如《左传》载巴是姬姓,武王伐纣时,参加的有庸蜀羌髳,这些都是西南的部族。后来汉高祖王汉中,巴蜀也是属他的。秦的统一中国,占有巴蜀是原因之一。秦灭蜀后,六国均势就失掉了平衡，秦的土地便大于其他六国中的任何一国，蜀地的生产又可用秦人的力量开发。秦的富强当然不能全归于商鞅变法。

商鞅变法是生产关系部分的改变，并没有改变社会性质。如加强公室，诸侯以下的贵族逐渐没落，平民有军功的也可以上升，即所谓"上首功"。《史记·范雎蔡泽列传》说：

> 夫商君为秦孝公明法令，禁奸本，尊爵必赏，有罪必罚，平权衡，正度量，调轻重，决裂阡陌，以静生民之业，而一其俗，劝民耕农利土，一室无二事，力田稸积，习战陈之事。是以兵动而地广，兵休而国富，故秦无敌于天下。

开阡陌是建立田界，决裂阡陌是后来发展所产生的现象。唐杜佑《通典·食货门》说商鞅"废井田，制阡陌，任其所耕，不限多少"，原注说是孝公十二年事。商鞅把一百步为亩改成二百四十步为亩，扩大耕地面积，鼓励多耕，但这只限于秦，《礼记·王制》上的"东亩"还是指东方的小亩。阡陌字在从前无所见，是秦国在商鞅变法后才有的。从前公社的田是公众的，大约人耕一百亩，没有田界，每三年要调整一次。有阡陌是私有的开始，决裂阡陌是每人所耕不止百亩，十人所耕不止千亩，突破了界限，这样就把原来每人耕种公社分田百亩的制度破坏了。

假使人耕百亩以上，扩大了耕地面积，势必要发展牛耕，东方不需要牛耕，因每人耕百亩限制了它，而秦则为牛耕提供了条件。《战国策·赵策一》载赵豹说："秦以牛田水通粮，其死士皆列之于上地，令严政行，不可与战。"牛田即牛耕田，水通粮即船运粮，亦即后代的漕运,漕运是生产发达的结果,自给自足的社会是不需要的。

秦的水通粮后来又用到军事上,《淮南子·人间训》:"使监禄无以转饷,又以卒凿渠而通粮道,以与越人战。"此即今之湘漓运河,这就是水通粮的注解。这在东方是看不到的,《孟子·梁惠王上》所载梁惠王解决饥荒的办法是"移民、移粟",既然要移民,可知粮食不能全靠运输。

秦的生产发展后,可以抽出更多的人力从事长期战争。《新唐书·突厥传》引杜佑之"商鞅佐秦,以为地利不尽,更以二百四十步为亩,百亩给一夫,又以秦地旷而人寡,晋地狭而人夥,诱三晋之人耕而优其田宅,复及子孙,使秦人应敌于外,非农与战不得入官,大率百人以五十人为农,五十人习战,故兵强国富。其后仕宦途多,末业日滋,今大率百人才十人为农,余皆习他技"。

秦能统一中国,是因生产发展,可抽出更多的人作战,又能以水运粮供给远征的士卒,其他国家则无此条件。农业民族生产若不发达,是不能建成大帝国的。游牧民族则生产虽落后,因可驱牧牛羊随处抢掠,故亦可建成大帝国,情况与此有所不同。

始皇四年曾规定"百姓内(纳)粟千石,拜爵一级"(《秦始皇本纪》)。若在公社中,每人耕地百亩,不可能有千石之积,这说明公社已经瓦解了。

秦统一之后,生产继续发展。泰山刻石"诸产得宜",琅琊刻石"皇帝之功,勤劳本事,上农除末,黔首是富……诸产繁殖",碣石刻石"男乐其畴,女修其业,事各有序,惠被诸产"。这说明秦对于生产是一贯注意的。

三、私有制进一步发展

私有制在商鞅变法前就有了，在贵族方面产生得早一些，诸侯有国，大夫有家，士有田，这些都是私有。生产愈发达，他们剥削得更多，私有也更多。贫富分化也很深刻，故统治集团私有制早已存在。

一般生产者是否有私有呢？他们的分田百亩是公有的，他们有使用权。早期的爰田是"三年一换土易居"（《汉书·地理志》注），《周礼》"三年大比则大均"（均平劳逸）。后来受田还田中间相隔的时期较长（三十受田，六十还田），形成父亲还田，儿子受田，就逐渐变成长期占有。受田要还田，说明土地还不能由自己处置，不能买卖，还不能完全私有，这在东方地区，直到西汉初年还是如此。但生产者有自己的私有经济，除交租外，产品归自己所有，至于生产工具的私有更无问题，私字的偏旁从 ϟ，即耒耜的耜，私有是从工具开始的。

在秦国的情况则不同，在开阡陌之后，田界固定，且耕地不限多少，能多耕的可以多耕，于是土地私有，自耕农出现。从前土地只有贵族私有，现在生产者自己也能私有，土地不再属于公社了。若公社存在，则牛田和纳粟拜爵都是不能想象的。《淮南子·氾论篇》"织者日以进，耕者日以退"，这是用耒耜耕种的现象，说明汉武帝时淮南地区还是不用牛耕田的。

最初秦地广人稀，因攻占六国的地方后，当地的人很多都逃跑了，秦国常常强迫迁人去填补，故任其所耕，不限多少，土地开始私有。到西汉初年，人口增加，生活安定，生产进一步发展，逐渐出现一些无地的人，《汉书·食货志》引董仲舒说："至秦则不然，用商鞅之法,改帝王之制,除井田,民得买卖,富者田连阡陌,贫者亡立锥之地。"井田是属于公社的,秦不一定行井田,因井田是可以年年耕种的田,只行之于东方低地。民得买卖是商鞅变法的结果,不是商鞅时代的事。秦的土地空旷,没有人需要买地,必须要贫富分化深刻,地少人多,公社长期崩溃后,才会有买卖土地的事,这需要较长时期的发展。《韩非子·外储说左上》"中牟(赵地,在今河南汤阴西)之人弃其田耘,卖宅圃",说明只有宅圃才属于私有,才需要买卖,田是分田不能买卖,只有弃之而去。至于《史记·廉颇蔺相如列传》说赵括"日视便利田宅可买者买之",这是贵族的事,人民是不需要买的。

私有制进一步发展是贵族没落,中央集权专制政体形成,贵族与平民都须有军功或生产好才能做官,贵族逐渐与平民一样,贵族没落以后,从前私有的土地也仍然保持,于是这时就有田连阡陌的豪民出现,倚恃其富厚的经济力量以役使平民。董仲舒说:"或耕豪民之田,见税什伍"(《汉书·食货志》),出现了有田与无田的对立情况。豪民是平民中分化出来的,必须平民能私有土地,才会有这种分化,这是商鞅奖励生产以后发展的结果。

《韩非子·诡使篇》"士卒之逃事状(藏)匿,附托有威之门(即豪民)以避徭役,而上不得者万数"。有威可能还有政治上的力量。秦汉以后,因生产发展,剥削加重,人民还要服役当兵,故很多人宁肯依附于有势力的人,逃避政府所加的繁重负担。贵族没落,私有制进一步发展,豪民出现,这是封建统治削弱的现象。集权专制减少了等级,人民直接属于最高统治者,这是与封建统治相对立的东西。

公社崩溃后,贫富日益悬殊,"故贫民常衣牛马之衣,而食犬飨之食"(董仲舒语)。从前公社存在时要互相救济,统治者也有时要拯济贫穷,不可能有债务奴隶,汉朝私有制发展,公社解体,从而债务奴隶才加多起来,这是公社崩溃以后的现象,在公社存在时,"出入相友,守望相助,疾病相扶持"(《孟子·滕文公章》),而统治阶级也要"施舍已责(债)"或"分贫振穷,长孤幼,养老疾"(见《左传》成公十八年及昭公十四年,又成公二年、襄公九年、昭公十二年及二十年都有类此的记载),债务奴隶是不可能存在的。古代中国社会从公有制向私有制过渡是非常迂缓的,不发达的奴隶制和债务奴隶的不存在,这都是秦代以前古代东方社会的特点。

参考资料

"试论周代田制及其社会性质"　徐中舒　见前

《史记·秦本纪》、《商君传》

【第十一讲】 先秦社会中所存在的家族公社和农村公社对于学术思想的关系

一、在阶级社会中的家族公社

家族公社是血缘关系的组织,它出现在以地缘关系为基础的农村公社之前。在阶级社会中,家族公社的残余仍被保留下来,一直到解放前还是存在的。解放前许多地方都有宗祠,有属于宗祠的祭田、房屋等公共财产,宗祠内有些民主制度,族长用家法统治族人。这种家族公社残余也就是所谓宗法制度。但是,在周代的宗法,也只有统治阶级里才有,平民是没有宗法的。

从西周开始就有宗法制度,这可能在殷代末期的奴隶社会产生出来而周族统治者就从商族那里仿效的。百姓是根据血缘关系组织起来的,这是属于统治阶级的组织。与百姓对称的万民或黎民他们都是被统治阶级。百姓是贵族,蔡邕《独断》说"百乘之家曰百姓",这至少是大夫以上的阶层。《国语》韦昭注"百姓即百官",《荀子·王制篇》称为"百宗",因为百姓才有宗法,所以又称为百宗。这都是统治集团的组织。

古书中常见的父兄、子弟的关系,就存在着宗法的限制,不允许以个人为单位的行动。《论语·先进》"子路曰:'闻斯行诸?'子曰:'有父兄在。'"就是说子弟只能继承父兄的职业,父兄在,子弟是不能自主的,要"有事弟子服其劳"。这些都是父系家族公社的现象。

由姓到宗是一个发展。"姓"解释作"生",《左传》昭四年叔孙豹对从前他"所宿庚宗之妇人","问其姓",那妇人回答的是"余子长矣",注谓"问有子否;问其姓,女生曰姓,姓谓子也"。可见"问其姓"就是问她所生的孩子,姓就是出生的血缘关系。这种出生的血缘关系最初是以母系计算,后来发展到以男系为计算标准时就出现了"宗"。"宗"甲骨文作"㊂",就是祭祀祖先的庙主,是以男系计算血缘关系的。因此姓和宗的区别:姓是母系血缘关系,发展到以父系计算血缘关系后还包括了父系的血缘,而宗则完全是父系的血缘关系。"百姓"就是包括母系和父系的血缘关系。甲骨文有"㊂多子口(饗)","㊂多生饗"(甲编380),生在母系转到父系之后就称为"甥"了,子也就由泛称的小孩子而变为具有父之子的含义了;这片甲文多子和多生并列,就是说父系的多子族与母系的多生族共同构成商王朝的宗族和姻族两大支柱,这就是商王朝中的"百姓"。

【第十一讲】 先秦社会中所存在的家族公社和农村公社对于学术思想的关系

一直到春秋时期，还很明显地看出利用父系和母系的血缘关系作为统治者最可靠的支柱的情况。

《左传》襄二十六年声子说"虽楚有材，晋实用之"，楚令尹子木对这种说法发生怀疑，因而问道"夫（晋）独无族姻乎"。子木认为国家的统治人才岂有不从"族姻"（《国语·楚语上》作"公族甥舅"）中选拔的道理，晋国没有这样做难道是没有这些人吗？公族是同姓是父系血统，甥舅是婚姻关系是母系血缘，子木的怀疑正反映了由父系与母系血缘关系构成的百姓，是楚国的统治支柱。

《左传》僖二十五年襄王赐阳樊于晋，"阳樊不服，围之。仓葛呼曰：'……此谁非王之亲姻，其俘之也（耶）？'"亲是父系血缘，姻是母系血缘，在《国语·晋语四》作"皆王之父兄甥舅也"，父兄甥舅就是阳樊的"百姓"，阳樊的统治集团。

《左传》襄十年"瑕禽曰：'昔平王东迁，吾七姓从王，牲用备具，王赖之，而赐之骍旄之盟，曰：世世无失职。'"这七个姓不一定是不同姓的，按毛传讲凡同姓是同祖的，周以后百世不迁就有了固定的姓。但这以前姓是不能当作男系的姓，周初开国时同姓就是包括父系和母系的血缘关系的贵族，他们同样是王室的统治支柱。《毛公鼎》载王命毛公："以廼族干（扞）吾（敔）王身。"王的卫士称为公族，他们都属于百姓系统，所以王命毛公带领他们保卫王身，他们与王室利益是一致的。《左传》文七年，"宋成公卒。……昭公将去群公子，乐豫曰：'不可。公族，公室之枝叶也，若去之则本根无所庇荫矣。'"这也证明公族（百姓）是统治的支柱。

关于公族的组织，《周礼·大司徒》讲是"五家为比，五比为闾，四闾为族，五族为党，五党为州，五州为乡"。四闾为族，族是以百家为单位，族与党保存的家族公社关系是较多的，而州和乡便是地缘组织了,是家族公社与农村公社两种交错形态,这就像后世农村中土地庙和祠堂两者并存一样。

根据《左传》的材料来看,族党应是家族公社的组织。《左传》襄二十三年,"晋人克栾盈于曲沃,尽杀栾氏之族党";《荀子·强国篇》"无僇乎族党,而抑卑其后世";如果族党不是血缘关系的家族公社,决不会因一人有罪全族党都受牵连的。古代诛三族是指父兄昆弟、己昆弟、子昆弟这三方面的血缘关系者。因此才会有《黼鞞》所反映的"黼保其身"、"保虡兄弟"、"保虡子侄"的思想。子侄就是在小宗之内的儿子的同辈兄弟,有祸他们要和自己的儿子一样都要受牵连的。当时的人们在保存自己之后还要进一步求得保存族党,所以《左传》文十六年"(宋)公孙寿辞司城,请使意诸(其子)为之"。他痛感到"君无道吾官近,俱及焉,弃官则族无所庇"的矛盾,只有采取这个办法将来有事只不过"虽亡子犹不亡族",损失要小些的;这充分反映了家族公社中祸福与共的精神。

统治阶级血缘关系的组织虽然严密,但积久之后它必然要发展为地缘关系。如《左传》哀元年"陈人从田,无田从党",就是说有田(有田即有产者,他们已脱离公社),则从地缘关系的村社,无田则从血缘关系的族党。

不但春秋晚期如此,早在商朝末期就已经利用这类组织为其统治工具。《左传》定四年"分鲁公以殷民六族……使帅其宗氏,辑其分族,将其类丑……"(宗氏是属于男系的,分族是同祖与曾祖的兄弟,类丑是有地缘关系的类众),就反映了殷族的族属情况。这也就是《尚书·酒诰》所称"百姓里居(君)",或者《逸周书·商誓》中"百官里居"的"组织"。

正因为百姓是统治者所依靠的支柱,所以统治者要予以特殊

【第十一讲】 先秦社会中所存在的家族公社和农村公社对于学术思想的关系

对待的,如《左传》襄三十年"郑伯及其大夫盟于大宫,盟国人于师之梁之外",郑国大夫都是同姓贵族,是有血缘关系的,是亲者;国人只不过是地缘关系,是疏者,郑伯的分别对待也就是反映了乡(地缘)与党(血缘)的不同。

乡与党虽有区别,但是因为这是行政的基本单位,所以人们的社会活动、道德伦理观念的形成都离不开乡党的关系。《论语·子路篇》"子贡问曰:'何如斯可谓之士矣……'曰:'宗族称孝焉,乡党称弟焉。'"(弟即叙齿,是兄弟辈的伦理道德);《孟子·公孙丑下》:"天下有达尊三:爵一、齿一、德一。朝廷莫如爵,乡党莫如齿,辅世长民莫如德。"乡党既然是这样重视伦理道德的培养,所以《论语·子张篇》"卫公孙朝问于子贡曰:'仲尼焉学?'子贡曰:'文武之道未坠于地,在人。贤者识其大者,不贤者识其小者,莫不有文武之道焉。夫子焉不学,而亦何常师之有!'" 子贡所说的未坠于地者就是指的乡党组织与传统仍然存在,孔子生活在乡党里就熏陶渐染学到了"文武之道"。

二、农村公社

"社"字从土,甲文作" ",金文作" ",就是地上的土堆,也叫做"封"。封字甲文作" ",和甲文的邦字作" "都是像地上植木作为界标。卜辞有"贞煮于土",从前有人说土是相土,现在看来土也许就是社,是祭祀的社神。卜辞又有"贞勿 (求也)年于 (邦)土",邦土应当是邦社,邦社是国社,也就是大社(泰社)。和大社相对称另一卜辞上的坐应当就是小社。大社是天子的宗社。

祭土和求年可以看做是农业发达的象征。古代只称社,后来把五谷之长的稷也加在一起就有了社稷的连称,这更可看出社与农业的关系是很密切的。

社是地缘关系的组织。《书·召诰》"乃社于新邑,牛一、羊一、豕一",这就是作洛之后,在社举行的祭祀。社里的居民是以地缘关系结合起来的,有里君统率他们。

在《周礼》上是把统治集团的人称为乡人,而被统治集团是遂人。《周礼·遂人》:"五家为邻,五邻为里,四里为酂,五酂为鄙,五鄙为县,五县为遂。" 这种组织是没有族、党等的称号,说明遂和乡不同的地方就在于遂是没有血缘关系的。遂下的基层单位里中所住的人,大概都是一夫一妻的小家庭,也就是所谓的"匹夫匹妇"。《白虎通·爵篇》"庶人称匹夫者,匹偶也。与其妻为偶,一夫一妻成一室"。里的组织就是中国早期出现的农村公社,社统率于里君,《论语》中的封人可能就是里君。

一夫一妻小家庭的出现,也说明他们已经有了私有财产了。他们有自己的生产工具,有家庭,在高地他们享有换土易居的爰田,在低地有井田。井田是八家共井,余子也要分田,一夫一妇受田百亩。他们进行以农业与手工业(纺织)相结合的生产劳动,因为一夫一妻受田百亩,一个有劳动力的男子(夫)必须和另一夫合力进行耦耕。孟子说到"出入相友,守望相助,疾病相扶持",这是这种农村公社的现象。

春秋末期以及战国时期有书社,是二十五家为社。这也就是乡人组织的间或遂人组织的里。所以称为书社是因为书就是"书于版籍",是类似户口登记而来的。

古代的社的范围要大些,它是以地缘关系的部落为组织单位。部,是小的住地;落和略、络、格都是周围有所包的意思。部落

【第十一讲】 先秦社会中所存在的家族公社和农村公社对于学术思想的关系

就是有山川、林木等和外面隔绝往来的小国寡民。《后汉书·涉传》:"其俗重山川,山川各有部界,不得妄相干涉。"他们共同住在这地区,有其地祇,不容外人侵犯,是一个自给自足的独立单位。这就是原始的部落,相当于甲文的"邦社"。《礼记·祭法》:"王为群姓(百姓、贵族)立社曰大社,王自为立社曰王社。诸侯为百姓立社曰国社,诸侯自为立社曰侯社。"这乃是统治阶级的社。被统治阶级也有社,《左传》记载鲁国有周社和亳社,周社是鲁国统治阶级的社,亳社是殷社或称胜国之社。这些社看来范围都是较大的,后来由于农业生产的发展,人们对土地的尊重;由于经过长久的年代之后血缘关系的逐渐疏远淡薄,于是家族公社便被地缘关系的农村公社所代替了。当然,农村公社的出现,也是和管理公田的需要,和为了进行耦耕而组织劳动力的需要分不开的(因为农村公社是以一夫一妻为组织单位,只有一个劳动力必须与人耦耕)。

周灭商以后夺去了公社的公地,到春秋末各国兼并不能存亡继绝之后,血缘关系更加疏远;再加上战争频繁,统治者为了组织人民参加军队,为了加紧搜刮,便把从前的闾里变成为书社。郑子产治郑的"庐井有伍"就是这种变革,而齐国的变革可能更早一些,《左传》昭二十五年鲁昭公逃于郓的时候"公孙(逊)于齐……齐侯曰:'自莒疆以西请致千社……'";《左传》哀十五年齐"与卫地……书社五百",社在春秋早期只有较大的社,而没有二十五家的社,现在竟以千计可知其不是短期发展的情况。书社的组织到战国时更加普遍了,《管子》、《商君书》、《韩非子》、《墨子》等书中都讲到书社。书社的普遍出现没有闾里之分了,也标志着贵族与平民的界限的逐渐消除了。

但是家族公社一直是存在于农村公社之中。战国以后由于生产力的发展,耦耕的减少,农业生产又适宜于家族的组织;由于统治阶级的家族组织仍然存在,被统治阶级上升的富豪也形成了家族公社;由于扩大兵源,一夫一妻小家庭服兵役后生产生活问题的不好解决,而必须适当地保存家族组织(如《司马法》的"屋三为井,井十为通。通为匹马,三十家,士一人"),所以在农村公社中家族公社的组织仍能被保存下来,一直继续到解放之前。

战国时期的"百家争鸣"就是这两种社会所反映的意识形态。

三、儒家学派

儒家学派以孔、孟、荀为代表。孔子、孟子都是没落的贵族。孔子是宋国贵族孔嘉父之后,其子孙以孔为氏,孔防叔被逼逃奔到鲁。孔子的父亲郰叔纥是个力士,《左传》襄十七年记载他曾"帅甲三百,宵犯齐师",说明他的地位比士还高。孔子是从乡党中成长起来的,他幼孤、贫贱,"故多能鄙事",曾经作过"委吏(会计)、乘田(管牧畜的)"。为了适应统治阶级的需要,孔子在乡党的生活环境中又学会了为统治阶级的相礼人。从前这些都是巫祝的事情,但是文士为了适应统治阶级的需要,也必须逐渐接近这些文化。由于孔子在生活实践中肯虚心认真("入太庙,每事问","夫子温良恭俭让以得之")地学习,由于他在教学中努力提高,因而孔子积累了极为丰富而又切合实际的知识。

儒家的来源可能同巫术有关,儒字从需,需字所从的而字(而)像人形,上边从的雨像巫者在人头上洒的水,甲骨文作 也像人受洗之形,因此需字不一定是含有柔软的意思。

士阶层为谋得生活必须为统治阶级服务,《孟子·滕文公下》说孔子"三月无君则皇皇如也",这个君不一定是指天子或诸侯,

【第十一讲】 先秦社会中所存在的家族公社和农村公社对于学术思想的关系

乃指等级制中发生君臣关系的君;士是要靠君生活的,没有君也就是无所属,便不能生活下去,因此士"三月无君则吊"。这也是封建等级制的很好说明。孔子为了有所属,他不能不到处奔走谋求;他在失掉了司寇之职以后,曾经到过卫、曹、宋、陈、蔡、齐、楚(叶)等国。孔子出身的乡党是家族公社,而他所游历的这些地方多数都还保留着原始的农村公社的特点,因此他吸收了这两种社会的优点,构成了一种进步的完整的适应封建统治的思想体系。

孔子的思想是从家族公社的实际出发,最后达到原始公社的理想境地。他梦想社会回到西周时代,因此他对"久矣!吾不复梦见周公"深为感叹,他以继承文王的事业为己任,他说:"文王既殁,文不在兹乎?"他以恢复西周的政绩为己任。

孔子最注重的是"礼"。礼制本是统治阶级内部的东西,它包括典章制度、风俗习惯、人与人间的交往、等级制等等。礼之中最重要的是等级制。为了保持等级的尊严,孔子强调必须正名。他对不守等级名分而越礼的事非常痛恨,季氏的"八佾舞于庭"、"旅于泰山",以及"三家者以雍彻"等等事件,他感到这是"是可忍,孰不可忍"的。正名在孔子看来就是"君君、臣臣、父父、子子",但是这在当时很难行得通。例如子路在卫国做官问孔子如果卫用夫子为政应当怎么办?他答道"必也正名乎";但实际当时的卫君之父蒯聩已经逃到外边十四年还没得回国,如果按孔子的正名执行下去,就应当让蒯聩回国为君,这在当时岂不是妄想。因此他对于等级的紊乱评论是"天下有道,则礼乐征伐自天子出。天下无道,则礼乐征伐自诸侯出。自诸侯出,盖十世希不失矣。自大夫出,五世希不失矣。陪臣执国命,三世希不失矣。天下有道,则政不在大夫。天下有道,则庶人不议"。孔子这些主张都是从"文武之道未坠于地"的乡党基础出发的。

礼之外孔子就要注重孝弟。孝弟完全是家族公社的东西,这是等级制的保证,这是"人之本"。因为"其为人也孝弟,而好犯上者鲜矣",所以必须提倡"入则孝,出则弟"。孝是家长制的家庭中孝顺父母、子承父业、行三年之丧;弟是分别长幼的乡党序齿,是从家族公社到地缘关系的道德行为。

孔子吸取了公社民主制的优点,提出了"仁"。他讲的仁是包括各方面的美德,爱人是仁,两人相处互让互敬也是仁,有勇是仁,"克己复礼"也是仁。总括孔子论仁必须包括许多美德,是一种完美的理想境界,但是把某一件事作得极好,也可以算作仁,如他称赞管仲相齐桓公九合诸侯不以兵车见"如其仁,如其仁"。但是仁并不是超阶级的,他说"人而不仁如礼何?""人而不仁如乐何?"都是等级范围内的仁。

孟子。孟子是邹人,是鲁国三家中的孟孙氏之后,也是生长于家族公社中。他小时候就曾学习礼乐,受业于孔子孙子子思之门。他学成后,到处干世君,游说诸侯,因为士总是要仕的,故要求君。他到过战国时的学术中心——齐国的稷下,也到过魏国。他所处的环境与孔子差不多,生于乡党,而游说之地俱在农村公社还未破坏的低地冲积平原,家族公社与农村公社对他的学说都有影响。

孟子强调阶级,他说:"劳心者治人,劳力者治于人。"(《滕文公上》)"有大人(统治者)之事,有小人(生产者)之事。"(同上)阶级显然。但他不强调等级,因当时各国多"任贤使能",贵族没落,统治集团与被统治集团的区别渐消失,公室权力加强,中间的等级削弱了。

【第十一讲】 先秦社会中所存在的家族公社和农村公社对于学术思想的关系

当时公社的残余还是存在的,何以知道呢?《孟子·梁惠王上》说:"无恒产而有恒心者,惟士为能。若民,则无恒产,因无恒心。"这说明脱离公社的渐多,特别是士。他主张"明君制民之产(即分田),必使仰足以事父母,俯足以畜妻子",说明公社的规模还存在。他提出仁政,内容是"五亩之宅,树之以桑,五十者可以衣帛矣。鸡豚狗彘之畜,无失其时,七十者可以食肉矣。百亩之田,勿夺其时,八口之家可以无饥矣。谨庠序之教,申之以孝弟之义,斑白者不负戴于道路矣。"(同上)每家有五亩之宅,百亩之田,养老、斑白不提挈,这都是公社中的现象。

孟子所提到的仁政,是根据公社民主制对统治者加以裁制,使之不要过多的剥削。他谈到当时的人民"有布缕之征,粟米之征,力役之征",只能用其一,"用其二而民有殍,用其三而父子离"(《尽心下》)。他主张使民要以时。他又根据公社中的情况提倡"民为贵,社稷次之,君为轻"(《尽心下》)。他说国君用贤、去不可、杀人,都须要依据国人的意见(《梁惠王下》),又说贤者应当"与民偕乐"(《梁惠王上》),都渊源于公社民主制,虽两种公社俱有民主制存乎其中,但孟子生长于家族公社,故他偏于为统治者说话。

孟子也周游列国,游说当时的人君,他"后车数十乘,从者数百人,以传食于诸侯"(《滕文公下》)。他晚年名气很大,诸侯到处都欢迎他,他是服务于统治者的。

孟子把"仁"引申为"仁义",使仁完全变成唯心主义的学说。他说"万物皆备于我"(《尽心上》),主张性善,说人生下来本来就好,具有"良知良能"(《尽心上》),不必外求,他把仁扩大来扩出一切,这些都是唯心主义的表现。

孟子所说的义,即是宜,凡名分、伦理等现存的东西都要维持。他反对利(指物质的东西),梁惠王问何以利吾国?孟子说"王亦曰仁义而已矣!何必曰利"(《梁惠王上》)。他认为说利则人皆怀诈以相见,是不好的。

他讲仁义是为了"君"、"父",他说:"未有仁而遗其亲者也,未有义而后其君者也。"(同上)这乃是代表家族公社的看法。

荀子。荀子的出身不很清楚,荀亦作孙;或即公孙王孙之省,可能也是没落的贵族。他是赵人,李斯、韩非都是他的学生。他已看到秦有统一中国的迹象。《史记·孟子荀卿列传》说他"年五十始来游学于齐",《风俗通义·穷通篇》则说他十五游学,当时齐稷下的学风很盛,齐威王、宣王聚集天下贤士,尊宠他们,各方面的学者都在那里。齐襄王时,荀卿最为老师,曾三为祭酒,齐人或谗之,他遂去齐到楚,楚相春申君用他为兰陵令。

荀卿时统治集团中的等级差别已经消失了,他是北方的学者,但他与孟子相反,他的唯物主义思想占居主导地位。孟子主张性善,他主张性恶。他说人的目欲视好色,耳欲听好声,需要加以节制,好的品质是从后天教育来的。按性善性恶当从阶级观点加以考察,孟荀的说法都未把握到这个问题的本质。

孟子主张法先王,他主张法后王。他认为后王的典章制度都很清楚,可以遵循。

荀子认为心是物质的东西。《解蔽篇》说心因为"虚壹而静",才能够懂得"道"。又说心是"形之君也,而神明之主也",人要靠眼看、耳听之后,心才能加以综合。

荀子不讲仁义而讲礼法。《王霸篇》说:"人主者,以官人为能者也。……是百王之所同也,而礼法之大分也。"《劝学篇》说:"礼者法之大分,类之纲纪也。"《富国篇》说:"上以法取焉,而下以礼节用之。"荀子所说的礼,包括习惯、教育、好的环境等,法指制度。他主张先礼后法,教育不能达到目的然后才用法裁制。

荀子虽讲法,但与法家不同。《君道篇》说:"有治人无治法。"认为只要人好就行了,法家所强调的是法,与此是相反的。儒家不大讲法,荀子讲法是为了适应当时贵族没落,公社接近崩溃的社会环境,这时最高统治者是唯一的,一定需要法,封建统治强的时候,对人民可以任意处置,封建统治削弱了,没有法是不行的。

荀子的认识论从自然出发,对自然现象有比较进步的看法。《天论篇》说:"天行有常,不为尧存,不为桀亡。"他知道自然现象是有规律的。又说:"星坠、木鸣……是天地之变,阴阳之化,物之罕至者也。怪之,可也;而畏之,非也。"从前认为这是人君失德所致,是灾异,他认为只不过是自然特殊的变化,用不着害怕。他主张征服自然。他说:"大天而思之,孰与物畜而制之!从天而颂之,孰与制天命而用之!"天指自然。米丘林说"我们不能坐待自然界的恩赐,要向自然界索取,这是我们的任务。"可以借来理解荀子此处所说的几句话。

荀子讲名实,认为名是客观事物的反映,一定要与客观事物符合。他在《正名篇》中说:"制名以指实,上以明贵贱,下以辨同异。""约定俗成谓之宜,异于约则谓之不宜。"都带有显明的阶级色彩。

荀子反对迷信,非相,反对命定,这些都属于唯物主义思想的范畴。

四、老庄学派

老庄学派产生于南方,南方指鲁国以南的泗上,以及淮河流域低地区，包括陈、蔡、宋、楚等，与北方学者是对立的。北方学者尊崇周公，以家族公社为出发点，主张封建等级制。南方服膺神农之学，无一人脱离生产，自给自足，与人无争。非战的都出于宋国以南。南方生产不发达，公社成分保存得多，阶级意识不大显著。《墨子·鲁问篇》："鲁之南鄙人有吴虑者，冬陶夏耕，自比于舜。"此即野人在农村公社的生活情况。相传舜最初耕稼陶渔，后被选为领袖，故吴虑以之自比。

南方学者中有宋钘、尹文，主张"人我之养，毕足而止"（《庄子·天下篇》）。"人之情欲寡"（《荀子·非十二子篇》）。当时淮河流域的人民生活比较简单，容易满足，村公社的管理又很有秩序，有时间去思考，故可以产生这种哲学。在村公社中人人都有职业，生活都有适当的安排，如盲者作乐，跛者看门等，表现在被统治的村公社中的自治力。老子说："小国寡民，使有什伯之器而不用，使民重死而不远徙。"（《老子·八十章》）《庄子·天地篇》记汉阴老人凿隧入井，抱瓮出灌，不用桔槔。说明他们都反对生产技术的进步和物质的改良，这正是村公社简朴生活的反映。

南方的这些学说，多半与宋国有关。宋国是商朝的后代，商失败以后，他们把文化带到了宋国，在此环境中，因宋国长期不振，农村公社也未破坏，阶级意识不发达，文化可以得传播。孔子说："南人有言曰：'人而无恒，不可以作巫医。'"（《论语·子路篇》）《礼记·缁衣》："人而无恒，不可以为卜筮。"巫卜是商朝的知识分子，可见由宋国带到南方来的这类人很多。有巫求就有文字，就要观察自然现象。《庄子·天下篇》："南方有倚人焉，曰黄缭，问天地所以不坠不陷，风雨雷霆之故。"南方有较多的思考时间，故令产生这些思想。

【第十一讲】 先秦社会中所存在的家族公社和农村公社对于学术思想的关系

《礼记·中庸篇》:"子路问强。子曰:'……宽柔以教,不报无道,南方之强也。……衽金革,死而不厌,北方之强也。'"这是南北两方面社会的反映。南方人的需要很少,容易满足,对物质是轻视的,故产生许多唯心主义的思想家,最显著的就是老庄学派。

庄子是宋国蒙城人,他与惠施有很好的友谊,时常与之辩难。庄子生活的年代较孟子稍后,读书很多(跟巫学的)。现存的《庄子》书分为内外篇和杂篇,内篇是庄子的中心思想;外、杂篇是发明内篇的,其中有汉人的作品。

庄子的思想虽属于唯心主义的范畴,但他打破了迷信色彩。他反对人为,要求复返自然。他在《天下篇》中自己称赞其学术是:"独与天地精神往来,而不敖倪于万物,不谴是非,以与世俗处。"敖倪有追求、执著、引诱之意。不谴是非是认为是非是相对的、两行的,没有绝对真理。与世俗处,言其随俗和同。他下边又说他"上与造物者游,而下与外死生、无终始者为友。"

《庄子·逍遥游》说:"至人无己,神人无功,圣人无名。"他说生和死都是偶然的,生不可喜,死不可悲,便也不必自己戕贼。"常因自然而不益生"(《德充符》)。他认为有用和无用都不好,要处于有用无用之间。他说:"山木,自寇也;膏火,自煎也。"(《人世间》)他主张无用之用,可以逍遥自得。他讲虚不讲实。他认为道无所不在,《知北游篇》载:

> 东郭子问于庄子曰:"所谓道,恶乎在?"庄子曰:"无所不在。"东郭子曰:"期而后可。"庄子曰:"在蝼蚁。"曰:"何其下邪?"曰:"在稊稗。"曰:"何其愈下邪?"曰:"在瓦甓。"曰:"何其愈甚邪?"曰:"在尿溺。"东郭子不应。

庄子的学说是反抗阶级社会的,"其学无所不窥",不怕天地的变化,对自然现象看得很清楚,对自然有许多透辟的观察。

庄子的思想是综合性的,在其前如《论语》中提到有些隐士,讽刺孔子栖之皇之的求君;又有的学者主张清心寡欲,贵生、养生,这些都是庄子的前驱,下面择要加以论述。

杨朱。他是宋人,孟子说他"拔一毛而利天下不为也"(《尽心上》),这是养生说发展的极端。《列子·杨朱篇》是假的,其中表现的是魏晋人的达观放纵思想,不能拿来作为分析杨朱思想的材料。

杨朱主张"为我"、"贵生"、"贵己"。《淮南子·氾论篇》:"全性保真,不以物累形,杨子之所立也,而孟子非之。"《孟子·滕文公下》:"杨氏为我,是无君也。"君指等级制下君臣的君,因为士一定要依托于统治者中的某一个人,故孟子这样说。《荀子·王霸篇》说杨朱哭歧路,怕的是"过举蹞步,而觉跌千里"。言其很拘谨。庄子进一步主张去己,以为生不足爱,死不足忧,是杨朱学说反面的发展。

《吕氏春秋》中有一些养生学家的理论,如"本生"、"重己"、"贵生"、"情欲"等篇,其中保存了杨朱学说的一部分。

此外有宋钘、尹文、田骈、慎到,主张非攻,情欲寡浅,都是庄子的先驱。

下面谈谈老子。《史记》有《老子韩非列传》,讲到老子的时代和世系都非常不肯定。相传孔子问礼于老聃。《史记》又说孔子死后百廿九年,周太史儋见秦献公,或说儋即老子,或以为非。又说老子是隐君子(不是太史)。老子之子名宗,宗为魏将,封于段干,

【第十一讲】 先秦社会中所存在的家族公社和农村公社对于学术思想的关系

姚范认为可能就是《国策》提到的段干崇。《史记》说段干崇的第五代孙仕于汉文帝。总之,《史记》讲老子事迹,惝恍迷离,不能知其究竟。

老子的学说是反抗阶级社会的,不能产生于北方。相传老子是苦县厉乡人。苦县原属于陈国,陈在春秋后为楚所灭。或说苦县在宋国,宋有司马老佐,有老氏。《庄子·天运篇》说:"孔子……南之沛见老聃。"老聃称孔子为北方之贤者。《庄子·寓言篇》说:"阳子居南之沛,老子西游于秦……至于梁而遇老子。"沛是宋地,说老子在陈或宋俱可,总之是生长于和平的农村公社中,与北方的关系很少。老子学说就反映了这种情况。

老子的学说盛行于汉初,可能《老子》书的结集即在那时,书中有些学说是继承其先行者的,决不能早于孔子,必先有宋钘、尹文、彭蒙、慎到的学说,才会产生老子的学说。

《老子》说:"大道废,有仁义。"(第十八章)"绝仁弃义,民复孝慈。"(第十九章)反对阶级社会的道德标准。这种说法不能早于孔子,甚至在孟子之后。孔子只讲仁,不讲义,《论语》中讲仁的地方有几十处,从未有以仁义二字对称的。仁义对举始于《孟子》,老子接触到孟子的学说,因而反对之。

老子主张弃知去己,反对贵生,他提出"绝圣去智"(第十九章),"绝学无忧"(第二十章),这是弃知。"吾所以有大患者,为吾有身;及吾无身,吾有何患?"(第十三章)"外其身而身存"(第七章)。这是去己。又说:"不尚贤,使民不争。"(第三章)这些主张都来自慎到。《庄子·天下篇》说:"慎到弃知去己而缘不得已,冷汰于物以为道理。曰:'知不知,将薄知而后邻伤之者也。'謑髁无任,而笑天下之尚贤也。"

《老子》书中又包含了彭蒙、田骈的"不教"的意见。如像"处无为之事,行不言之教"(第二章)。而《庄子·天下篇》说:"田骈……学于彭蒙,得不教焉。"此认为言语的表达力是有限的,故《老子》说:"不言之教,无为之益,天下希及之。"(第四十三章)

《老子》反对辩者,他说:"善者不辩,辩者不善。"(第八十一章)他反对法,他说:"法令滋章,盗贼多有。"(第五十七章)

老子的中心思想是"贵柔"(《吕氏春秋·不二篇》),"不敢为天下先"(第六十七章),他说:"柔弱者生之徒"(第七十六章),又主张"小国寡民。使有什伯之器而不用,使民重死而不远徙。虽有舟舆,无所乘之;虽有甲兵,无所陈之。……甘其食,美其服,安其居,乐其俗。邻国相望,鸡犬之声相闻,民至老死不相往来。"(第八十章)这是农村公社生活的反映。他反对战争,反对统治,主张无为而治,他所持的是不抵抗的态度。他说:"我有三宝,持而保之:一曰慈,二曰俭,三曰不敢为天下先。"(第六十七章)老子的学说是从阶级分化不显著的农村公社出发,认为身比天下重,反对治天下。他说:"吾所以有大患者,为吾有身。……故贵以(其)身为天下,若可寄天下。爱以身为天下,若可托天下。"(第十三章)这是贵生学说的引申。

《老子》学说有朴素的唯物主义的色彩,也有一些辩证法的因素。他认为多少、高下、前后、贵贱、坚柔、难易、正反都是相对的,他谈到有无相生、正言若反,看到事物矛盾对立的两个方面。他认为对立的两方是循环的,最后归结到"道"、"太一",他把道看成是物质的东西,他形容"太一"是绝对的。道与德对立,道是本质,德是作用。

老子学说的基础是宋钘、尹文的少思寡欲,不追求物质,反对社会进步,这对社会是有害的。《老子》书包括一些兵法、阴谋的因素,老子学说后来成为中国社会的一种处世哲学,这些都是老子思想中消极的一面。

五、墨家学派

墨子或说是宋人,或说是鲁人。孙诒让在《墨子间诂》所附的传略中,考证出他是鲁南人,接近宋国。他出身是工匠,会制造能载五十石重的车辖,善守御。《墨子·贵义篇》记越王派人到鲁迎接他,他可能是鲁人。《吕氏春秋·爱类篇》说他见楚王时,自称"臣北方之鄙人也",鄙人即野人,说明他不出身于家族公社,而出身于农村公社。《韩非子》载他作木鸢飞天,弟称赞他巧,他说:"不如为车輗者巧也,用咫尺之木,不费一朝之事,而引三十石之重。"又《墨子》有《备城门篇》,是专门讲守御的。《淮南子·要略篇》说他曾"学儒者之业,受孔子之术,以为其礼烦扰而不说,厚葬靡财而贫民,服伤生而害事,故背周道而用夏政"。也就是说他反对从家族公社出发的文、武、周公之道,而用农村公社的"夏政"。

他反对儒家所讲的礼(见《非儒篇》)和命(见《非命篇》),主张节葬非攻。非攻学说产生于争霸之后,春秋时,宋国曾主持了两次弭兵之会。墨子处在春秋战国之际,战争比从前更厉害,故他主张非攻。

墨子在积极方面,主张兼相爱、交相利,爱无等差;又谓凡合乎万民之利的就是义。他受儒家影响主张尚贤(见《尚贤篇》)和教育(见《当染篇》),他从农村公社出发,认为人都是平等的,故主张博爱。他主张明鬼,有宗教色彩,可能是从南方的巫教出来的;他所说的"天鬼"相当于西洋的"上帝"。

墨子与主张"禁攻寝兵"的宋钘(轻)是一致的,但他不是不抵抗,而是要讲求守御之术。他自称为"钜子",即教主,其弟子俱可使赴火蹈刃,救人之急,或说后世的侠客就是由此发展而来。

墨子反对儒家的"述而不作",以为如舟车等是古之所无,如只是述而不作,则好的东西就永远不能产生。这是进步的看法。他自己"墨突不黔",以为大众服务。他又认为生产满足不了人的需要,主张"节用"。

墨子的主张是农村公社生活的反映。他用"夏政",他所尊崇的是禹。禹是南方农村公社崇拜的对象,认为他牺牲自己治平洪水,是为人民谋利益的榜样。

墨家的支派有"别墨",《庄子·天下篇》称之为南方之墨者,以坚白同异之说相尚。《墨子》书中有《经上》、《经说上》、《经下》、《经说下》以及《大取》、《小取》等篇,都是讲名辩之学(逻辑学)的。

惠施主张"去尊",泛爱万物,同时也有辩学色彩。凡辩学、天文学、阴阳学等都出于南方农村公社,村公社中生活简单,秩序安定,可以有较多的时间进行思维活动,考虑讨论一些不那么现实的问题。

附带谈一下阴阳学派。此派在汉初极盛,其代表人物是《史记·孟子荀卿列传》所举的齐人邹衍,他是贵族出身,可能是邹国的后代,他有大九州之说,又讲阴阳五行、五德终始;五德终始即统治阶级相传受的王统。他也讲天文历算之学。《盐铁论》说他的主张归于仁义,这是受了儒家的影响。

六、法家学派

法家的兴起是适应于贵族统治没落,需要与平民共同遵守成

【第十一讲】 先秦社会中所存在的家族公社和农村公社对于学术思想的关系

文的法律,法律的颁行是最高统治者与贵族争夺人民的手段。春秋时晋铸刑鼎,郑铸刑书、作竹刑;战国时秦用商鞅变法,公布法令于冀阙,这都表示社会在变化。成文法的公布使等级削弱,专制政体增强。

有法经从李悝起,他为魏文侯作尽地力之教,同时又有《法经》六篇之作(见《晋书·刑书志》)。《法经》的主要内容是一方面安定社会秩序,一方面提高最高统治者的权力。据说商鞅入秦曾把《法经》带去,汉代法令有些地方都还承袭着它。

韩非讲法是刑名法术的综合,刑即形即实;有法还要有术,令驾驭群臣;还要有势,可以支配别人。

法家完全是为统治者服务的,战国时候,宗法统治微弱,很多原属统治集团的贵族,已消融于作为农村公社的书社之中,所以法家要打倒贵族的等级制,刑不上大夫的局面不能再存在了。

儒家认为有治人无治法;法家相反,认为有治法无治人,只要法搞好了,天下就会治理得很好。《韩非子·用人篇》说:"释法术而心治,尧不能正一国。"

韩非主张人君掌握赏罚(即术),要一视同仁,不能以亲疏为差别,此和人人平等的农村公社有共同之点,故《史记》把老子和韩非放在一个列传中。

人君行赏罚需要赏必信、罚必果,"循名实而定是非",赏罚时要参验,务使"罚必当罪,赏必当功"。

韩非反对法古,认为最高统治者就是最好的,故有人说他是"废先王之道",这一点与荀子"法后王"的主张有相似之处。

申不害原为郑人,韩灭郑后他曾为韩相,他讲术。慎到讲势,《荀子·解蔽篇》说:"慎子蔽于法而不知贤。"势与位是相连的,《韩非·难势篇》引慎到语云:"贤人而诎于不肖者,则权轻位卑也;不肖而能服于贤者,则权重位尊也。"韩非主张要选用贤才,择能而使,认为法、术、势三者不能偏废其一。

后代的专制政体,名义上用儒家,而实质上是参合法家。法家主张中没有民主气息,专制权威的增强与法家是颇有关系的。

参考书临时指定

【第十二讲】《豳风》的研究

一、《豳风》的内容

《豳风》在《诗经》中是十五国风之一。豳是周部族早期的称号,周部族在迁于周原以前是称"豳",其后才称为"周"。《豳风》中曾经提到周公,如"周公东征,四国是皇",因此有人认为这是周初的诗,认为"七月"是"周公陈王业"的诗。这些看法都是不符合客观实际的;其实《豳风》乃是春秋时期鲁国的诗。

"风"就是音乐的调子,或者称为腔,是富于地方色彩的,这和今天称呼山西戏为梆子腔,称四川戏为川高腔,称西北戏为秦腔都是一样的。"豳风"就是豳地方的调子,这个调子到春秋时期被鲁国沿用时仍然称之为"豳风"。《礼记·明堂位》讲到鲁国太庙用豳乐有土鼓苇籥等。土鼓就是瓦缶,是关中地区使用的乐器,是豳乐特征。《左传》襄二十九年记载吴季札在鲁国观乐时评论豳风说:"美哉荡乎,乐而不淫,其周公之东乎?"这个周公之东就是说的周公之子伯禽封于鲁国的。鲁国封到东方把周乐带来,用豳地的调子和土鼓歌唱春秋时期鲁国的诗,就是《诗经》中的《豳风》,用外地的调子唱本地的诗,这样的例子古今是极多的。

根据豳诗中"周公东征",说这是西周时的诗是很靠不住的。"周公"并不是专指的周公旦,周公旦死后,他的子孙仍在王朝夹辅周室,世代都是周公的。至于附会《东山》的"自我不见,于今三年",说是周公东征三年的事也很牵强。因为在鲁僖公时还经常对徐淮夷(在鲁国东方)用兵,《鲁颂》的《閟宫》、《泮水》就是鲁向东方用兵的诗。可见"东征"并不一定是周公时的东征,因而《豳风》是不能说是周公时的诗。

还有人根据《尚书·金縢篇》,论证《豳风》中《鸱鸮》就是反映周公的事。但《金縢》的内容是神话传说,这更是不可靠的。

《豳风》共有七篇:七月、鸱鸮、东山、破斧、伐柯、九罭、狼跋。包括《豳风》在内的十五国风,大致都可以认为是东迁以后的诗。过去有人把《周南》、《召南》二诗认为是周公、召公分陕而治的诗,但诗里涉及的许多事迹,时代都没有那样早。把《何彼襛矣》"齐侯之子,平王之孙"的"平王",解释为"平正之王"就是文王,那是很难讲通的。"平王"就是周平王,这和《周颂》说"成王"就是周成王一样都是时王的称号,并不是死后的谥法,铜器铭文中这类例子是很多的。

【第十二讲】《豳风》的研究

诗与乐的分别就是：风是调子，也就是乐谱，诗是歌词。各地的乐都反映其不同色彩的土风，十五国风就是这些地方的乐歌。乐是可以观的，检阅乐队，听其奏唱就是观乐。现在的《诗经》是脱离乐谱的诗，是鲁国保存下来的，其中的《商颂》是后来加上的。《豳风》是用豳地的调子歌唱鲁国的诗，这和《邶风》、《鄘风》、《卫风》都是卫国的诗，《唐风》、《魏风》都是晋国的诗一样。

现在的《诗经》是鲁国乐工留存下来的底本，孔子删诗的说法是靠不住的。

二、《豳风》应为鲁诗

根据《豳风》的地理环境和历史背景可以看出它是鲁国的诗。

《豳风·七月》里讲到很多的蚕桑的事情："春日载阳，有鸣仓庚。女执懿筐，遵彼微行，爰求柔桑"；"蚕月条桑，取彼斧斨，以伐远扬，猗彼女桑"。豳地在泾水上游，远者应在甘肃庆阳，这些地方在今天还没有蚕桑，当时怎样能会有上述的繁荣情况呢？《禹贡》中的雍州是没有筐，也不贡丝，这说明今天的西北地区在《禹贡》成书的战国时代还没有蚕桑纺织迹象的，《史记·周本纪》说公刘是处于戎狄之间，《诗·笃公刘》说是过着"陶复陶穴"的生活，这更和《七月》诗中"八月载绩，载玄载黄"的发达的纺织情况以及"昼尔于茅，宵尔索綯"的房屋，《鸱鸮》有桑土绸缪之牖户不相符合。

但是古代的鲁国却是蚕桑纺织业最发达的地方。《禹贡》中的兖州就是鲁国所在的地区。这个地方最适宜于养蚕。关于兖州，《禹贡》说是"桑土既蚕"；《汉书·地理志》说"鲁地……地狭民众，颇有桑麻之业"；又说"齐地……织作冰纨绮绣纯丽之物，号为冠带衣履天下"，同书《贡禹传》载齐有三服官，这就是官立的三家大纺织厂,和清代在苏州设有织造是相似的。这些都说明齐、鲁地区的蚕桑纺织的发展是有悠久历史的。

齐、鲁地区一直到北宋时代还是蚕桑业最盛的地方,这在秦观著的《蚕书》中是可以看到的。他说自古以来,九州的蚕桑业就以兖州最盛。他曾经在济、河之间游历过,看到养蚕的都是事先就准备好,到时候就操作,有一家妇女不养蚕,人家就要骂他。他认为"兖人可以为蚕师"。他书中讲到养蚕方法和吴中不同的,都是得之于兖人。可见北宋时期山东的蚕桑业还不在苏州之下。苏州蚕桑业的发达是比较晚的,《禹贡》中的扬州是没有蚕桑的,三国时江南的锦缎还是要从四川学去,可能到六朝时期北人的南迁才使蚕桑业发展起来。所以应该说《诗经》中的蚕桑是在兖州而不是在雍州,是反映鲁地的情况,而不是反映豳地的情况。

《七月》诗中的农作物讲到有:黍、稷、菽、麦、稻等。黍、稷是在高地种植的耐旱作物,稻是低地的作物。雍州是高原地带,在古代不可能有稻,《周颂》中的稌,那是旱稻。《周礼·职方氏》说雍州是"其谷宜黍稷",而兖州是"其谷宜四种",郑注"四种黍稷稻麦"。可见《七月》诗中的农作物只能产于兖州,并不能产之于雍州;因而《豳风》也不应摆在雍州。

《豳风》中所反映的风俗习惯看来,男女界限是严密的。《孟子》所讲的男女授受不亲,婚嫁要有媒妁之言等的风俗习惯,都是东方文化的传统特点,而西方仰韶文化传统并不这样严密。然而在《豳风·伐柯》中却有"取妻如何?匪媒不得",这和《卫风·氓》的"氓之蚩蚩,抱布贸丝"互相奔诱的情况是迥然不同的。但是《伐柯》的内容与章法却和《齐风》的《南山》相同。《南山》是"析薪如之何?匪斧不克。取妻如之何?匪媒不得"。为什么《齐风》与《豳风》

这样相同?这就是当时齐人、鲁人风俗习惯相同。如果《豳风》是周初豳地的诗,豳与齐相隔那样远,风俗怎能会这样相同?

《七月》诗中有两种历法:一种是夏正,就是现在的阴历;一种是周正,是以夏正十一月当作正月,中间相差两个月。两种历法并用,只在鲁国才有这样现象,《春秋左传》中是有这类记载的。夏正是鲁国当地人民使用的历法,周正是由豳地带来的历法,如果《豳风》是豳地的话,便不会在豳地有两种历法并用的事情。同时根据《七月》诗中描写的物候是很暖的情况看来,《豳风》也和豳地的情况不能吻合,《毛传》郑笺根据《七月》诗说"豳地晚寒"。诗中的"一之日"、"二之日",就是周正的一月、二月,"三之日于耜"这在毛诗里说"三之日夏正月也,豳土晚寒。于耜,始修耜也"。晚寒就说比较暖和,因此在《七月》诗中有描写凿冰、藏冰的事情,而且比别的地方藏的要晚一个月,使用的日又早一个月。《七月》诗中是"二之日凿冰冲冲,三之日纳于凌阴,四之日其蚤,献羔祭韭",说明在二月藏冰,四月就用冰了。但在《月令》里说是在正月(周正)藏冰,在仲春三月用冰。这藏冰晚一个月用冰早一个月正是反映鲁地较暖的物候,而豳地虽和鲁地纬度相同,然而因为是西北高原大陆气候便比较要冷得多,《左传》襄公二十八年记载鲁国当年"春无冰",周正的春是夏历十一月至翌年正月,这也说明了当地的气候温暖,这和《七月》物候是一致的。

《七月》诗中反映的天象是"七月流火",流火就是大火星向西行。这种天象只有春秋时代是这样,周初是要相差一个月的,这也证明《豳风》不是反映周初的现象。

再从历史背景方面考察,《豳风》也不是周初的诗。

《吕氏春秋·古乐篇》说《破斧》诗是"东音",这是由于作《吕氏

《春秋》时西方的豳乐已经被"秦音"所代替,称"秦音"为西音,所以便把鲁地保存下来的《豳风》中的《破斧》称之为"东音"。吴季札观乐时也说"其周公之东乎",观乐时还把《豳风》排在《齐风》后面,《齐风》与《豳风》紧密衔接,这只有说《豳风》是鲁国的诗,才能解释得通。

《九罭》诗中"公归无所"、"公归不复"、"无以我公归兮"的公是指鲁国国君,这是鲁昭公伐季氏失败,亡命于外,诗人为惋惜他而作的。诗的内容和周公的事迹是绝不能相合的。

《东山》说"周公东征"是咏宰周公参与齐桓葵丘之会的事,《史记·鲁周公世家》索隐云"周公元子就封于鲁,次子留相王室,代为周公",故春秋之世周公黑肩、周公忌父、宰周公、周公阅、周公楚,并称周公。《春秋》僖公九年:"夏,公会宰周公、齐侯、宋子、卫侯、郑伯、许男、曹伯于葵丘。"此会为当时最有名之史事,即齐桓霸业最盛的葵丘之会。当时宰周公以王室卿士东来莅盟,故鲁人得以歌咏事其(鲁僖亦预此会)。

《七月》诗中有"万寿无疆",这类语汇在西周是没有的。西周的《诗·大小雅》常说"以介眉寿",金文作"以匄(介)万年眉寿";万寿是万年眉寿的省称,省称一定是后出的,铭文中有万寿的也都是春秋时的铜器。

三、七月诗中的生产关系

《豳风》是鲁国统治集团即周部族所作的诗,国风是国人所唱的,并不是野人所唱的。《七月》诗所歌咏的,上有统率他们的公子,而下有为他们服役的农夫,而他们自己和他们的家属也没有脱离生产,这应是统治集团最广大的、最低阶层中士的歌诗。

【第十二讲】《豳风》的研究

《七月》诗中三次讲到公子,公子就是国君之子。这个名称出现也很晚,西周时凡是有君臣关系的都称君,春秋以后诸侯才称公,公子是在这以后才逐渐普遍称呼起来,在西周铜器中同样也是看不到公子的称呼,《明公簋》是称为"周公子明 儯",公子是贵族长期统治之后才可能出现的称呼,这不是周初的称呼。

《七月》诗中"春日迟迟,采蘩祁祁。女心伤悲,殆及公子同归"、"八月载绩,载玄载黄,我朱孔阳,为公子裳"、"一之日于貉,取彼狐狸,为公子裘"的公子平时是要与国人中的士共同生活从事生产田猎(即军事训练),有事则率以从戎事。这是反映古代公社组织还没有崩溃时的现象,《仪礼·乡饮酒》郑注"古者年七十而致仕,老于乡里。大夫名曰父师,士名曰少师,而教学焉"。大夫、士是统治集团,他们所教的也是统治集团的人而不是野人。汉代"郡国十月行乡饮酒礼",即用士礼,就是沿袭古代公社的残迹。《周礼·夏官·诸子》"诸子(太子以外的诸子,金文中称为小子)掌国子(长子)之倅(副),掌其戒令,与其教治"。就是说公子要管大夫、士的庶子的教育戎事和生产。当时的统治集团是"春夏出田,秋冬入保(入保城郭)"(《汉书·食货志》,《公羊传》)。"殆及公子同归",春夏出田时是公子带他们出来生产,晚上也要带他们一同回去。《汉书·食货志》:"春秋出民,里胥平旦坐于右塾,邻长坐于左塾。毕出,然后归。夕亦如之。入者必持薪樵(生产的东西),轻重相分,斑白不提挈。"这就是反映在汉代时公社的生产者都出去,晚上一同回来的情况。

"八月载绩……为公子裳"、"为公子裘"。有人看到这里提到的生产品自己不能享受便认为是奴隶社会。很显然,这种看法是由于他们不了解古代等级制所致。古代等级制的区别,不但表现在依附关系上,而且在服饰上也有一定的制度。当时红色的裳并不是常人所穿的,大夫以上才能穿红裳。《尚书大传》说:"古之帝王必有命,民能敬长、矜孤、取舍好让者,命于其君,然后得乘饰车、骈马、衣文绣。未有命者不得衣、不得乘,乘、衣者有罚。"《春秋繁露·服制篇》:"散民(未受命、无功名者)不敢服杂采,百工商贾不敢服狐貉,刑馀戮民不敢服丝玄纁乘马。"《周礼·大司徒》"以本俗六安万民……六曰同衣服",疏谓"士已上衣服皆有采章,庶人皆同深衣而已"(深衣是庶人的吉服)。服饰上表现的等级区分,在《诗经》中是很明显的。《唐风·扬之水》"素衣朱襮",毛传"诸侯绣黼,丹朱中衣",《礼记·郊特牲》"大夫之僭礼也";《曹风·候人》"彼其之子,三百赤芾",毛传"大夫以上赤芾乘轩",这都反映服饰是有规定的。《国语·晋语八》"绛之富商韦藩木楗以过于朝",就是说等级低下的商人是不能有文饰的。至于穿狐裘,那必须是大夫以上的人。《左传》僖公五年"狐裘龙茸,一国三公";《诗·桧风·羔裘》"羔裘逍遥,狐裘以朝";《秦风·终南》"君子至止,锦衣狐裘。颜如渥丹,其君也哉",都说明狐裘不是一般人所能穿的。

《七月》"我稼既同,上入执宫功",是说已经忙完农事回到城里工作。入为上,出为下,入城住在城里执宫中之事。这是反映公社生活共同出城生产,共同回到城里的情况。这种不分公子与国人共同生产,生产一部分给贵族的现象,不应该是奴隶制的生产关系。从"二之日其同,载缵武功,言私其豵,献豜于公"看来,他们共同出去打猎,虽然大兽(三岁为豜)公之,而小兽(一岁曰豵)私有,这只能说是公社残余的现象,而不是奴隶生产。

有人对"七月流火,九月授衣"的授衣,说是奴隶主对奴隶的授衣。其实授衣是授给士的阶层。《周礼·天官·宫伯》:"掌王宫之士庶子,凡在版者……以时颁其衣裘;掌其诛赏。"此外对于公社内鳏寡孤独的也要供给衣食,《管子·入国篇》:"不耐(能)自生者,上收而养之。疾官而衣食之,殊身而后止,此之谓养疾。"《荀子·王制篇》:"五疾上收而养之,材而事之,官施而衣食之,兼覆无遗。"这应是统治阶级内部的互助,而不是对奴隶的供给。因为衣是贵者所服,那时的奴隶是"衣褐带索"(《墨子·尚贤下》)。褐,是毛布,《七月》诗中郑笺"贵者无衣,贱者无褐",说明褐是贱人穿的。授衣如果是给奴隶,那是太奢侈了,古代是没有这样事的。《左传》记载鲁昭公出奔之后,季平子每年要"具从者之衣屦",就是把随从人员的衣屦都给送去,这也说明授衣是统治阶级内部的事情。

十五国风是属于国人的歌诗,所以《诗·关雎序》说:"关雎……风之始也……故用之乡人焉,用之邦国焉。"乡和邦国都是国人所居的地方,因此国风也就是通行于国人内部的歌诗,而被征服的野人之歌,是不会收在国风里面的,这一点是过去论诗的人所没有察觉的。

士在国人中是属于统治阶级中最低的一个阶层。在士的上面有统率他们的公子。他们平时由公子率领在公室宿卫,有事率以从戎。田猎是古代一种生产,也是平时训练武事的一途,他们也要在公子率领下共同进行,所以《七月》诗有"二之日其同,载缵(继)武功,言私其豵,献豜于公"之事,狩猎所收获,也有他们自己的一份。因为他们要宿卫公室,所以国君岁时都要颁给他们衣裘。《七月》诗"九月授衣",就是指此而言。《小雅·六月》之诗云:"我服既成,于三十里。"军士衣服须要整齐划一,必须由统治者规定,同时制成。《孟子·尽心章下》说当时统治者"有布缕之征,粟米之征,力役之征";赵岐注云:"布,军率以为衣也;缕,铁铠甲之缕也。"军卒的服制，必须由统治者向人民征收布缕以制成。这就是《周礼·宫伯》"掌王宫之士庶子凡在版者……以岁时颁其衣裘"的意义。他们受有种种优待。他们有共同集会的所在：天子曰辟雍，诸侯曰泮宫，党人庠，乡有序，《七月》诗称曰公堂，春秋以后，统称曰学校。《七月》诗云："跻彼公堂，称彼兕觥，万寿无疆。"这正是统治集团内部燕享颂祷之词。《礼记·曲礼》说："礼不下庶人。"统治集团是不和被统治的野人在一起燕享的。汉代的乡饮酒用士礼，也就是周制的遗存。士的受优待还不仅于此，统治者还要给他们以田、禄。《国语·晋语》说"士食田"，《左传》宣公二年载"成公即位，乃宦卿之嫡而为之田，以为公族"，公族，即公室宿卫之士，他们经常在公室服役，必须有田有人代他们耕种。这就是《孟子·万章篇下》说的："下士与庶人在官者同禄，禄足以代其耕也。"春秋时代士食田，战国时代士食禄，食田是统治者征收劳役地租下的制度，食禄则是统治者征收生产物地租以后之事。食田当如秦爵"五甲首而隶五家"之制。秦制，战士杀了敌人五个甲士之首，即赐以五百亩之田而使五家（一家耕百亩）为之服劳役或纳生产物地租。《晋语》又云："大国之卿一旅之田，上大夫一卒之田。"旅五百人，卒一百人，其制亦当如此。鲁国的公室之士有役邑，见《左传》襄公十一年。晋以百亩之田计，鲁以四井为邑之邑计，只是计算的单位不同，而有农夫为他们服役则同。《七月》诗云：

> 六月食郁（棣）及薁（李），七月亨（烹）葵及菽，八月剥枣，十月获稻，为此春酒，以介（匄）眉寿。七月食瓜，八月断壶（瓠），九月叔（拾取）苴（麻子），采荼（苦菜）薪樗（恶木），食我农夫。

这里描写的完全是两种不同的生活。一种人是要食棣、李、葵、菽、枣等,而且获稻之后,还要"以此春酒,以介眉寿";这完全是属于统治集团士的生活。一种是仅能食瓜、瓠、麻子、苦菜等,而且用的柴薪还是恶木,这完全是被统治阶级藜藿之羹,粗粝之食,这完全是为上面那一种人服役的农夫的生活。《七月》诗中"食我农夫"、"嗟我农夫",这里的"我"应当是作诗者,士这一集团自我之词。农夫当然就是隶属于他们,而为他们服役或纳生产物地租的人了。

士的有田或邑,在周初还是可以世袭的,所以《诗·大雅·文王》云:"凡周之士,丕显亦世。"这是说凡周之士有光明(显)之德者是可以世袭的,故毛传云"士者世禄也"。但是,传世既久之后,所有的土田都被士大夫阶级分割干净了,所以在春秋时代,也就不能世官(见《孟子》载齐桓葵丘之盟云"士无世官"),邑也只称为役邑,只是士在职时为之服役,就是不能世袭的。不仅如此,士的有田,数量也是很少的。《孟子·万章篇下》说:"大夫倍上士,上士倍中士,中士倍下士。"如果依照《晋语》说"上大夫一卒之田",卒百人,即百夫为之服役,或纳生产物地租,依次递减则下大夫为五十夫之田,上士为二十五夫之田,中士为十二夫之田,下士为六夫之田。这样的士如果脱离了生产是不能维持一家人较富裕的生活的。因此,士这一阶层,他们的子或弟,是不能脱离生产的。《礼记·少仪》云:"问士之子长幼,长则曰能耕矣,幼则曰能负薪未能负薪。"郑玄注:"士禄薄,子以农事为业。"因此《七月》诗有"三之日于耜,四之日举趾,同我妇子,馌彼南亩";及"我稼既同,上入执宫功";"嗟我妇子,曰为改岁,入此室处"的记载。而采桑织麻的妇女,也应当是士的家属了。

根据上面说的生产关系,《七月》诗的作者,应当是鲁国公室的士。他们是属于统治阶级内部的一个阶层,他们受有种种优待,他们有役邑,有农夫为之服役,统治者岁时还要颁给他们的衣裘,他们有共同集会的公堂,他们要在这里燕享颂祷。但是,他们究竟是统治阶级内部最低的一个阶层,所以他们的子弟妇女还是不能脱离生产的,他们还是要耕种纺织,而且他们耕种的田与庶民同样有田畯管理,他们纺织田猎所得,也要贡献给他们的统治者。从这些生产关系来说,《七月》诗只是歌咏统治阶级内部一部分人士的生活,他们的生产在封建社会里还是相当好,若是认为这是奴隶社会的奴隶生活,那就不是事实了。

参考资料

《豳风说》 徐中舒 见《集刊》六本四分

先秦史讲义

(1982年)

【一】 关于中国古代村社共同体的几个问题

《先秦史》讨论记之一
1982年3月3日

(一)村社共同体是不是原始社会

徐先生答:原始社会的解释是什么?马克思主义认为没有阶级、没有剥削、没有私有,只有公有,就这么几个提法。马克思谈到原始社会时,提到印度的共同体。这种共同体是农业的,是部落组织一类的。马克思的意思,这种共同体是以公有为基础,向私有过渡,多少已经有私有了。我们中国历史的材料可以证明这个问题,

名师讲义
徐中舒先秦史讲义

村社共同体就是中国历史的起点。地上发现的新石器时代或中石器时代(就是细石器时代)的遗址遗物。从八千年到四千年。新石器的仰韶文化和河姆渡文化离我们有七千年,中石器时代早期有一万一千多年,C_{14}可以测定的,有遗物遗址可考的,大概是八千年左右。这样遥远的年代,可以看出的,是不是可以算成原始社会?从旧石器到新石器,这八千年到四千年的历史,共同的是陶器,还有穴居,还有水井,邯郸已发现水井。已经是定居,有些迁移,迁来迁去,仍然在一个地方,好像耕田,种几年,丢荒几年,又回来种,总是在一个地方。生产仅够生活,每个人都不脱离生产,也不是一无所有,我们从唯物史观来分析这段历史,是物质的,有点恒产,也就有点恒心。也有交换,比如中石器新石器时代已经有了玉石,很精致、很发达。在古代,金银都不宝贵,玉石很宝贵,这些东西是用什么交换来的?中国大陆上,男女分工,男耕女织,织布古代就很发达,在新石器时代就很发达,有陶轮、有纺轮,女人殉葬就是用陶轮,因为纺织很进步,而且中国古代就出蚕桑,玉器一定是用丝织品来交换。这些玉器来得很远,过去讲和田玉,就是在西域的昆仑山,丝织品也是走得很远的。在原始社会里,有丝织品的大概都是所谓"三老"(一个乡村自治团体的首领、洞首,后来叫"三老"),他们"公会"时都穿锦绣,《后汉书·东夷传》说:"其公会衣服皆锦绣,金银以首饰。"各个地方的村社首领可以得到这个东西。这个东西可以传得很远,我们现在说的"丝绸之路",古代就已经有了。一般人民装饰就用贝,就是贝子、海肥,贝子出在南海,并不是很近的。贝子在云南,明清还在用。这些东西都是用商品交换的,这种商品不是一般的,都是较轻便,易于携带的贵重品。后来铸铜器的时候都是重器,这些东西都是宝贝。所以,中国开始四

【一】 关于中国古代村社共同体的几个问题

千年到八千年的社会,并不是一无所有。从所谓原始的定义来解释,这种社会可不可以说是原始?从这看起来,既不蒙昧,也不野蛮,已经是一个外婚的父系,还有一个一夫一妻的小家庭,"一夫不耕,或受之饥,一女不织,或受之寒"。从中国境内的少数民族看,都是一夫一妻。比如,我们讲海南岛的洞便是这样,都是父系,一夫一妻。为什么形成这样一个社会?一方面要晓得我们这个环境,东亚大陆,中国大陆,是世界上最好的地方,地处温带、亚热带,自然条件优越,除了美国,没有其他地方可以同中国相比。另一方面在土广人稀的时代,有空隙,有生存空间,可以和平发展。在原始社会,由于生产限制,每家就是三口、四口、五口,总之三到五口,儿子大了,就要出去自立门户,所以在和平环境里很容易产生一夫一妻制。

关于这个父系也可以谈一谈。什么是父系?父系首先是外婚,这是优生学的问题。我们中国发现"男女同姓,其生不蕃"这个原则可能是很久远的,《国语》上记载晋文公的母家是姬姓。虽然这个事在春秋时有记载,但是来源是很远的。人类总是要保种的,古代主要讲保种,使种族能够绵延下去,保存下来,就要优生。血缘近了,后代是不优秀的,很容易夭折,很容易患疾病。外婚是一个优生学的经验。我们讲和平发展,和平中也有不和平的东西。中国民族为了对付北方西伯利亚来的民族,便曾在阴山以北筑城,夏家店文化中就有防御的遗迹。大概游牧民族,尤其是寒带,生活不够的时候,就要抢劫,就有掳掠婚姻,所以要防御,要构筑防御,这些都可以造成外婚。由于父子外婚,男的可以掌握主要生产能力,他自己生产多一些,就可以占为己有,作为私有。譬如说畜牧业,他就可以存储下来,古代所谓原始社会仅够生活,他可以在外面找吃，而把牲畜暂时不用，存储下来。原始农业不一定收获就是很少，个别肥美的地方，有时也可以多出，农业生产量有时低，有时高，总可以有余存。原始农业三季都不管，他只管一季，到冬天总要储存起来。只要有农业，就可以有剩余的东西，这些东西就可以逐渐被有力者据为己有，也就是私有。因为畜牧业、农业可以存储下来变成私有，所以东亚大陆文明有物质基础。这样一个社会，新石器时代就组成一个小的部落，或者血缘关系的，或者地缘关系的，地缘之中有血缘，血缘之中有地缘，不像后来划分得那么清楚，中国社会只算一半，算父系，而母系那一半没有算。这种社会很容易在婚姻杂居后形成一个血缘或地缘关系的村社共同体。根据春秋以后的材料，这种共同体大致四五百人一百家，《诗经》里讲"百室"，"百室盈止"。一家四五个人，这是一个常数，可以多，可以少，多于这个常数可以分裂成另一个村社，一个村社可以包括一个小村社，形成一个自治团体，汉代称为"乡官"。这种自治团体为后来阶级社会最基本的组织，解放前的保甲制度，名称不同，实质是一样的，都是乡村自治。从前一个血缘的祠堂，也是一个自治团体。所以说，村社共同体在中国有悠远的历史。这中间有许多意识形态的东西，就是说典章制度，在乡村自治的时候，社村乡官的时代，就有典章制度，如像"三老"。"三老"，过去没有讲清楚，根据印度的材料，村社共同体里有一个身兼审判官、警察官、收税官三种职务的"要人"，所以称为"三老"。《汉书·百官公卿表序》讲到村社的分工，"三老掌教化"，因为国家的权力扩张了，"三老"失掉了三权，所以只能掌教化了。村社共同体有许多东西很可以研究一下，如典章制度。我曾经想过，譬如瞎子说书说历史，叫跛子守门，又譬如宫刑，太监出于东方。在乡村自治里就有这些东西，他要处罚人,要审判。原始社会里没有一个人脱离生产,他要分工,所有东西可能都有悠远的历史,可以研究。这些东西没有什么记载,所以我们从前找不到中国文化怎么来的?往往见到一种文物是很高深的,没有见过的,就认为是外来的,"外来说"很盛行,因为原始社会的事情我们不知道。现在要把原始社会的事情一桩桩指出来,讲中国的历史,就觉得中国的历史既不是外来的,也不是蒙昧的,也不是野蛮的。这是中国历史的起点,不是我们空说的,而是有文字记载的。我们离开原始社会很远,但有文字记载的历史还有很多方面可以看到。没有文字材料的东西,可以用文字本身来反映,文字是当时社会的一个反映,这里也有许多原始社会的材料。没有文字,地下的东西可以告诉我们。我们中国自古以来,即使在原始社会,也是一个走在世界人民前面的文明国家。把这个历史发掘出来,可以增强人民的自尊心、爱国心,我们这个历史同人民的呼吸紧密结合,我们的历史就是一部崭新的历史。

(二)怎样解释古代的三十里

徐先生答:古代村社,我用三十里来说明这个问题。现要把新石器时代每个发现的地点,在地图上用圆点标示出来,这个图你们看见过,有些地方很密集,用三十里来说明是可以的。三十里并不见得是现存一个村落一个村落距离的精确丈量,大概生存空间总要这么多。新石器时代地下遗址的发现,可以使我们相信这个问题,这个说法应该是比较可信的。后来在春秋时代,三十里为一舍,晋文公城濮之战退避三舍,就是九十里。大概古代村落之间有这个三十里。三十里的生存空间。在南诏,一个农户的田迁延了三十里。为什么一个农户的田会迁延三十里呢?怎么解释呢?这个要用"爰田"来解释。"爰田"就是换田,大概全世界的农田都是这样,这就是恩格斯讲的"马尔克"。村社里土地分成三等,有上田、中田、下田,每家每人都要在上田里分一份,中田里分一份,下田里分一份,这样一来,一个人的田就可以有三十里。三十里,一方面安排农田,另一方面交通行旅经过,有宿店吃饭的地方。这是说三十里这个问题。

(三)新石器时代还有许多空白点,这又怎么解释

徐先生答:新石器时代还有许多空白点,如在四川,只有重庆以下大溪文化这一点,后来就没有了。四川松理茂一带,偶尔在地面捡到一些石器、石斧,光秃秃的,没有共存的东西,也没有地层,这个可以说明使用石器的时代绵延得很长。中国已经进入铜器铁器时代,而边区的人民还在用这种石器,但没有积累成一个村落。我们解释黔中、于中,外面是一个大框框,里面没有住几家人,后来慢慢发展起来。于中、黔中,南方的洞,有的是很大的,没有那么多人,有许多空白点,这又怎么解释它?古代的原始社会有许多空白点,这又怎么解释?是不是有许多不适于人类的生存?中国大概除掉高山空气稀薄外,其余没有高山的地方,为什么还有这么多空白?在这些空白点里,都是从中间发展出去,所以叫"于中"、"黔中";《华阳国志》记载刘备开发南边,叫"南中",秦始皇设三十六郡,有"闽中"、"汉中",都是从中间发展的,慢慢发展,也就是说,这些地方还是适于人类生存的。就在原始时代,这些空旷的地方,人迹罕至的地方,可以从中间逐渐发展出去,形成一个村落。四川西部,原始社会的点,为什么没有那么多?(伍仕谦老师:"这个恐怕要从古代地理变迁上去解释。")古代地理变迁,我们现在知道

【一】 关于中国古代村社共同体的几个问题

的历史有七八千年,不能那样变迁。我们想象中是有变迁的,喜马拉雅山过去没有那么高,这不是不适于生存嘛!我们现在说河道有变迁,可以看出来,可以找得到。从历史记载说来,现在地形变迁不能说有多大变化。(唐家弘老师:"古代的人本来就少。")人很少就是空的。(唐家弘老师:"旧石器遗址洞穴里,人就是很少的,几个十来个,多不过二三十个。比如资阳人,只有一个体,C_{14}测定只有七千年,四川文化很晚。"伍仕谦老师:"古代四川雨量多,不适宜住人。"唐家弘老师:"整个新石器遗址密集点在黄河、长江中下游,甘青地区也有。魏伐蜀时,青川、平武一带还是七百里无人烟。")那是邓艾伐蜀,一直到明清还是这样。(唐家弘:"地上石器可能是现代人用的,凉山彝族至今还在用石器。汉源发现一处旧石器时代遗址,有大量动物遗骨出土,有很厚的文化层,据说有二万年。昌都卡若遗址是四千年,出土的房屋遗迹有三种,有一种像半坡仰韶房屋,骨针比铺盖针大,而且是两面穿孔,这和夏代文化类似。所以四川西部新石器遗址不是没有,而是少。"伍仕谦:"可能大水冲走了。"罗世烈老师:"现在讨论多少,为时过早,根本没有普查过。")没有那么密集可以说,全国解放后大概都翻了一遍,各县都有文化馆,大多数可以看出空旷的地方是没有那么密集。(唐家弘:"多少是相对的,解放后都调查过,大体上都有一个相对的概念。农田基本建设都翻过一遍。江陵外面一千多座楚墓是有意保存下来的。有的地方对发现遗址遗物的人发奖,群众向政府报告很积极,多少可以定下来。")我们现在解释原始社会,对旧石器是不谈,但我们知道旧石器时代遗址存留在中国是更稀少了,为什么旧石器时代遗址在中国这样稀少呢?那时中国大陆已有人存在,这种人能够留下来就是一个集中点了,没有留下来的还是不少,他们没有在别的地方继续下去,没有成一个点。大概古代人的寿命短,最多活四五十岁,没有形成点,就可能是这里的死亡率高,没有继承下去,或者在这个地方不能够存在,他就走到旁的地方,偶尔又存在下来了,就留下几点。死亡率有些原因,一个环境改变了,不适应;还有开辟环境是很困难的,适应也困难,少数人不能改变一种生态,少数人要适应这些生态,改变这些生态是不容易的,在医疗条件不够的情况下,死亡率是高的。现在我们知道阿坝的人要到重庆去过夏天往往是要死的,阿坝人有这个经验,不敢到重庆去过夏天。《华阳国志·南中志》里有上方夷、下方夷。在云南住在上方叫上方夷,住在下方叫下方夷。现在傣族就住在下方,在西双版纳,景颇族、怒族就是住在山上,他们到下边来也许就是不能生存了。古代要开辟一个地方,适应这个地方,死亡率是很高的。古代四川人少,蜀人少,《蜀王本纪》讲人稀少,后汉时所谓的古代可能是指春秋以前,春秋以后就有开明氏,有十二代。古代杜宇住在江源,就在松理茂上游,后来逐渐下来就到了郫县,郫就是"卑",卑下的地方,后来传说蚕丛氏就是在郫县,当然是不可靠的,但这就是说他们最初住在江源,后来到了下边。成都这个地方是很后的,并不是最初的,逐渐形成三都:成都、广都、新都。这个"都"是自由都市不是政府建立的都市,没有政府建立的自由都市。为什么"都"叫自由都市?《左传》讲,春秋时代凡是"都"皆在"邑"之上,如国都就在邑之上,事实上是古代"都"在"邑"之下,"邑"是国家建立的,"都"是自由都市,是人民汇合在一起,偶尔聚集在一起成为"都",它没有列入国家统治中,在古代,最初也许就叫附庸,原来有的,旧的东西,后来附庸归服,被国家征服了,这在过去没有得到很好的解释。"成都"在考古学上最早叫"成亭",后

【一】 关于中国古代村社共同体的几个问题

来叫"成市",再后来叫"成都",这是一层一层发展而来的。后来增加一个自由都市,叫"广都";后来又出来一个"新都"。从这三个名词可以看到是三个自由都市,还没有被国家所统治的时候就有三个自由都市的发展,足见这个地方是都江堰形成之后,人们才在这里安居下来,才逐渐成了城市。这就是说明在成都之前,都江堰还不像现在这个样子,灌溉之利还没有这么多。都江堰没筑好,都江堰以下的人自然就少。四川还有许多叫"都"的地方,如"笮都","邛都","武都"都是自由城市,讲四川历史就要把"都"讲清楚。都江堰没有形成之前,一方面人少,生产不发达,一方面还有水灾,人民的生存生活条件不好,所以死亡率高。古代医药也同这种生存共同体有关,所谓"神农尝百草",人民死亡率高,人多,可以实验,凡是一个科学都要付出代价,所以医学发达,中国的医药发达。医药主要靠实验,尝就是实验,中国医药就是从这里发展起来的。从这些方面看,尤其是这些空的地方,死亡率高。

还有一个问题,是饮水的问题。我们晓得从前都吃河水,后来在北方要吃井水,这是一个进步,不吃污水了。在南方吃池塘水,我在农村就吃池塘里的水,池塘水很脏,洗衣服也在里面。我们农村有一个传统,就是不吃生水,要煮熟来吃,隔夜的东西也要煮熟吃,如吃烩饭,这是在农村的一个经验。考古学上有一器物叫"鬵",后来又叫"盉",有个把把,叫"流",那就是用来烧开水的,这就可以避免生病,考古学没讲这些。(唐家弘:"在河南地区发现新石器时期的一种陶器,有点像一个脸盆,上面有很多格子。它的用途现在有争论,有一种说法认为是澄清水用的,叫澄滤器。")生态变化是很大的,阴山之所以叫阴山,就是从前长满了树木,现在已经变得光秃秃了,大青山现在还有树木没有?(常正光:"没有了,早就没有了!")阴山,匈奴有些材料都说他靠阴山,后来就只有靠祁连山了。生态环境,人多了,破坏就大了。(唐家弘:"井在新石器时代就有了。道家讲炼丹,就要在井里放云母、朱砂。《抱朴子》里讲,吃菊花水可以长寿。"魏启鹏:"长寿县有一缪姓之人,家有一井,下有朱砂,故可活一百多岁。"唐家弘:"河姆渡的井是现在发现的中国较高级的井,有井圈、井栏,好像上面还有一遮盖物,约有五六千年了。")

(四)游牧民族与农业民族的村社在形态上有什么区别

徐先生答:我想单纯的游牧经济,古代是不存在的。(唐家弘:"《匈奴传》和《东胡传》里他们那个经济是单纯的,还是复合的?")《匈奴传》的经济就不是单纯的,还有农业,后来农业丢掉了。你们看看《匈奴传》的材料,摘出来就知道了。单纯的游牧不可能存在,中国的游牧就是这个样子,这是可以研究的。他是依随水草,就是游牧,也可以采集,春夏依随水草,秋冬入居穴中。比如在《金史·世纪》里就说:"黑水旧俗,无室庐,负山水,坎地,梁木其上,复以土;夏则出随水草以居,冬则入处其中。迁徙不常。"最初住窑洞,春夏草木生长了,就出来采集,畜牧也可以,所以这样的游动畜牧在原始社会里一定是采取复合经济,不是单纯经济,有什么吃什么,这个在《七月》里还是这个情况,还有遗迹保存。《诗经·七月》冬天收割以后才酿酒、祭祀、过年,平时储积起粮食来过冬。东北这方面,比如满洲,他是城郭、定居、采捕、采集、打猎,还有农业,这是一般的。在《匈奴传》里,是有农业的,地下发掘也看到有农业,只是农业不盛,不怎么好。他不够就抢,游牧就是抢,中国筑城

【一】 关于中国古代村社共同体的几个问题

防御就是从这里开始的。中国游牧最早的就是羌,西羌,还是依随水草。(唐家弘:"以产牧为业。《后汉书·西羌传》很晚,《史记》里并没有。")是比较晚,但这种习俗保存得很久,并不很晚。夏代就是羌族建立的,他为什么先建立一个家族私有制的国家,因为他首先游牧,牧羊,他还是有农业,农业与羌族有关系,在河谷里种小块地,农业最初是从园圃开始的,后来大面积撒播,就是"缦田",后来才分成一行一行的,精耕细作。"以产牧为业","产"包括很多,打猎也是"产",采集也是"产",农业也是"产",应当包括这么多。原始人要是单独经济,不可能生存,他是仅够自给自足的社会。还有南方,江南很容易生活,人民不愿意多生产,多生产了被统治阶级拿走了。《汉书·地理志》说:"江南地广,或火耕水耨。民食鱼稻,以渔猎山伐为业,果蓏蠃蛤,食物常足。"渔,就是捞,与采捕差不多;山伐,就是采集,就是挖树根、挖草根,比如芋头从前都是野生的,四川有"蹲鸱",很容易生活。鱼稻、采集、山伐,他不愿多生产,所以"无冻饿之人,亦无千金之家"。容易生活,即使没有人剥削他,他也不愿多生产。(唐家弘:"《后汉书·西羌传》讲的羌人,看来农业是相当多的,在整个经济生活中,比重较大。东汉政府经常对羌人发动战争,一次大战争,抢羌人的麦都是几万斛。")那是河湟之间。(唐家弘:"当时顺着兰州打到湟水。")是这样的,农业是有,但要积财产,可能还是用牧畜,比如赔偿人家东西,或者结婚送礼,都是用牧畜。属于私有,估计不会更多,可以把畜产留下来,作为财富,所以羌族首先形成一个家族。夏代家天下传子,这个说明外婚,部族外婚,氏族外婚,婚姻要彩礼,等于买卖,或者先做工,比如收继婚,这个私有很厉害,把人都当私有,收继婚不让她出去,这到底该怎么解释?好像丈夫死了,幽灵很怜惜她,不让她游离出去,这是一种解释。再就是财产,把她作为财产留在家里,人都变成财产了,所以说他私有制很盛。

(五)我们说一夫一妻制,那么多妻多夫该怎样解释?比如收继婚,羌族里还有多夫,后来中国社会里还有纳妾。

徐先生答:我想多夫多妻是特殊的东西,现在动不动在中国历史上讲"普那路亚婚",这个离中国很远。在羌族存在的这种形式里,一方面是由于收继婚,一方面是不是在山地里多男多女,男女不平衡,是不是有这种关系?有的多男,在《周礼·职方氏》里有五男九女的记载,有这个平均数,是否还是适应环境。中国历史上后来的多妻纳妾制,还是财产关系,是特殊的,一般还是一夫一妻制。

(六)古代是不是世外桃源

(唐家弘:"指原始社会吗?")徐先生答:当然指原始社会。(唐家弘:"山顶洞人装饰品很多,有项链,新石器时代岩画比较多。爱美、绘画、美术,看来旧石器时代就有了,晚新石器时代,爱美更突出。")

徐先生:从前北方地主家庭女儿要种几棵树,出嫁就用作家具,《左传》上就有,这些都是从原始社会来的。(唐家弘:"可能原始社会常对外接触。")原始社会是不是没有私有?是不是生产之外搞点项链之类的东西。(罗世烈:"云南有些少数民族把银元当作装饰品。")原始社会要祭祀,崇拜祖先,现在非洲人要找根,台湾人要到大陆找根,上一代好的东西,通过祭祀要保存下来。(唐

【一】 关于中国古代村社共同体的几个问题

家弘:"原始人认为万物有灵,事死如生。")就是这个意思。(罗世烈:"三年不改于父道,三年之丧。")也是这个意思。"甘其食,美其服,安其居,乐其俗"这几个条件是否具备了?"乐其俗"最重要,不要法律,就是风俗统治。讲历史,语言文字是有限的,"言不尽意"。不要法律刑罚,风俗统治就很安定。原始社会有没有文字? 木契、符号。生产要晓得四季,天文学是学术发展中最早的科学,农业中要看天看星,渐渐就能分辨四时,因此在原始社会里可能有这个大的自治团体,渐渐地能积累这些东西。一个村社的头,如"封人",《论语》上的"仪封人"请求见孔子,说:"君子之至于斯也,吾未尝不得见也。"一个村社的头人积累了丰富的经验,可以见到许多人,慢慢积累成为中国文明的源泉。还有好多问题,大家可以丰富补充。

【二】 高辛与高阳

高辛与高阳这两个名词出于《史记·五帝本纪》:"黄帝……二子,其后皆有天下;其一曰玄嚣;是为青阳,青阳降居江水;其二曰昌意,降居若水。昌意娶蜀山氏女,曰昌仆,生高阳……黄帝崩,葬桥山。其孙昌意之子高阳立,是为帝颛顼也。……颛顼崩,而玄嚣之孙高辛立,是为帝喾。"

这个古史系统应当是逐渐形成的,并不是某一个人编造的。为什么人们都相信呢?大概是一个时代一个时代的传说,最初并没有记载下来,就难免以讹传讹,但仍然保留了一些历史的真貌。开始记录的时候也是各写各的,互不相同。到了战国时代五行学

【二】 高辛与高阳

说兴起,就用五行相生相克的理论来统一、驾驭一切的事物。对上古历史的种种传说和记载,也用这个理论来加以编造成为一个系统。这样就把不同地区,不同部族的历史变成了一个统一国家的历史,不同部族的祖先也变成了黄帝的后代而出于一系。司马迁编写《五帝本纪》根据何在?他自己说:"学者多称五帝,尚矣,然《尚书》独载尧以来;而百家言黄帝,其文不雅驯,荐绅先生难言之。孔子所传《宰予问五帝德》及《帝系姓》,儒者或不传。余尝西至空桐,北过涿鹿,东渐于海,南浮江淮矣,至长老皆各往往称黄帝、尧、舜之处,风教固殊焉,总之不离古文者近是。予观《春秋》、《国语》,其发明《五帝德》、《帝系姓》章矣,顾弟弗深考,其所表见皆不虚。书缺有间矣,其轶乃时时见于他说。非好学深思,心知其意,固难为浅见寡闻道也。余并论次,择其言尤雅者,故著为本纪书首。"从这一大段话中可知司马迁著《五帝本纪》首先依靠的是《五帝德》和《帝系姓》,这两篇东西儒家没有传下来,收在以古文写成的《大戴礼记》里。古文就是秦焚诗书后六国留下来用当时书体写的旧书,不是很古的古文。古文在西汉时与今文对称的。今文就是隶书,古文是战国时文字记载下来的书籍。《说文》里说古文就是战国的文字。王静安先生说秦焚诗书以后用隶书写出来的就是今文,而后来在各地又陆续发现了秦未烧完的六国书籍,这就是古文。这是我们现在研究古书时代的一个标准。他看到了《春秋》、《国语》,对《五帝德》、《帝系姓》说得是非常之好,他就完全引用了。他没有详细深入地去考究《五帝德》、《帝系姓》这两篇文章,但他相信都表现了五帝的德行。这是信而好古,古人有这么一种习惯。然而古文书载的历史有空缺,接不起来,而在《五帝德》、《帝系姓》之外还有讲到黄帝的传说,他就以总之不离古文者近是,从这些传说中取来补书载的不足,他觉得把这些凑起来就可以充实了,他讲不出什么理由,只是心知其意。这是古代学者的一种不得已的态度。司马迁的另一个标准是"择其言尤雅者",所谓雅者就是正,没有神怪一类怪话而一般人都能相信的谓之雅言。其实我们知道神话里还有真实的一面,而都合乎人情世故、讲得清清楚楚的雅言有时反而是不可靠的,这说明司马迁作《五帝本纪》的材料是不够的,理论也不充分,在司马迁的时代这是没有办法的,只好这样连缀起来。我们从《史记·三代世表序》中说到他所根据的是"余读谍记,黄帝以来皆有年数。稽其历谱谍终始五德之传,古文咸不同,乖异。夫子之弗论次其年月,岂虚哉!于是以《五帝系谍》、《尚书》集世纪黄帝以来讫共和为世表"。牒记大概就是古代的世次,一个人的祖先一代一代的就是所谓的牒系,谱牒在古代是很注重的。他考查历谱牒终始五德之传,就是战国时阴阳五行学说。以前的书从黄帝至尧、舜等在位都有年数,但古文所记的都不同,好多都错了,司马迁就把它删了,只记世不记年。一方面他是相信古文,但古文不同他也无法,儒家的学说从前都折中于孔子,既然孔子都不讲五帝他们那一年那一月做了些什么事情,必然有他的道理,于是司马迁就依据这些材料编了一个《三代世表》。他相信古文,相信六国传的材料,他所根据的只能稽核到战国时代。古文记载或有空缺,或有错乱,他无法整理,就以孔子为历史的最后裁判,折中于孔子。这是古代儒家学者的治学态度。其实孔子所讲的历史是很少的,孔子只讲了尧、舜,没有讲到五帝,我们现在研究古代史,所根据的材料比孔子、司马迁时代多得多,不仅有大量的文献材料,而且还有考古学的大量资料。尤其是解放后的考古发掘,大规模的基本建设,农业的改土深耕,全国的土

【二】 高辛与高阳

地都差不多翻了一遍，使我们对我国新石器时代的历史有了较清楚的认识，这样古代史的研究就有了一个切实可靠的基础。我们不仅可以从新石器时代地层叠压关系上知道地下遗址之间可靠的相对年代，而每个重要遗址又可用C_{14}测定其绝对年代。由此我们可以说明司马迁所作的《五帝本纪》是根据古代传说，整齐了许多部族的历史而成的。主要是两个系统，即高辛，高阳。高就是从高地迁到低地，古代西北高，东南低；高也有久远的意思，就是说住在西北高地是很久远的时代。司马迁对他所根据的材料虽然不能清楚地说明，但还是比较可靠的。从地下发掘来看，黄河流域在三四千年前至少有两个民族的文化存在，一个是半坡的仰韶文化，一个是大汶口的龙山文化。从前有人说中国文化应当是一源的，出自仰韶文化，这是不确切的，中国文化应当是二源。

高辛氏之辛，就是薪。古代树木曰薪，称树林是较晚的。树的本义是鼓，用木架竖起来就叫树，后来就借用为树林之谓了。现在西藏树木还叫辛。高辛就是树木多的森林地带，这里地势不高，适宜于开沟打猎。辛、薪、真、森、阴、侵古音都为侵部音，以m（或n）为尾音，音相通，所以高辛就是薪、森、阴。这就是在四五千年以前黄河下游一带的地区还未开垦出来，多为阴暗的森林地带。龙山文化是从南方长江流域的河姆渡文化发展来的，从南方沿海北上，到达黄河流域大约是四五千年前，到北方就要更晚一些。而仰韶文化的早期在黄河流域大约可到五六千年。龙山文化到达黄河流域下游地区，逐渐把这里开辟出来，就是高辛氏；而仰韶文化在此之前已把黄河中上游地区开发出来，树木都砍光了，农田已开辟出来，成为阳光普照的地方，这就是高阳氏。所以在四千年前文化的发展在地域上就分成高辛、高阳这样两个。

201

原始农业发展之初都是把树木砍掉放火烧掉，所谓刀耕火种，烧后的草木灰就是肥料，同时把树木砍光了才能使农业免受禽兽侵害。《诗经·大雅》里说：把树木砍掉了才可以耕种，遂以农业立国。这种农业大概很普遍的，从亚洲大陆到欧洲都差不多是这个样子。这种农业发展到后来中国就叫做"爰田"，恩格斯《德意志的语言和历史》一书后有一附文"马尔克"，马尔克就是中国的爰田制，已经是爰田的最后阶段。爰田最初是一年一换，田有好有坏；后来逐渐变为三年一换，九年一换，十二年一换，到最后干脆就不换了。这就是中国的爰田，用马尔克来解释就比较清楚了。爰田之爰，又写作辕、赹，都是换的意思。这种农业田要休耕，是原始的农业。而龙山文化到北方来是开辟低地森林地带，首先要慢慢地排水，才能逐步地把它开辟出来。所以田字的本义是打猎。文字可能与东方龙山文化有关系，在甲骨文上田字大部分都当打猎讲。就是横直开沟排水，低地才能慢慢开辟出来。原来低地的猎场也是方的，在黄河下游的大平原上，每个部落或部族都有一方块猎场，因为在大平原上划分疆界都是方的，猎场的四周都要开沟，使野兽跑不出去。田字就像这种方块，中间可能是两条大路。从前打猎都是围猎，清朝皇帝在热河打猎还用围场，四周用人包围了，中间的道路通车子，贵族坐在车上打猎。这些猎场后来变成了农田，因为树木不是一下子砍完了，需要逐渐地开辟，为了防止野兽的扰害，就在四周边界挖陷阱，使野兽不能进去从而保护农业。陷阱有两种：一种是深井，上面用草盖上，野兽掉下去就爬不出来，就称为井；一种是浅井，中间放着树桠、刺木之类的东西，野兽掉下去同样也爬不出来，这叫做擭。所以有井有擭，《周礼》及《尚书·费誓》都讲到"井擭"，要行军了怕人掉下去，就把它填起来。一

【二】高辛与高阳

般在春天挖井攫,秋天收割以后就要填起来,经常这样挖了填,填了挖,逐渐形成了通道形成的沟洫,就这样开辟出来变成农田。农田要开沟排水,《考工记》里讲到"匠人为沟洫",匠人就是土木工,沟洫有几种:田边上的沟是小沟,广尺深尺,畎畝。畎是低地,畝是高地。从前高地农业就是仰韶文化区,高地种植的是旱粮,不是水稻。畎畝制度有沟,通到田边上就是畎,深一尺宽一尺。在田埂上有大一点的沟,因为是排水,所以越近的越浅,越远的越深,由浅到深。畎是广尺深尺在田首。从前的畝不是我们现在南方看到的样子,而是北方的长亩。一亩是一个长条形,田首就是每个长条形开始的那一点;深一点的沟是广二尺深二尺,叫做"遂";"九夫为井",井是广四尺深四尺的沟;"十里为成",成是广八尺深八尺,叫做"洫",水流如同血脉流通一样,百里就谓之"同",广二寻,深二仞,一寻为八尺,一仞为七尺,叫做"浍"。这样逐步抵达于川。所以从《考工记》记载的沟洫制度看就是排水的办法,越到下流越深,不是灌溉而是排水。从这里可以知道把下游低地平原里的水排掉才能成为农田,我们后来所谓的井田就是从这儿起来的。并不是像从前有人说的凡有公田、私田之分的就是井田。井田一开发出来就是很好的农田,低地肥料多,所以井田后来就是最好的田,井田开发虽晚,但一开辟出来就是很好的田,故文化发展较高,这就是龙山文化。龙山文化最早可以说是大汶口文化,现在都是这么一个看法。大汶口文化距今为五千年左右,一部分可以经过黄河以北到辽东,后来的夏家店下层文化就是继承了这一部分。在山东半岛则直接形成了龙山文化。最早期的龙山文化距今四千年,首先在山东济南以东龙山镇的城子崖,是一个古城遗址,堆积得很高,故称城子崖。黑陶大概就是在这儿首先发现的。黑陶器,很薄，轮制，十分精致。但当时没有C_{14}测定，不知道它的绝对年代，只知道它是很古的。龙山文化一部分向东发展到了山东半岛的顶端诸城、日照、青岛等处，比济南这边要晚一点，黑陶器都很发达精致。一部分向西发展就成为现在所谓的河北龙山文化，河南龙山文化，山西龙山文化，陕西龙山文化。就是这一部分逐渐地把黄河下游原来的森林地带开发出来，这种文化愈到西边就会愈晚一点。大概在二里头文化这里就逐渐同仰韶文化接触，先是汇合起来，后来就完全代替了仰韶文化，一直向西边传播到甘肃，这是一个趋势，龙山文化有一个优势，它能够代替、掩盖其他文化，当然是一种优势。东方文化的优势，仰韶文化都受到了它的影响。要把各种地下文化的关系都讲得清清楚楚，一下子是不能够的，但是可以说后来的中国文化主要是继承了龙山文化的传统。龙山文化有一个独特的风格，譬如就它有鼎、规、盉、豆，尤其特出是俎豆，俎是切肉用的砧板，豆是盛肉的碟子，都是高足的，有三足器，高圈足器。它之所以有这样的器皿，都是配合席地坐的习俗。席地坐就是知礼义。坐下来把两腿朝前一伸叫做踞，从前的人是穿裙子不穿裤子，两腿前伸下体就要显露出来，所以踞是不恭敬的，席地坐就是日本人保留了的生活，跪在地上。日本人是从中国去的。长跪就表示很恭敬了。从前没有椅子，椅子都是外来的。河姆渡文化可能是沿东方海边一直北上，都是这么一个习惯，反映在日用器皿上就都是高足的，这就说明了古代东方和西方的文化是不同的。从前说中国文化起源于仰韶文化，现在看来还应该加上河姆渡——龙山文化，是二源的。仰韶文化最初的器皿没有高足的，其俗坐在地上两腿前伸。陶器表面是红色有花纹。而龙山文化这个系统的陶皿则是黑色或灰色的，主要是黑陶。浙江良渚文化也是

【二】 高辛与高阳

黑陶,但是否与龙山文化为一回事,现在还说不清楚。青莲岗文化里有许多彩陶,也许这是受了仰韶文化的影响,但是后来的青莲岗文化陶器上的花纹主要是雕刻的,是刻画花纹。现在国画的画字,金文作 ,上从聿,就是笔,下从周,周在古代就是雕字,画就是雕刻,不是绘画。这种刻画花纹影响很远,一直到印第安人的文化里都是雕花的纹饰,讲究对称性。所以我们说中国的文化出于东西二源。东方文化的起点是种水稻,河姆渡文化里就有水稻,仰韶文化种的是粟、小米了,东方比西方要高一些,发达一些。相应的手工业方面也要进步些,良渚文化就有养蚕丝织业,编织竹器物等,大概这个地区物质条件要丰富些。它有蚕,有丝织品,可以交换玉器。农业上是比爰田更进步的井田,井田就是肥美的土地,井田是在黄河下游的原来森林地带,开发要晚一些。河南龙山文化,河北龙山文化,山西龙山文化都较晚,最早的是四千年,而仰韶文化可到六七千年。但龙山文化区域土地肥美,位于黄河下游又是森林地带,它只要把水排掉一开辟出来就是很好的田,可以年年耕种。井田都是整方块,因为在大平原上开辟出来的,自然是方的,由田猎的猎场逐渐开辟为农田。田的本义是田猎,不是田地的田。后来猎场逐渐成了农田,外形上也是方的,有纵横大小的沟洫,所以田猎的田后来就成了农田的田了。从前每一个部落都有一个猎场,猎场四周都有界限。后来猎场称为"囿",囿字甲骨文作 , 形,从田从木,或从草。在原始造字里木草是一类,不加区别的。这种由猎场开辟出来的井田都是很肥美的。《左传》襄公二十五年楚国司马芀掩管理田赋,将土田分为九等,而最好的田叫"井衍沃",九等中最肥美的就是井田,这只有东方有。《齐语》记载齐国"井田畴均,则民不惑"。《齐语》是不是最原始的史料,这还可以研究，总之可以肯定齐国是有井田，井田都是很好的田，抽税要均匀，这样人民就无怨了。另一方面还要"相地而衰征"，就是视地的好坏，所出的赋税多少有不同，这已是很进步的方法了。这种方法的实行标志着劳役地租已成为过去，采取实物地租的形式了。如果这是管子治齐国时采用的办法，那么实物地租的实行公元前7世纪时就有了。在鲁国采取实物地租地始于宣公十五年"初税亩"，已是公元前6世纪，差不多晚了一个世纪。鲁国是井田，可以从它的民间组织是四进位制知道，譬如说"作丘甲"，就是"八家为井，四井为邑，四邑为丘"，所以鲁国是井田。郑国有"作丘赋"，在公元前538年，也是公元前6世纪后期，作丘赋，也是四进位制，郑国应是井田。齐国，鲁国，郑国都有井田，说明黄河下游地区的田地整齐得很，又是最肥美的地方。《易经》有井卦，就是讲井田的，卦辞讲"改邑不改井，无得无丧"，四井为邑，这个编制在《司马法》里讲得很清楚，改邑不改井就是把几个邑里的井互相调换一下，原来属于这个邑的井分两三个到那个邑里面去，又从那个邑里分两三个过来，井不变，只是把邑的编制改变一下，仍然是四井一邑，井本身没有变，所以说无得无丧。这也可知在黄河下游大平原里田地既肥美又划分得很均匀，又说"往来井井"，这里的道路和编制一样，都是有条不紊的。用井田的井来形容井井有条，毫不错乱。所以说在东方龙山文化地区实行的是井田，田地肥美，又种水稻，自然比西方仰韶文化发展快了。《周礼》里讲西方农作物只有粟稷，而东方则有五谷，除了水稻还有豆类。蚕丝也是从东方发展起来的。所以它能后来居上，取代仰韶文化而发展。从这里我们也可以知道井田并不是中国都有的，把古代的公田私田都解释为井田，这是不对的。西方的编制就不是四进位制，而是十进位制。

【二】 高辛与高阳

周朝起于西方,《诗经》上都是"百室盈止",以一百家为一个单位。所以在《诗经》上虽然有公田私田,但没有井田。它是三十里为一个共同体的活动范围,实行换田的爰田制,这是世界上普遍存在的,就是恩格斯所讲的日耳曼人的马尔克制度。而东方的井田却倾向于不换田,基本上都是肥美的田。当然不能处处都好,大平原里还有盐碱地,但主要是不换的,这可以研究一下《周礼》上所谓的"莱田",莱田就是准备自己换的田,就是自爰其处。井田与爰田有许多不同的东西,这是东方特有的现象。龙山文化把黄河下游肥美的地区开辟出来,文化迅速地提高,向西边发展就逐渐代替了仰韶文化,我们可以从陶器里的高足器、三足器逐渐向西边发展看到这一点。

《五帝本纪》里讲到属于仰韶文化系统的高阳氏降居若水,属于龙山文化系统的高辛氏降居江水。所谓降居,就是从高地垂直地迁徙到低地。其实这是两次被迫的民族大迁徙。降居若水在夏商之际,夏朝被殷灭了,夏人一部被迫南迁,就到了若水;降居江水则是在殷周之际,周朝灭殷后,商人的一部分人南迁到了江水。这两段历史我们在以后讲到夏、商、周历史时再讲。史记《五帝本纪》和《殷本纪》、《周本纪》里还分别讲到帝喾高辛氏有四个妃子,姜嫄为帝喾原妃,践巨人迹而生后稷,是为周人祖先;简狄为帝喾次妃,吞玄鸟卵而生契,是为商人祖先。《诗经》亦说"玄鸟生商"。可知姜嫄和简狄都是无夫生子的,而硬把姜嫄和简狄都拉来做帝喾的妃子,这是后来的人编排历史时,根据历史传说整理而成的。尤其是将姜嫄列为帝喾的原妃,这当然是周人编排的,商人决不会这样。我们今天结合地下考古发掘的成果还可以从这些杂乱的传说中找出一个系统来。唐尧是直接承继帝喾,商人、周人都是帝喾之后，说明三个朝代都是出于东方高辛氏，属于龙山文化系统。唐尧在山西，就是晋。《诗经》唐风就在晋。商人也是出于东方，大部分人都这样看。从东方海边上起一直到陕西这一带，南方到了江淮流域。过去说周人好像是出于西方，但从地下发掘我们知道了周人原来也在山西一带。周人原称为豳人，豳从地下考古发掘看是出于光社文化，光社文化就出在山西的汾水流域。豳又作邠，汾、邠都从分声，邠就在汾水流域，从前钱穆就这样说过，他把邠地搬了个家，说在汾水流域，现在我们看到的许多现象都可以说明这个问题。首先周人在邠地是穴居，在山西吕梁一带至今还有许多穴居的痕迹，我最近写了一篇文章《周原甲骨初论》，里面都讲到了。《今本竹书纪年》也讲到邠侯迁于周，而《史记》里却说周侯迁于邠，说后稷的后代失官，窜于戎狄之间，就迁到邠了。过去人们都认为只有《古本竹书纪年》才可靠，今本不可靠，这不应该一概而论。从前的读书人喜欢改书，他抄书时把不合他口味的地方就按自己的意思改了，是有些不可靠的地方。但也不是完全改完了，许多地方还保存了可靠的东西。我们应该结合各方面的材料来区辨它们。《今本竹书纪年》说"邠侯迁于周"，大概就是从北方迁到周，古代长城内外还是适宜于农牧业和打猎的地区。邠人迁到周地，发展了农业，以周立国。他们最初就有农业，但不太好，到了渭河流域同姜姓结合以后农业才发展起来。所以我们说唐尧、商、周都是出于高辛氏，用文献记载和地下发掘配合起来可以说明这个问题，是可信的，属于龙山文化系统。虞夏则出于西方的高阳氏，属于仰韶文化系统，夏代是羌人建立的国家，商灭夏后，虞夏民族有一个大迁徙，这我们以后讲。高辛、高阳分别属于东、西两个文化系统这已是很清楚了，而关于高辛、高阳的说法说明

【二】 高辛与高阳

在古代的传说中,保存了原始的、最初的一点,就是历史的素地,这也是传说中最根本的东西。我们现在通过地下考古发掘的成果恢复了它本来的面目。高辛氏、高阳氏的传说为我们将古代的龙山文化和仰韶文化分别得很清楚。

研究中国历史,还要知道在黄河流域古今生态状况有了很大的变化。我们知道古代黄河流域湖泊很多,河流也多,黄河下游有九河,在《尔雅》上九河的名称都有,还提到了十个薮泽。《周礼·夏官·职方氏》(《逸周书》里也有职方氏)讲九州,每州都有一个大的薮泽,著名的有荆州的云梦,豫州的圃田,(《竹书纪年》里还记载了战国时梁惠王把圃田的水引到河里去了,就在今天的郑州一带)青州的孟诸,诸字的本义就是储集水,诸、储都从者。《禹贡》里就叫孟诸,宋国时孟诸还有水。雍州的弦蒲,兖州的大野,等等。后来这些河流、薮泽都慢慢填塞了,成为陆地。生态亦在慢慢改变。大象现在都是南方亚热带、热带地区才有,在寒冷的地方就不能生存。而商代,就在黄河下游的广大区域里还有大象存在,这在甲骨文里记得很清楚。甲骨文里有"今名其两隻(获)象"(前三·三十一)或"其来象三"(后下·五)反映在文字形体上就是甲骨文的"为"字,从手牵象鼻子之形,大概是象为人服役,后来讲以象耕田人概是传说,象不一定耕田,但为人服役作战则是可以的。从甲骨文记载说明至少在商代晚期,黄河流域还有象为人服役。豫州就是古代象生息的地方,这在文字上还可以反映出来。豫字原来作 𧰼 ,从象从邑,就是有象的地方,后来邑逐步演变为予,予又变为余,都是后起的。豫字的本义应当是象邑,豫州就是从前象集中的地方。《左传》定公四年记"楚昭王奔随,王使子期执燧象以奔吴师"。就是在象尾巴上烧火,使象冲吴师,就像田单的火牛阵一样。

用燧象说明了从商朝到春秋时期，在长江北边（随国在湖北的江北地区）都有象。《吕氏春秋·古乐》云："商人服象，为虐于东夷，周公以师逐之，至于江南。"说明周灭殷以后，象随殷人一起被逐，到了江南，即降居江水，这确实是一个事实。从这里我们知道中国古代从旧石器时代就有了。在华北、蒙古、宁夏等地的旧石器时代遗址中都发现有犀牛和象的骨头。犀牛同象一样，也是亚热带和热带的动物，犀就是独角牛，古代黄河流域犀象都在那里存在过。从前的甲最早的都是皮子的，后来才用铜、铁，古书上记载用犀牛皮作甲，有的作犀兕。《山海经》说："绵山江水出也，兽多犀象。"《山海经》为战国时书，绵江就是四川松理茂地区，这时还是多犀象。后来黄河流域见到犀象出来都以为是怪异之事，记在"五行志"里，《魏书·灵征志》里就讲到"天平四年（538年）八月，有巨象至于南兖州砀郡"。砀郡就在徐州边上，南北朝时这里还有象。《南史》也记载在淮南还有野象。这说明了象南迁后一时还未在北方绝迹，偶尔还可以见到。可以想见古代黄河流域是一定有象的，后因商周之际民族大迁徙，才逐渐少了，偶尔还要在黄河流域出现，不可能一下就禁绝了。这可以说明古代北方的气候比现在暖和，这是可以肯定的。《诗经》的豳风我们认为是山东一带的诗，其中记载的气候与《春秋》里记载鲁国冬天虫子不死、无冰等现象相同。郑玄为《诗经》作笺也说鲁国的冬天比较暖和。也许古代的白令海峡很窄，或许是连起的，北方的寒流不得南下。不仅黄河流域比现在暖和，就是从长城以北一直到辽河的上游西拉木伦河流域，在热河的北边，据说在新石器时代那里都是适宜于农业发展的地区，阴山还是有大片的树林，人们在这里过着农耕、打猎的生活。这是一个生态变化的问题。这些地方在商代大概就是田服，田

【二】 高辛与高阳

服就是打猎的地区。商代的北方基本上都是田服,就是侯田男卫四服制的田服。田是打猎,也有了农业,猎场逐渐开辟出来就成了农田。所以树林多,尚未开辟出来的地方称之为阴。杜预注《左传》说河之南,山之北谓阴,只剩了这么多了。《左传》僖公二十五年记载周襄王赐晋文公阳樊、温、原、攒茅之田,晋文公于是启南阳,才开始开辟南阳。南阳,马融注说是晋地朝歌以南至中山之地。朝歌是商纣的都城,在淇水边上,安阳附近;中山就是今河北省定县一带,此谓东阳,就是太行山以东的地区,已经开辟出来了,就是东阳。朝歌以南为轵,轵就是现在河南省济源县,谓之南阳。这就是说太行山以东以南的地区都已经开辟出来了,属于从前的仰韶文化系统,叫做阳。阴地在《左传》昭公九年讲晋国梁丙,张趯率阴戎伐颍。阴戎,阴地的戎人,就是陆浑之戎,专门住在树林里。陆浑之戎的来源是秦、晋两国把允姓之奸,姜戎氏允姓迁到伊川这里,大概伊川上游都是阴地。伊川就是洛阳的伊水。《左传》僖公二十二年又说:"辛有适伊川,见被发而祭于野者,曰:'不及百年,此其戎乎!其礼先亡矣。'"这是在周平王东迁时,有人在伊川这个地方看到有人披发祭祀,就说这里将为戎地。这是后人的记载。这是后来秦国晋国把允姓之奸,即姜戎氏迁到这里来了。这个地方就被称为阴戎。"见披发而祭于野者"是所谓的先兆。《后汉书·西羌传》说姜戎氏就是披发。孔子亦讲到"被发左衽",大概这是东方人的记载,说明属于仰韶文化的高阳氏文化与东方是不同的。阴地在逐渐变化,《后汉书·西羌传》说到迁允姓之戎到渭水边上。现华阴,即华山之阴,后来还有阴平等名称。这些地区是在慢慢改变,春秋时这里还有一些地区没有开辟出来,阴地还保留了一些。

高辛氏的帝喾与大皞、少皞很有关系。喾字音从告,告、皞古代都是幽部字,音可通。皞有时作颢,为肖部字。古音幽、肖二部字可通。喾从告,后来变成了大皞少皞,这在声音上是通的。帝喾可能就是商代时的告国。告国在商代是田服,侯田男卫的田服,打猎的。现在铜器铭文里还可以见到关于告国的记载。《三代吉金文存》卷三·三有"田告作母辛尊"。卷三·十九的字数要多一点,说"己亥王戍鼎贝用作祖彝尊,田告亚"。这样的器皿有好多个,或者有个" 告 ",收在《集古斋》里,或者是"告田,父丁",说明是告国,田服。还有一个比较复杂的器皿,在《愙斋集古录》卷七:"莱侯叔作祖彝簋,告田亚。"器皿中从鸟,说明是东方国家,以鸟为图腾。这些器皿的时代大部分倾向是商朝时器,也许是商代告国的后代在周朝时作的。告国的铜器现在看到的有八九个,莱侯叔的莱国从前也是属于告国田服的一支。这些国家都在东方,莱在山东半岛的顶端,告国在《春秋》《左传》里作郜国。《春秋》隐公十年有"六月壬戌,公败宋师于菅,辛未,取郜"。郜大概就在同宋国接近的地方。《左传》桓公二年有宋国华督杀孔父而弑殇公,"以郜大鼎赂公"。大概是宋国灭了郜国,所以郜国的大鼎就到了宋国。后又被用来贿赂鲁公。郜大致在宋鲁交战的地方,鲁国从宋国那里把郜这个地方取了过来。《左传》上对此还郑重其事地记下来,鲁国把郜大鼎纳于大庙。从《莱侯叔》器和《春秋》《左传》的记载我们可以知道郜国在东方。郜国在商代是田服,到了周代侯田男卫四服都变成了诸侯,周代铜器铭文里有"诸侯侯田男",诸侯中有侯服、田服、男服,卫服后来也变成了诸侯,就是卫国。所以周代就以侯服这一服来代表其他三服,四服都在内了。后来,《禹贡》上有五服,《周礼》上有九服,大概都是从侯田男卫四服演变出来的。这个题目应当好好研究一下。商周之际的郜国,后来演变成为大皞氏、少

【二】 高辛与高阳

皞氏,又进一步变成了古代的帝王。事实上都是东方一个国家的国名,不是人名。少皞氏就是鲁国所在的地方,《左传》定公四年说鲁国封于少皞之虚。陈国为大皞之虚。虚就是从前住过的地方。所谓大皞氏少皞氏,应当是一个民族迁徙的问题,少就是小,是原来居住的地区。后来向西南迁到陈,就为大皞。在中国古代历史上,凡民族迁徙的,小的是原来居住的,大是后来的。小月氏、大月氏;小夏、大夏;少梁、大梁这些例子都可以适用。这也可以从文献记载里说明。《左传》昭公十七年说郯国是少皞氏之后:"我高祖少皞挚之立也。"挚是人名,为郯国最早的祖先。郯国在鲁国的东南面,也于属于山东半岛地区。在讲了少皞氏以鸟名官以后,又讲到"大皞氏以龙纪,故为龙师而龙名"。大皞氏以龙为图腾,故以龙纪年纪事名官。《左传》僖公二十一年说:"任、宿、须句,颛臾……风姓也,实司大皞与有济之祀,以服事诸夏。"任、宿、须句、颛臾都是国名,任是男服,古代任男相通,宿国是任姓,须句在须昌县西北,颛臾就是《论语·季氏》里的颛臾,在今山东费县西北,季氏要讨伐颛臾,颛臾这时已被鲁国征服了,"且在邦域之中矣",是鲁国的一个附庸国家。这些国家都在鲁国的旁边是东方的国家,管理大皞和济水的祭祀,他们臣服于诸夏,是诸夏的小国,是山东半岛的国家,古代并没有统治中国。也并不是古代帝王的祖先。这些国家都是从鲁国的边境沿济水向西南迁到陈,所以陈为大皞之虚。这三个国家都是风姓,风在甲骨文中同凤,甲骨文记载起了大风就写作凤,这应当是以鸟为图腾的。迁到南方后与南方民族交往影响下就以龙为图腾。龙字从虫,现在甲骨文里的凤字就是风字,也从凡声。凤字在甲骨文上旁边加个声旁就是凡。这说明少皞氏这个民族向西南迁徙以后,同江淮流域的民族混合起来,它的图腾就

213

由凤变为龙。颛臾就是黄帝的后代,高阳氏帝颛顼。顼从玉,是个入声字,在古韵屋部,臾是候部字,候部字与屋部字是平入相通,所以颛臾就是颛顼。帝喾这个名词则是从告国来的。这样我们就明白了大皞少皞,颛顼帝喾的演变了。所谓"告田亚"的亚字,可能是与商朝通婚的国家或部族,甲骨文上的亚字大概都是这个意思。《诗经·小雅·节南山》有"琐琐姻亚,则无膴仕"。姻亚是一个连续的名词。这两句就是说,虽然是很亲近的姻亲,但因其畏琐无大志,就不给他高官厚禄了。《尔雅·释亲》谓"两婿相亲为亚"。就是现在俗称的老挑。告田亚大概就是说告国田服,与商朝互通婚姻,这应当是很清楚的。这些民族从东边向西南迁徙,大皞的图腾从鸟变为龙,这可能是中国文化的一个很重要的基础。中国民间历来尊重龙凤,这应当是中国最基本的民族文化,本来我们知道大皞少皞就是郜国及与郜国接触的民族,都是属于东方文化系统的民族,即高辛氏。从铜器铭文和商朝的历史,我们知道了"侯"、"田"、"亚"应该如何解释,知道了它们是东方偏僻的部族及其分支,从少皞氏分支为大皞氏。这些变化我们可以找到一些痕迹,譬如说莱侯与莱国,在《禹贡》上有"莱夷作牧"的记载,说明了到了周代东方的国家如莱国,一直到春秋时代齐国把它灭掉,它还是一个畜牧的国家。帝喾则是铜器中的"告国",文献上作郜,是一个古代的东方民族,后来在民族传说中就把帝喾作为他们民族最早的祖先。到了战国时编历史的人按照阴阳学家"终始五德之传"的理论,先编造出一个黄帝来,再把帝喾安排为黄帝的子孙,这样帝喾又由一个民族传说中的祖先变成了中国古代的一个帝王。高辛、高阳的传说本身是根据龙山文化和仰韶文化逐渐演变来的,随着文化的交互影响,民族的迁徙,积累了许多传说,这些传说并

【二】 高辛与高阳

没有记载下来,或是一个名称,或是一个部族或国家的名字,后来逐渐演变,尤其是在统一国家的形成过程中,就把这些不同地区、不同民族的传说整齐划一,把这些古代各个部族的祖先和历史编为一个统一国家的祖先和历史。这就证明了顾颉刚先生提出的"层累地造成古史说"。我们的这个古史就是一层层的,司马迁在《史记·三代世表序》里就明白地告诉我们,他是根据了许多不同的传说,做成了这样一个古史系统。今天我们运用大量的地下考古发掘资料再来研究这个古史系统,问题就可以说明得比较清楚了。

【三】 唐虞夏部族联盟

《论尧舜禹禅让及家族私有制的发生和发展》,此文全录。下面的记录分别为若干问答。如:

问:司马迁根据什么写五帝本纪?

答:孔子孟子言必称尧舜,大戴礼的古文,《春秋》《左传》与大戴互相发明。

问:黄帝是怎样产生的?

答:五行学说产生的时代和邹衍五德终始说。

问:黄帝为什么能成为中国人民的共同祖先?

答:五行学说盛行,各地人民都按照自己风教塑黄帝,言从殊,都说是自己的高祖。他的事业就是中国人民的共同的意识形态。

今天讲的唐虞夏部族联盟,就是从前历史上讲的尧舜禹禅让。《史记·五帝本纪》和《三代世表》里司马迁讲五帝,讲古代史,一切都依孔子的意见来断定历史是否真实的是非。这种研究古史的态度后来被清朝的崔述(东壁)继承了。他考订古史是很精的,比较合乎科学的论点,但最后他要折中于孔子,而这个最后的根据是不是可靠?我们现在看来这一点也有可靠性,但他的材料是不充分的,我们没有办法来说明他的可靠性,然他还是有可靠性。在《五帝本纪》中司马迁说:"总之不离古文者近是。"依靠古文作为一个标准。古文就是秦焚诗书后六国留下来用当时书体写的旧书,不是很古的古文,这点在王静安先生的文章中讲得很清楚,现在讲古文就要按照这个说法。古文里有《帝系姓》、《五帝德》,这两篇现收在《大戴礼记》里。司马迁认为《大戴礼记》里这两篇文章也是用六国的古文写的。大戴礼记是西汉时儒家抄集的书。其中有六国的材料,也有汉代的材料。其中有讲儒家的理论,譬如讲为什么要孝。这些理论现在看起来也是不很充分的。其中所载的史实还可以和《春秋》(左传)《国语》相互发明的。他的理由也没有说清楚,譬如说:"顾弟弗深考",就以不了了之;一方面又说"非好学深思,心知其意,固难为浅见寡闻道也"。说明他虽心知其意,他却说不清楚。因此司马迁说:"夫子(孔子)之弗论次其年月,岂虚哉?"孔子只讲尧舜不讲黄帝以来的历史,那是没有缘故吗!司马迁既要折中于孔子,孔子所没有讲的,他就不讲,这是他写《五帝本纪》的一个标准。另一个标准就是"择其言尤雅者",雅就是正的意思,没有神怪一类怪话的,而一般人都能相信的谓之雅言。这个标准对于研究古史也是有问题的,因为我们知道合乎我们思想的却不一定合乎于古代的历史。而所谓不雅驯的神怪之言,我们通过民族学的研究,从这些神怪之言中找出古代的一些基本史实,就是素地。因而用"言尤雅者"来断定古史的真伪,也不一定是可靠的。至于孟子说孔子"言必称尧舜",这从《论语》上看确是如此,一切道德、行为都是以尧舜为标准的。从整个《论语》看,提到尧舜的地方文章都很简短,譬如说人们都难做到的事情,就说"尧舜其犹病诸"?在《论语》"雍也"、"宪问"里两次讲到这句话。但尧舜究竟做了什么事却没有告诉我们,只是空空洞洞地(《论语·泰伯》里说:"大哉尧之为君也,巍巍乎!唯天为大,唯尧则之。荡荡乎民无能名焉。巍巍乎!其有成功也,焕乎其有文章!")。这些空洞的赞辞说明《论语》成书的时候没有见到《尧典》。孟子也可能没有见到《尧典》,他讲尧舜时有许多都是想象出来的。在《孟子·滕文公上》里讲到尧舜时也是引用了《论语·泰伯》里孔子的这段话。可见孔子孟子时代没有看到《尧典》,也没有看到《禹贡》。《论语》、《孟子》讲大禹就和《禹贡》不同,《左传》已引用了《尧典》(左传文十八年)但记大禹治水的事情仍和《禹贡》不同。而在《论语·尧曰》里讲尧舜的事情又多一点,记载了尧、舜的对话:"尧曰:咨,尔舜!天之历数在尔躬。允执厥中,四海困穷,天禄永终。"历数包括的内容很多,主要是指统治者享国的短长。允执厥中就是事情不要做到极端,否则到了四海困穷,你的寿命就要完了。

"尧曰"这一章从前已有人怀疑是否为孔子所作的说法,但现在我们认为还是可能有些事实根据的。一个部族就必须有个领袖,把这个部族统治好,把生产搞好,使这个部族兴旺发达,才能长期存在,人民也才拥戴他。如果领导得不好,人民就不拥戴他,

【三】 唐虞夏部族联盟

废除他,犯了罪还要被杀。在孔子时代尧、舜的事情还是可信的,是符合部族联盟时代部族兴衰的道理,不过后来说得太雅了,提到"历数"等,文辞太文雅,不像古代原始的东西。这是造辞的关系,我们把"尧曰"这一章同《论语》全书比较,可以发现不像《论语》的东西,很可能是后来添的。因为整部《论语》讲尧、舜都是空空洞洞的,唯独这么一段文章要具体得多,所以这一段从前就有人怀疑。既然如此,为什么这部分还有可信的呢?因为一方面,在我们看来夏代是确实存在的,从地下考古发现可以充分说明这个问题。而在夏代以前存在部族联盟和禅让的时代是符合国家形成的过程,这一点可以用唐末五代时契丹的兴起来说明。另外,这个时候五行学说还没有兴起。金木水火土的五行学说在中国出现可能是战国时代。《左传》里有金、木、水、火、土、谷,为"六府三事",多了一个谷,故《左传》成书时已有了五行学说的萌芽。后来就按五行学说编排古史的系统,首先是黄帝,黄帝就是五行中的土。按五行学说编排古史的次第,这是邹衍的事情,邹衍的时代大概是战国晚期。《汉书·艺文志》里有"邹子四十九篇,邹子终始五十六篇",注家都说是邹衍作,在《史记·孟子荀卿列传》里说邹衍有"终始、大圣、五德之传",所谓终始、五德之传是邹衍的一套理论,后来又根据这套理论来编造了一个相生相克的说法。相生,就是金生水、木生火之类;相克,则是金克木、水克火等等。朝代的兴衰,一个用相生,一个用相克。大概相生的理论要早一点,相克的说法要晚一点。大概在邹衍时五行学说已很盛行,邹衍就把这个学说运用于古史系统。这时已有黄帝的名称了,我们在齐威王的铜器《陈侯因𬨎敦》里就看到黄帝的名称了。齐威王说自己要"绍统高祖黄帝,侎嗣桓文",他认为黄帝是齐国最早的祖先,要继承黄帝和齐桓晋文的霸业。齐威王将黄帝作为他的高祖，这是受了五行学说的影响，时代在邹衍之前。《孟子》讲邹衍曾见过梁惠王、燕昭王和平原君，但把他所见的三个人年代排一排，时代相隔很久，恐怕他未能够见到梁惠王。说明战国时代齐威王时黄帝的传说与五行学说已出现了。而邹衍不过是利用这个学说，按五德终始把历史编排了一下，所以在《五帝本纪》尧舜以前的世系司马迁就说得不清楚，"古文咸不同"。由此可知司马迁的这两个标准都不足以论定这部分古史是真实的。孔子的年代比齐威王和邹衍都要早一百多年，因此孔子没有看到，当时也没有关于黄帝的传说。在孔子之时，远古的历史尚为空白。而夏、商两代的历史孔子是知道的，所以他说："夏礼，吾能言之，杞不足徵也；殷礼吾能言之，宋不足徵也。"（《论语·八佾》）。孔子时代人民心目中是知道夏、商这两个统一朝代的，也知道在夏代以前还有一个禅让的部族联盟制。这个认识是符合我们中国社会发展的次第，符合用社会发展史来研究古代的历史。孔子时代古史系统尚未编纂成书，他只晓得夏商二代和尧舜禹禅让，对五行学说形成后出现的黄帝世系自然一无所知。尧舜禹禅让的时代是很久远了，到孔子时只有一个模糊的概念，但却是真实的。孔子信而好古，尊崇尧舜，把一切美好的道德都归在尧、舜身上，为我们留下一个粗线条。这是比较原始的、可信的。唐末五代时的契丹，后来建立了辽国，虽距尧舜禹禅让的时代已很远了，但在社会发展阶段相同时仍然要走前一发展阶段的路，契丹部族联盟制的推选制也就是尧舜禹的禅让制。《新五代史·四夷传附录》里讲到了契丹的发展过程，这个记载比较简单、明白，比《辽史》讲得更真实。《辽史》的修纂还要晚一点。《辽史》中也讲到了一些，但后来有所隐讳，还不及《新五代史》讲得好："契

【三】唐虞夏部族联盟

丹……后分为八部……部之长号大人,而常推一大人建旗鼓以统八部。至其岁久,或其国有灾疾而畜牧衰,则八部聚议,以旗鼓立其次而代之。被代者以为约本如此不敢争。其部大人遥辇次立……八部之人以为遥辇不任事,选于其众,以阿保机代之。阿保机亦不知其何部人也,为人多智勇而善骑射。是时刘守光暴虐,幽涿之人多亡入契丹,阿保机又间入塞攻陷城邑,俘其人民,依唐州县筑城以居之。汉人教阿保机曰:中国之王无代立者。由是阿保机益以威制诸部而不肯代。其立九年,诸部以其久不代共责诮之,阿保机不得已传其旗鼓而谓诸部曰:吾立九年,所得汉人多矣,吾欲自为一部以治汉城,可乎?诸部许之……阿保机率汉人耕种,为治城郭邑屋廛市如幽州制度,汉人安之不复思归。阿保机知众可用,用其妻述律策,使人告诸部大人曰:我有盐池,诸部所食。然诸部知食盐之利而不知盐有主人,可乎?当来犒我。诸部以为然,共以牛酒会盐池。阿保机伏兵其旁,酒酣,伏发尽杀诸部大人,遂立不复代。"从这段史料我们可以看出,在阿保之前契丹尚处于部族联盟时代,分为八部,部之首领称大人,大人是中国的名称,易经称利见大人,大人就是酋长,也就是官吏。古代中国称官吏为大夫,大夫也就是大人,说明中国文化已经传到了那里。推就是大家共同推举,旗鼓则是号令,八部之人在一个旗帜之卜用鼓来发布命令。这是氏族社会的习俗,每个氏族都要有一个标志。当时契丹以畜牧为其主要的生产,已有农业,但财产以畜牧计算。到一定时候就要八部聚议改换酋长。到阿保机时尚不知其为何部人,说明当时还很原始。阿保机受汉人影响,九年不胥代,众责诮之,阿保机不得已传其旗鼓,却将他统治时所得的汉人作为他的私有财产,这是边区民族中的一个不成文法律,谁掳掠的就是谁的私产,在《史记·匈奴传》里有这方面的记载。阿保机在汉人中知识分子的帮助下,将统治安排得有条有理,其力量逐渐强大,遂用其妻的计策,会八部大人于盐池,尽杀诸部大人,遂从部族联盟的禅让制过渡为家天下的皇帝。从"诸部知食盐之利而不知盐有主人",还可看到当时契丹内部存在的公有制残余。

由契丹的例子很可以说明在夏代以前存在过这样一种部族联盟制度。尧舜禹禅让就可以说明这种部族联盟制度的存在。尧传舜,舜传禹,禹后来就传子家天下,这很符合于社会发展的层次。契丹的例子可以作为一个典范。用社会发展史来解释历史,凡是社会发展阶段相同的民族,生产关系到一定的时候,都应当有相同的、一定的形式。用社会发展史来解释尧舜禹禅让,我们可以知道这是社会发展必经的一个过程。但要把古代史讲得更清楚更具体,还必须要根据地下考古发现的材料来说明。解放三十多年来,考古学有了很大的发展,解放后在全国基建和农田改土中,地下的遗址遗物考查得比较清楚,从发掘的层次和C_{14}的科学测定,使我们对相对年代、绝对年代也较清楚了,通过对各个地区新石器时代面貌的了解,现在我们对古史系统的研究进入了一个新的阶段。

唐虞夏的部族联盟,可以从夏家店下层文化来说明。部族联盟也可以说是部落联盟。前者是一个血缘关系,后者则是地缘关系。其实地缘关系里也有血缘关系,时代愈早血缘关系便愈浓。唐虞夏这三个部族正是在夏家店下层文化这里汇合,共同抵御北方民族的入侵,形成了部族联盟。讲这个问题我们首先要把中国古代的农业区域搞清楚。过去我们只知道黄河流域是古代的农业区域,而实际上在远古,大约就是四千年前的光景,从阴山南北一直

【三】 唐虞夏部族联盟

到辽河的上游西拉木伦河一带的广大地区,尤其是阴山山脉的东边,从松辽平原到大兴安岭山麓,都是古代农业区域,这里面有一个生态变化的问题。所以后来人们不知道了。在西拉木伦河以北是沙质土壤,蓄水力弱,同时不断地受到季风的剥蚀,变成了流动沙丘,人们便认为这里不是农业区域。从夏家店下层文化可知这里在古代农业还是很发达的。夏家店下层文化的范围很广,分布在内蒙、辽宁、河北的邻境一带,包括京、津在内。北迄西拉木伦河,南至永定河,都属于这个范围。在夏家店下层文化的遗址中,大多有土筑的城堡。在朝阳地区的喀喇沁左翼一带即发现了这样的城堡达三百处之多,比现代的居民点还要密集。如果没有农业哪能养活这么多人。同时土筑的城堡也反映了这种定居的农业生活,而更为有趣的是,在赤峰以北沿着英金河又密布着连成一串的石筑小城堡,石筑的小城堡连成一串,我们完全可以体会为长城,这些连成一串的小城堡与后来的燕长城相邻而平行。这些密集相邻的土筑城堡和连成一串的石筑小城堡说明了早在这时我们的祖先就在这里抵御北方民族的侵袭了。北方的双城子很多,周朝的丰、镐就是两个城连着的,这是古代的防御,两个城便于互相依靠,互相支援。

在长城内外,阴山南北我们还发现了早于夏家店下层文化的红山文化和小河沿文化。红山文化的典型器物是彩陶,无论是在陶质上,制法上,还是在器形上,纹饰上都属于仰韶文化系统。C_{14}测定红山文化的年代为距今六千年左右,与仰韶文化的年代相当。在仰韶文化以前我们在河北磁山发现了磁山文化,河南新郑发现了裴李冈文化,甘肃秦安发现了邵店文化,这些文化的遗存都是早于半坡类型,陶器以红色为主,有圆体钵等,部分钵外饰有红色或彩色的宽带纹。有石磨盘及石磨棒,应是碾制麦粉的,说明他们有农业而且种的是麦,与仰韶文化以黍稷为主食不同。红山文化里也发现了这一类器物的遗存,同时也存在有细石器文化的遗存。细石器文化从内蒙古到西伯利亚都有很多发现。细石器文化与渔猎生活是相配合的。这说明红山文化是细石器文化与早期仰韶文化在这里相遇形成的。红山文化之后这里出现的是小河沿文化,小河沿文化不仅和中原原始文化有密切的联系,而且和江淮流域的青莲岗文化有着共同特征,如小河沿文化里的八角星彩绘图案和江苏邳县大墩子遗址发现的陶盆上八角星图案非常相似。说明了早在新石器时代晚期长城以北与长江以南的原始文化都已相互影响。小河沿文化可能成为属于仰韶文化类型的红山文化与属于龙山文化系统的夏家店下层文化之间的一个中间层次。龙山文化逐渐传播到了河北、山西、陕西。夏家店下层文化在辽西地区有一个相当长的发展阶段,早期遗址中的磨光黑陶器物,都反映了它是承继龙山文化的影响形成的,C_{14}测定夏家店下层文化的年代是四千年左右,从红山文化→小河沿文化→夏家店下层文化这个发展顺序,我们可知大约是在四千年前,龙山文化传播到这里与早已到了这里的仰韶文化相汇合并取代了后者,成为夏家店下层文化的主体。东、西方这两种文化在中原接触的时间大约也是四千年前,仰韶文化(即夏代的文化)发展到东方向西形成了二里头文化。二里头文化分为四期,现考古学界一致认为二里头Ⅰ、Ⅱ期文化属于夏代,距今四千年;Ⅲ、Ⅳ期文化属于早商文化。这充分说明了在四千年前,东西方的两个文化系统就在从中原到长城内外的广大区域里相接触,互相融合。而龙山文化则成为中国文化的正统,其内容主要是在夫妻关系和家庭关系上重人

【三】 唐虞夏部族联盟

伦,讲究礼节礼貌,席地而坐,相应的陶器都是高足,如三足器、高圈足器等,饮食器具以俎豆为主,俎是有足的砧板,豆是高足的碟子,这是中国文化的传统。《后汉书·东夷传》里还有所谓的笾豆。而"父死妻后母","兄死妻嫂"及两腿前伸而坐,平底陶器等则是西方的东西,现在的羌族和西藏还保留不少这些习俗。

东西方两种文化接触的结果便产生了唐虞夏的部族联盟,他们联合起来共同抵御北方民族的侵袭。中国与北方民族在生活上是截然有别的。中国大陆的人民是褒衣博带,穿裙子,南方则是赤脚穿草鞋,即跣足草屦,衣服是直领,胸口很宽敞;而北方民族必定要把身上包得很严密,曲领窄袖,穿裤子和靴子,北方要生活下来就要御寒。这是两种完全不同的生活方式。中国史书称北方民族为"狄",狄就是狄历,原来是两个音节,其意就是森林,即英语中的tree。《北史·高车传》云:"高车盖古赤狄之余种也,初号为狄历,北方以为高车、丁令。"丁令就是狄历的不同译音,二字的声纽分别同为t(d),l。(中国语音中没有r音,凡外来语中的r音都发l)高车,丁令,狄历,后来又叫敕勒,在《隋书》里称铁勒,有"铁勒传"。这些民族大概是从黑海穿过吉尔吉斯草原来到西伯利亚森林地带的。这是一条他们经常往来的路,《隋书·铁勒传》里有清楚的记载。这些从黑海来的民族多乘大车全家全部落的迁徙,生活在森林中,以狩猎畜牧为主业。这些民族的历史也是很久远的,西伯利亚的细石器文化大概就是他们的文化,据C_{14}测定可到一万一千年以前,最早的可到两万年前。他们在西伯利亚的森林里狩猎生活绵延得很久。狄历的狄,就是指从远地方来的。《史记·李牧传》称为"襜褴",也是狄历的不同译音,《汉书·冯唐传》里又译作"澹林",狄历本生活于树林之中,这里澹林之林即译其音又译其义。树字在甲骨文中为象鼓之,立大概是用鼓架子竖起来,后来就借用为树林的树了。这个意义是较晚的。中国古代称树木为辛,即高辛高阳的辛,柴薪之谓。现在西藏还叫树木为辛,林则是从居住在北方森林中民族的澹林名称而来。这说明了早在新石器时代,中国大陆和北方西伯利亚就居住着与中国文化不同的民族,他们在和平时期互相有交往,文化则表现出互相的影响,而生活在森林地区的狩猎畜牧部落生活资料常常得不到保障,又迁徙无定,就要抢掳相邻的农业民族,因此农业民族要抵御,便出现了密集的连成一串的小城堡,后来就发展为长城,这个历史是长期的、久远的,就是我们现在看到的夏家店下层文化,也就是为什么我们用夏家店下层文化来解释中国历史上的唐虞夏部族联盟和尧舜禹禅让。

唐就是在今山西一带,是龙山文化的区域。唐在汉藏语系的语言中指平地,当时还没有文字,唐虞夏和尧舜禹等名称都是古代人民历代口耳相传下来的,唐就是指生活在平地上的部族。唐虞都是来自西方,虞就是猎人,后来还称打猎的为虞人,金文作 ![字], 虎字头像顶皮帽子,下边是个人形,手举重器,很有力量的样子;夏字在《秦公簋》里才出现作 ![字], 像人形而身后有尾的样子,这很可能是古代以兽皮作为衣服的民族,连野兽皮连尾一起剥下穿在身上。《后汉书·南蛮传》讲南方民族"衣服制裁,皆有尾形",这是原始时代狩猎生活习俗的遗留。后来说到南方民族好像人真的长了尾,这是民族传说了。

唐虞夏这三个部族在商灭夏以后,就逐渐地迁徙。虞夏大约是这个部族联盟的主体,逐渐向西北边迁徙,还有别的一些分支则迁到其他地方去了。《国语·齐语》记载齐桓公"悬车束马,逾太

【三】唐虞夏部族联盟

行与辟耳之溪拘夏",《管子·小匡》作"悬车束马,逾太行与卑耳之溪拘秦夏"。秦当为泰之误,泰夏即大夏,《齐语》有脱字。到了春秋时夏人还有一部分在山西。故周初分封时封在山西一带的晋国称为"封于夏虚","启以夏政,强以戎索"(《左传》定公四年)。到了战国末年大夏就到了中国北边,即《吕氏春秋》和"秦始皇刻石"中所谓的"北过大夏"。愈迁愈远,小夏就留在中国。大概大月氏是与大夏一同向西北迁徙的,他们是两个部族的联盟。月氏就是虞氏,有虞氏,《管子》里称为禺支或禺氏,都是有虞氏的不同对音。大夏大月氏虽是部族联盟一同迁徙,但毕竟不是一个部族,后来大夏灭大月氏,小月氏就在甘肃安宁郡一带。《穆天子传》里称西夏,西吴又称大夏、大月氏,大就是远迁的意思,小就是留在原来的地方,西则为向西迁。《管子》里说禺支是出玉的地方,就是说大夏大月氏已经西迁到新疆及新疆以西了,这一部分就与中国文化愈来愈远了,后来这些民族都被认为是华夏民族以外的民族,成为少数民族。虞夏部族的一部分后来确实迁到中国以外去了,就是后来的大夏大月氏。但在四千年前他们都是我们中华民族的祖先,西藏和羌人也是属于这个系统的。这个问题等以后讲夏代历史时再详细讲吧。

综上所述,尧舜禹禅让的实质就是部族联盟时代的推选制度。后来夏部族内部的父系家族制首先完成,他们有了父系和家族的观念,所以改变了推选制度而成为家天下,这也是社会发展的必然。而尧舜的禅让就被后代认为是理想的制度,部族联盟的首长也就被后代认为是最好的君主了。

【四】 夏代的历史

我们从社会发展史讲，尧舜禹联盟抵抗北方民族的侵袭，逐渐形成一个军事民主制，由军事民主制逐渐形成一个夏代王朝，社会发展史的次第应当是这样的。为什么在夏代形成一个王朝呢？说明夏民族首先完成了家族私有。我们讲夏代，就是因为军事民主制首先在夏代形成一个王朝。我们现在可以这样讲，这个民族有他的基地和活动范围。从文献和地下发掘都可以说明这个问题。首先从地下文化的遗址遗物来看，大概夏代的文化，我们认定的，就是二里头文化遗址。二里头文化遗址在河南偃师，从前叫西亳，西边一个称亳的，成汤所都的地方。在二里头文化遗址底下有

【四】 夏代的历史

所谓客省庄二期（客省庄在陕西长安县），客省庄晚于仰韶文化，河南二里头文化是压在客省庄二期上面，而客省庄二期文化既有河南后冈第二期文化因素，又有甘肃齐家文化因素，这已经属于龙山文化。二里头文化遗址，现在已发现一百处以上，在河南地区就有四十余处之多。在伊水、洛水下游调查的结果表明，这些遗址在河南伊洛流域相当密集，遍布于河南东部、南部、豫北以及山西的南部，这个范围与历史记载夏人的活动范围相一致，现在考古学家研究，二里头文化共分四期，在底下的两层一、二期为夏代的文化，根据C_{14}测定在四千年光景，三、四期大概为商朝的早期。这个都属于由龙山文化发展出来的，夏商两代文化完全是继承的。《国语·晋语四》上说"阳人有夏商之嗣典"，阳就是阳樊，今济源县，就是河南的黄河北边那些地方。《水经·沁水注》说："河之北岸内怀县有殷城。"《竹书纪年》又说："秦师伐郑，次于怀，城殷。"河南的怀县就是济源县，春秋时在这儿筑殷城，大概就有殷的名称，这个就是说夏商两代文化是相继承的，尤其是在中原这个地方。中原是中国之中，《史记·周本纪》讲这些地方都属"有夏之居"。《周本纪》上说，武王伐商回到周朝，"自夜不寐"，周公旦就到武王那里去，问："曷为不寐？"他回答："我未定天保，何暇寐"！"天保"就是堡垒，大概这个时候还没有起大城来镇压商人，应当这样讲。从前叫"天保"，好像是"天命所保"。武王说"定天保，依天室"，定这个大城，要依靠"天室"。"天室"就是"太室"，"大室"也是一个大的堡垒，大的房子，就是"太室"所在当时已经有城了。"太室"就是太室山，就是所谓岳中嵩山。"依天室"，就是靠着这个太室山。太室山在阳城那个地方，阳城，就是河南登封。"定天保"在什么地方呢？武王说："自洛汭延于伊汭，居易毋固，其有夏之居。""易"当平讲;"南望三涂","三涂"就是三涂山,在伊水上游,弘农郡那些地方;"北望岳鄙",北岳就是中条山,霍太山,霍山的边上;"顾詹有河",回望黄河;"粤詹雒、伊","粤"字同"迂回"的"迂",《逸周书》作"宛",就是回过头来。"顾詹"是左右望,"粤詹"就是回过头来望,回到了伊、雒;"毋远天室",这个地方离太室不远。周武王说的这段话在《逸周书·度邑解》里,司马迁著《周本纪》引用了这段话。"天室"在《山海经·中山经》里作"泰室",所以"天"应该"太","太"就是"大","太室"就是"太室山",这些地方就是夏代活动的区域,他的都城所在。夏民集中的文化遗址,在河南就有四十多处,而伊洛这个地方可以看到夏代已经筑城。相传城是夏鲧筑的,《淮南子·原道》说:"夏鲧作三仞之城",三仞,三七二十一尺那么高。《吕氏春秋》也说,"夏鲧作城"。我们从夏家店文化,西拉木伦河那里看到就有城,所以在这也有城,所谓要"依天室"。1978年在这个地方发现有城,就是太室阳城。1978年河南博物馆工作队在这里发现上有"阳城仓器"戳印的陶器,陶器是汉代的,说明这个地方是汉代的阳城,大概这里是春秋到汉代的阳城遗址。在这个地方,发现有属于龙山文化晚期的城堡,这个可以同传说联系起来。《孟子·万章上》说:"禹避舜之子于阳城。"《古本竹书纪年》也说"禹都阳城"。这些书都是战国晚期的,可见"阳城"这个名称至迟在战国末就已经有了。夏朝以前有城池,我们从发掘中已经知道有西拉木伦河土筑的和石筑的城堡,夏代有城池已见于记载,而阳城这个地方又发现了城堡,说明夏代确实有城了。夏禹王的父亲叫鲧,鲧称为"有崇伯鲧",古代没有"崇",《诗经》上只有"崧",在古代"崇""嵩"是一个字,"有崇伯鲧"就是"有嵩伯鲧"。《汉书·武帝纪》里说,汉武帝到嵩山见到"夏后启母石"(神话里,

【四】 夏代的历史

启母变成了石头,破石而生启,称为"夏后启母石"),东汉时在这里还立了一个"开母庙石阙","开母庙"就是为了纪念夏后启生在这里而立的,汉朝人避景帝讳改称"启"为"开"。现在还存在,有碑有拓本,地方文献,历代相传,就保存下来了。《左传》昭公四年说:"夏启有钧台之享",杜预注:"河南阳翟县南有钧台陂,盖启享诸侯于此。"《汉书·地理志》说阳翟是"夏禹国"。阳翟现在是河南禹县。《左传》僖公三十二年,"殽有二陵焉。其南陵,夏后皋之墓也"。在《夏本纪》里,皋是夏代的第十五个王,殽,殽函之谷,在洛阳西边。河南这个地方,过去的文献都说夏代在这一带活动。《左传》昭公元年记载,"天王使刘定公劳赵孟于颍(阳城就在颍水边上,《汉志》都属颍川郡),馆于雒汭"。刘子就在这里称赞禹的功劳:"美哉禹功!明德远矣。微禹,吾其鱼乎!"这个时候就有禹治水的故事。从《左传》这一段,我们可以看到,《左传》成书的时代还没有见到《禹贡》,只晓得有治水这件事,治水的内容还不晓得。大禹治水的传说都在河南一带,夏代是不是始终在这里呢?大概后期发展到山西南部,比如"夏桀都安邑",秦以前的文献里没有,见于《尚书·伪孔传》孔安国的序,是汉以后的人说的。伪孔传还说成汤同夏桀战于鸣条,鸣条在安邑以西。可见夏代的晚期到了山西南部,历史上称这个地方为"大夏"。《左传》昭公元年说:"迁实沈于大夏。"大夏就在汾水浍水之间。《左传》定公四年说,分唐叔,"命以唐诰而封于夏虚"。"虚"为从前人住的地方;"唐",晋国初封称"唐",是从前尧所都的地方。后来说唐叔虞封的地方在晋阳(太原),现在晋阳从地下发掘看不出夏文化,周朝早期文化也没有,所以封于唐不是晋阳,大概应当是平阳,在汾水流域,汾浍之间。解放以后在晋西南临汾、侯马这些地方都发现了夏文化遗址。从

231

现在地下发掘可以订正前人解释的错误。《古本竹书纪年》里说,夏后启"二十五年,征西河"。又说"胤甲即位,居西河"。西河在什么地方?西河就是现在山西西南黄河弯曲的地方,在河东,汉代的西河郡,不是黄河以西陕西那个西河。这些地方发现夏文化遗址有三四十处,而山西东部发现夏文化遗址很少。最近在山西夏县捻掌公社东下冯发现一处范围较大(20万平方米)的夏文化遗址。这里有石磬、铜范,有个小城,时代大概同夏代第十三王胤甲(廑)相当。从这里看起来,夏启征讨西河(山西南部),夏朝晚期到胤甲时就住在这里了,这是《竹书纪年》记载的。这个同《史记·吴起列传》说的"夏桀之居,左河济,右泰华,伊阙在其南,羊肠在其北"是一致的。从前说洛水发源于沁水这个地方。"泰华",太华山。羊肠,就是中条山这一带像羊肠一样的小路。商灭夏时,夏桀就住在山西南边。从夏代最初所住的地方和以后所住的地方,地下都布满了二里头文化,历史记载也可以证实夏文化的存在。夏文化的存在现在是可以肯定的了,我们应当研究夏文化的发现对我们提出的新的要求,我们不能怀疑夏代的存在在有无之间。

夏代到底是什么民族所建立的国家?《史记·六国年表序》说:"禹兴于西羌。"他是从西羌兴起统治中国,所以后来说西羌在中国的西北方,凡是成功的都属于西方。西羌是什么人?《说文解字》上讲,"羌,西戎牧羊人也。"他是西方的戎人,从前把羌人看成少数民族,事实上,中国历史第一个王朝的建立者就是羌。羌人分布的地方,汉朝人说就是甘肃,历史上的羌人都在甘肃这一带。羌人是牧羊人,首先牧羊,发展了牧畜。牧羊是动产,财产可以私有。从前论有没有财产,不说有多少谷子,而是说有多少家畜。《礼记·曲礼》说:"问人之富,数畜以对。"远古时代中国的东方,甘肃以东,

【四】夏代的历史

可能没有马牛羊。东方首先是打猎,有采集,有初级农业,牧畜不显著。东方的牧畜猪鸡比较多,鸡是很小的,猪不能大批畜养。新石器时代有猪骨头陪葬,有好多猪脑壳,以多为贵表示富有。在夏家店下层文化以前有辽宁的富河文化,富河文化里发现了很多动物骨骼,没有看见草原里的奇蹄类动物(牛是偶蹄,马是奇蹄),就是在夏家店早期也不见大型的猛兽的骨头,犬科的标本也少(大概犬是用于打猎的,是不是在旧石器时代就有了,还说不清楚,有人说由于打猎的需要,犬是最早的培养动物),全部动物的骨骼没有可以肯定是家畜的,还是野生的,这大概是五千年前后的情景。就是说这里已经有农业,渔猎还占着重要的地位,牧畜不占重要,或者没有牧畜。从文献材料来看,也可以说明游牧民族所驯养的马牛羊,在亚洲东部原来是没有的。《后汉书·东夷传》说,倭"无牛马虎豹羊鹊"。倭,就是日本。古籍记载日本国这个地方,当时没有虎豹马牛羊,鹊子也没有。《隋书·流求传》说,流求"有熊罴豺狼,尤多猪鸡,无牛羊驴马"。《隋书》的流求就是现在的台湾,从福建建安郡水行五天就可以到达,这当然不是现在所谓的琉球。《汉书·地理志》说,儋耳、珠崖郡(海南岛)"亡马与虎,民有五畜,山多麈麖"。五畜,颜师古注曰:"牛、羊、豕、鸡、犬。"前汉时代,海南岛没有老虎没有马,大概马在东方比较晚,前汉时期海南岛与中国比较近,所以牛羊都可以输入,但是无马与虎。中国史籍上记载东亚滨海的岛屿,如台湾、海南岛及日本,都没有马牛羊。这些地方在古地质学所称的上新统末期,都是同大陆相连的,没有离开,它们都没有,说明东亚大陆也没有。《北史·室韦传》说,"颇有粟麦",《北史》的材料大概是从《魏书》里来的。《北史》讲室韦有粟有麦,人民"惟食猪鱼",有渔猎,养马牛,羊还没有。《北史》已经是北魏的时代,仍然没有羊,这同富河文化可以相印证。室韦在什么地方?在现在的黑龙江兴安岭。这里还没有,说明中国古代东方没有这些牧畜,在北魏时代这些地方还是没有。马牛羊多半产生于亚洲中部,甘肃以西这一带,逐渐传到东方,传播的速度是很慢的,这有个地理环境的限制。大概南方的河姆渡文化已经有猪狗,还有水牛和羊的骨骼,这说明中国文化发展是有区域性的,不平衡的。东亚牛马羊的原生地都在中亚。《华阳国志》说,云南一带有野生的骏马。《蛮书》里有野生的沙牛,就是说这些东西的原生地都在中亚这一带。羌族因为住在西边,也是牛羊的原生地,现在不大谈得清楚。现在认为马是从很远的西方来的,不是中国本来就有的,这也很难说。西藏横断山南边有野生的马,现在还有,这些东西在大陆上从中亚跑得过来,说马在中国没有原生的,也不是不可能的。我们讲中国东边大陆上没有马牛羊,畜牧业不发达,还可以从更广阔的范围来认识。现在有学者认为,墨西哥、美洲的文化同中国有关,中国人首先到墨西哥,到美洲去。美洲原先也是没有畜牧,只有农业。墨西哥的文化,印加帝国的文化绘画雕刻都是对称的,很整齐,很像中国的文化,比如商朝的饕餮纹,都是对称的。所以从大范围讲,东西方的文化都可以互相影响,世界的文化都可以相互影响。羌人是首先牧羊的,养的家畜多了,私有的观念就发展起来了,所以就形成家族私有制度。羌族地区,比如甘肃这一带有一些河谷,河谷里也可以培养农业,发展农业,大概这个属于高级农业,河谷里也可以有草原,草原同农田相间。所以可以发展农业。《后汉书·西羌传》是东晋以后刘宋人写的,作者隔后汉有三四个世纪,但是羌族的民族习惯、民族传统、生产的发展还是原始的东西,所以这个记载虽然隔得很远,我们认为是比较原始的,可以说明羌族的原始状况。《后汉书·西羌传》说羌族"所居无常,依随水草。地少五谷,以产牧为业"。他们大概是以牧业为主。还是应当包括打猎、采集、农业在内,所以称为"产牧"。"其俗氏族无定,或以父名母姓为种号"。族,是大氏族,氏则是从大氏族中分化出来的小氏族,凡是外婚制不论是父系外婚或母系外婚,就必然先有氏族作为外婚的标志。有的以父亲的名字为种号,就是父系外婚制。有的以母姓为种号,就是母系外婚制,这是两种不同的社会。"十二世后,相与婚姻",隔了十二代以后,大部族内可以互相通婚,这说明父名也好,母姓也好,都是属于外婚制。这就是这个民族的优秀所在,他们对于"同姓结婚,其生不蕃"可能是很早就有正确的认识了,所以他们能成为优秀的民族。他还有一个收继婚的习俗,"父没则妻后母,兄亡则纳釐婢,故国无鳏寡,种类繁炽"。大概极端的家族私有,就可能走到这个地步,好像女子成了他的家属,就是他的财产,就不能再向外出嫁了!这是一种原因,还有一种原因,在古代一切都以保种为要,因为死亡率高,地方空旷,人民少,这样对种族的繁殖很有利。《史记·田世家》说陈成子有好多老婆,他让人出入后宫,生了好多儿子,这也是奖励生产的一个道理。这种"收继婚",也是一种多妻制,使种族可以得到繁殖。但这是中国传统的伦常道德绝对不允许的,所以中国把这一部分民族视为外族,中国传统的伦常道德要等到龙山文化逐渐传到西边,才可能把这种"收继婚"慢慢改变过来,以父名为种号,这种习俗后来在中国西部的南诏、白族、彝族、缅族大概都继承了这个东西。如彝族的父子连名制,背家谱可以数几十代,六七十代都可以数得上来,父亲叫什么名字,底下那个字就成了儿子的名字,他没有姓,所以叫父子连名制。解放前有好多学者研究父子连名

名师讲义
徐中舒先秦史讲义

制,比如罗常培搞了很久,搜集了好多资料,后来徐嘉瑞《大理古文化史稿》专门把这些资料搜集起来作为一章。可以参考《中国古代的父系家庭及其亲属称谓》一文(川大学报1980年第一期),里面讲到父子连名制,比如南诏的世系,据《新唐书》就可以这样数下去:

舍龙—独逻—逻盛炎┬炎阁
  (细双逻) └盛逻皮—皮逻阁—阁罗凤—凤伽异

像这样一代一代的都是父子连名,以父子连名为种号的民族没有姓,他就是以父子连名制来表示父系家族制。至于以母系为种号的,就变成了母系氏族,就是母系社会。现在还保留母系的,就是永宁纳西族。唐朝时候,在西藏边区还保存很多母系社会,在西藏的东边,康定的西边还存在着女国。藏北张塘那个地方有一个女国叫苏毗,后来大概被西藏灭了。史籍记载,苏毗完全以女子为王,有个大王,有个小王,都是女子,说明唐代吐蕃兴起以前,这个地方还存在着女国。大概唐代这个藏族也应该出于羌族,这些地方因为生产不发达,比较落后,没有建立国家。吐蕃能突起成为一个很大的国家,是因为他兼并了许多羌族的女国,所以能兼并可能还是受鲜卑的影响,鲜卑就是党项(吐谷浑迁到西边同羌族结合形成党项)。吐蕃受党项影响,吸取他们的政治经验,逐渐统一成大部族,形成了一个大的吐蕃国。吐蕃强盛的时候差不多和唐朝是平等的,陇右以西的地方差不多都被吐蕃占领了,一直打到松理茂这边。《后汉书·筰都夷传》说:"永平中,益州刺史梁国朱

【四】夏代的历史

辅,好立功名,慷慨有大略。在州数岁,宣示汉德,威怀远夷。自汶山以西,前世所不至,正朔所未加。白狼、槃木、唐菆等百余国,户百三十余万,口六百万以上,举种奉贡,称为臣仆。"旄牛道(现在汉源)一带称为笮都,同西边接近。益州就是云南北边。汶山以西,松理茂以西,百余国一百多个部落,东汉时期都归属于中国了。当时还有一个很有名的"白狼歌",《东观汉纪》有他的音读,《后汉书》里有汉译的文字。东汉时,西边很多部落都联合起来了,向中国进贡。从前有人说是夸张的,不应该有这么多户,这么多人,汉代一个大郡县也不过三四十万人,六百多万,西边哪有那么多人?这也很难说,可能联络了各地方的人。解放前西藏有一百多万人,没有这么多。但是我们看西藏张塘,现在荒无人烟,进藏经过这一带很苦,而从前苏毗在这里立国,人还是应当不少的,可能地理形势变了,现在喜马拉雅山还在逐渐上升。由此可见,女国能在这里生存那么久,能立国,人口可能比后来多,这些都说明中国文化在这一部分,由于生产的关系,发展要慢一点。东方大部族迁徙过来了。他们有政治经验,使这一部分改变了,逐渐变成父系社会,西藏强大起来了。从这里可以看到羌族以父名母姓为种号是原始的东西,后来分化了,一部分形成父子连名制的国家南诏,另一部分母系后来逐渐受到汉人和鲜卑的影响,形成强大的吐蕃国。从前有所谓"西王母"。西王母究竟在什么时候?《尔雅》上已经有了,《汲冢书》中有个《穆天子传》,说周穆王见到西王母,大概在战国时代西王母就见于记载了。这可能就是古代的女国。可见羌族古代就在这里活动,还有母系女国存在。我们说母系父系,好像两个不同的社会阶段,父系起来了,母系就不能存在。其实是可以同时存在的。周朝人已经进入父系,但是《诗经》中《王风·葛藟》、《小雅·黄鸟》、《小雅·我成其野》三首诗都反映了母系社会男子上门的习俗，好像西藏的男子嫁给女家一样。《王风·葛藟》说，"终远兄弟，谓他人父"，"终远兄弟，谓他人母"，"终远兄弟，谓他人昆"，这是说男子到女家上门，称女家的父母为父母，称女家的兄弟为兄弟。后来人家不理他，于是《小雅·黄鸟》又说："言旋言归，复我邦族"，"复我诸兄"，"复我诸父"，他就想离弃其妇而回复到自己的邦、族和诸父、诸兄的父系家庭去了。《小雅·我行其野》说："昏姻之故，言就而居。尔不我畜，复我邦家。"这三首诗都应该解释成男子上门，周朝时还有这个风俗。现在西康保留这种风俗还是很多的，这就是一个习惯问题，一个财产问题。古代夏族大概由军事民主制被推选为酋长，他们因为首先发展畜牧的关系，动产积累多了就先完成了家族私有制，夏代传子的家天下就是在这个条件下形成的。大概在虞夏部族首先在长城内外，统治农业民族，收税、收贡赋。古代称这里的人民为"貉"。汉代称辽东半岛上的貉为大貉、小貉、大水貉、小水貉，小水貉靠大小辽水而居，用英文讲就是man或men的音。貉本来从各，但蛮貉都是人，不读"各"而读为貉（或作貊）而总称为蛮貊。《孟子·告子》说,：夫貉，"五谷不生，惟黍生之"；农业很少，只有黍，因为黍的产量最低，所以他要把黍排斥在五谷之外，这里"无城郭、宫室、宗庙、祭祀之礼，无诸侯币帛饔飧，无百官有司，故二十而取一而足也"。这说明在这个地方，一般的政治状况就是如此，没有宫室，没有宗庙，没有祭祀，礼节不备，没有诸侯币帛饔飧，没有百官有司，大概稍微有一点剥削。过去我们讲夏商周的历史只注意到黄河流域南边一点，现在我们要讲夏商周的起源更重要的要注意这一部分。

【五】 夏商之际夏民族的迁徙

中国历史上"殷革夏命",如果我们用后来历史上的改朝换代来解释,是不够准确的。这不是改朝换代,而是一次民族斗争,其结果是殷民族战胜了夏民族,之后夏民族有一次很大的迁徙。

摩尔根《古代社会》讲到阿兹忒克联盟,详细地总结了印第安人对战争中的俘虏处置办法(见第六编第七章216页注)。经历了三个阶段:第一个阶段就是把俘虏杀掉;第二个阶段就是把俘虏献祭于他们所尊崇的神灵;第三个阶段就是把俘虏变为奴隶。用这几个条件讲夏商之际的历史,再结合甲骨文的材料,就比较容易清楚了。甲骨文记载的历史,已属商朝后期,其中有许多有关羌人的材料。羌人就是夏民族的后裔。甲骨文多记载"伐羌"之事。如记载祭祖乙时"伐羌十有五"(存—1499),伐就是杀,杀十五个羌人来祭祀他的祖先,还有"今夕用三白羌"(卜245),白与百同,用三百羌祭祖先,甲骨文杀羌可以多至三百人。伐羌一二人以至用十五、三十等不同数目的,在甲骨文中就计算不清了。还有"斷十牛,羌十人"(甲2124),就是用十个羌人和十头牛作为牺牲一起祭祀他们的祖先。这些羌人都是俘虏,甲骨文有许多"隻羌"的记事。可见获羌就是被俘虏的羌人。还有一部分幸运的则收容为奴隶,让他们为殷人服役,如"多羌隻鹿"(前四48)或"多羌貴田"(粹1222),殷人用这些羌人为田猎或种田的奴隶,贵田就是种田(贵作⌂,像双手捧土壅苗之形)。此外还有"令多马羌"(粹1554)或"多马羌臣"(陈116),就是命羌人养马或监视这些养马人(臣像眼睛,多马臣即监视养马的人,又有小耤臣就是监视耤田的人)。从这些材料可以看到,在殷商的后期,殷人对待羌人还是十分严厉的。所以说殷革夏命并不是像后来的改朝换代,而是民族间生死存亡的斗争。夏民族在这次斗争之后就有一次很大的迁徙,这是过去历史上所没有记载的。

夏代统治中国时应以河南、山西南部为其统治中心。最早主要在河南夏虚,后来发展到了山西南部,就是大夏。夏代的统治时间据《竹书纪年》记载"用岁四百七十多年,凡十七王",统治中国的时间很长,也留下了不少东西。1977年我国考古工作者发掘河南登封告成镇一个古城堡,其遗物中的陶豆陶量都有"阳城"印记。《汉书·地理志》"臣瓒曰《世本》禹都阳城,《汲郡古文》亦云居之,不居阳翟也"。禹都阳城见于《世本》及《竹书纪年》,《竹书》是魏襄王二十年以前的史书,《世本》也是秦以前的书,告成镇出土

【五】 夏商之际夏民族的迁徙

的陶豆陶量也是战国时遗物,可见阳城早已存在于战国以前,应是夏人世代相沿的旧称。现在我们从出土遗址遗物的相对年代和绝对年代一致认为二里头文化就是夏人文化,阳城就是夏人旧都,陶豆陶量上阳城印记就是夏都阳城坚强的内证。二里头文化遗存中尚未发现文字。旧文献中《论语·卫灵公》孔子说:"行夏之时,乘殷之辂,服周之冕,乐在韶舞。"夏时就是现在的阴历(实际上是阴阳合历),春秋时代居在夏虚的晋国,还是沿用这样阴历的。当时周人以十一月为岁首,而晋人则以阴历正月为岁首,和周历相差两个月。古代阳城,唐朝武则天时改名为告成。城中有测影台,用土圭测影,这也是从夏代遗留下来的,汉唐以来一直存在。夏人有夏历,他们在这个地方观测日影,作为各地的标准时间。有了测影台观测日影比观察天上星宿度数要精密准确多了,把观测日影的长短记录下来分别二至二分为春夏秋冬四季,这是中国从夏代沿袭至今的阴阳合历。夏代的历史虽无文字记载,但许多东西都通过口耳相传而保留下来,像这样的传说还是可信的。

夏代没有文字。如夏人原居嵩山下,"有崇伯鲧"就是禹的父亲。古代只有崇字而没有嵩字,《诗经·崧高》作崧,崇崧皆后起的形声字,《后汉书》灵帝熹平五年复崇高山以为嵩高山,《说文》嵩在新附字中,原是宋初徐铉附加的字,这也是夏代没有文字的一个例证。成汤灭夏。夏民族就从他的统治中心向外迁徙,他们并不是向一个地方迁移。原始民族经济文化结构并不严密,一个地方集中许多人,是养不活的。

首先我们讲夏民族向西北边的迁徙。这里是羌族的老家。商灭夏后,虞夏这两个联盟的部族一部分就由北向西方迁徙。《管子·小匡》中记载齐桓公"悬车束马,逾太行与卑耳之溪拘秦夏,西服流沙，西虞"。秦当为泰之误字，秦夏就是大夏，《国语·齐语》也用了这个材料，但无秦字，就是"拘夏"。西虞就是在西边的虞国，《齐语》里作西吴。说明了虞夏两部是向北边西边迁徙的，春秋时代齐桓接触的这一部分还在山西太行山一带。秦始皇琅邪台刻石及《吕氏春秋·古乐》记秦国的北方疆域所至说"北过大夏"，《逸周书·王会解》"正北月氏"，月氏就是《管子》中的禺氏，《穆天子传》中的禺知，月氏、禺氏、禺知都是虞氏的转音。战国时月氏大夏都迁到中国河套的北边了。西汉初匈奴冒顿单于兴起以后，月氏大夏继续向西边迁徙，《汉书·西域传》说："大月氏本居敦煌祁连间，至冒顿单于攻破月氏，而老上单于杀月氏王，以其头为饮器，月氏乃远去，西去大夏而臣之，都妫水北为王庭。其余小众不能去者，保南山羌，号小月氏。"敦煌祁连在甘肃西边，月氏被匈奴攻破后又征服大夏，后都于妫水。妫水即今苏联境内流入咸海的阿姆河。月氏大夏这时已西迁过了葱岭，其余没有走的就留在南山，称小月氏。南山即祁连山，《后汉书》称小月氏为"湟中月氏胡"，湟水在甘肃西北边，仍在敦煌祁连间，同羌民杂居互为婚姻。《汉书·地理志》载陇西郡有大夏县，大夏就是夏人曾经在这里居住过的地方。《汉书·地理志》又载安定郡有月氏道，安定郡治固原，汉代凡有蛮夷的地方称道，言汉王朝只能从道路交通上控制这些少数民族。中国文化重伦常，同姓不婚。大夏大月氏行收继婚，父死妻后母，兄死妻嫂，同中国文化极端不同，所以汉人就把他们当作少数民族看待了。王静安先生《观堂集林续编》有《月氏未西迁大夏时故地考》，对虞夏民族西迁讲得很详细，我们也相信月氏、大夏是在夏朝灭亡后经过很长的时间逐渐由北边迁到西边去的。大夏是先迁到北边，留下一部分民族为匈奴祖先。《史记·匈奴传》说匈奴自

【五】 夏商之际夏民族的迁徙

称"其先祖夏后氏之苗裔也,曰淳维"。《索隐》"张晏曰:淳维以殷时奔北边"。乐产《括地谱》云:"夏桀无道,汤放之鸣条,三年而死,其子獯粥妻桀之众妾,避居北野。"鸣条在安邑,桀之子妻其众妾,就是匈奴父死妻其后母兄死妻嫂的收继婚。过去人们都不相信这个话,现在我们看来《史记》这个话还是可以相信的。羌族原是西羌牧羊人,住在这里的民族与西边的游牧民族很接近,风俗也有很多相同的地方。

中国大陆的东部原来就不产马牛羊。《后汉书·东夷传》说倭(日本)"无虎豹马牛羊鹊",《隋书·流求传》说流求"尤多猪,无牛羊驴马"。流求在福建东北,水行五日而至,即今台湾。日本与我国的台湾在上新统末期尚与大陆相连,这些岛屿上没有马牛羊就说明大陆也没有这些家畜。1962年在西拉木伦河以北地区位于巴林左旗北部乌尔吉木伦河东岸山冈上的富河文化遗址中所发现的动物骨骼甚多,未见有草原奇蹄类动物,也不见大型猛兽,犬科标本较少,未见可以肯定为家畜的。C_{14}测定富河文化距今为4730 ± 110年,是中国大陆东部没有马牛羊这一类的家畜,又得到地下遗迹的证明。中国之有马牛羊这些家畜就是从中亚这里输入的。中亚是马牛羊的原产地,西羌族只驯畜了羊群并没有驯畜牛(如牦牛),马更是从葱岭以西逐渐输入中国的,所以称他们为西戎牧羊人。这里居民原来也是农牧兼营有一点粗耕农业,原始民族单纯的游牧经济是不能生存下去的,他们来到东方,专门掳掠农业民族,这样就把本来的一点农业丢掉了。西汉采取和亲政策,每年都要把缯絮米蘖(酒曲)送给他们。如果不把这些东西办好,到收获时他们就要来抢劫的。所以这种单纯的游牧经济只有在这样的特殊环境里才可能存在。过去讲游牧民族都是单纯的游牧经济这是错误的,这些民族原来从西边来都是乘两轮或四轮大车。《通典》说:"大月氏国人乘四轮车,或四牛六牛八牛挽之,在车大小而已。"本来车子两个轮子转动最方便,四个轮子只适合于直线走,这只有在大草原里才适用。说明这个地方古代是欧亚的通道,用两轮大车在这里通行。两轮大车不是中国的原产物。二里头文化中没有大车的遗迹。殷虚出土遗物始有两轮大车出现。甲骨文车作 ,正像大车一辕两轭两轮之形。孔子说乘殷之辂,也说明殷代才有这样大车。《北史·高车传》说高车所乘"车轮高大,辐数至多",汉人因其车轮高大故称之为高车。《汉书·西域传》的康居也因为乘高车得名。康高双声,车居叠韵,康居就是高车二字的对音。高车康居都是汉人给他们的名称。他们都是乘两轮大车居于森林中的丁灵。丁灵汉人又称之为狄历,或者称曰狄,六朝时康居人入居中国即以翟(狄同)为姓。他们都是高加索人种,高鼻深目。他们很早就同羌族杂居学会了做两轮大车。《考工记》说:"胡无弓车。"因为他们每个人都能做弓车,并不是无弓车。胡就是匈奴。他们在战国时就以善做弓车著名于时。匈奴是夏后氏的后裔,是蒙古利亚人种,他们与高鼻深目的狄族长期接触之后,他们也就学会了做两轮大车,可见大车并不是中国的原产物。殷代后期出土车马坑,已有轮辐至多的两轮兵车。殷民族母系始祖简狄,应当就是居在森林中的丁灵人。丁灵就是Tl、Tr的复辅音,简称为狄,所以单于二女的传说与《吕氏春秋·音初》所记有娀氏有二侏女的故事绝相似,就是同出于一个母题的分化。殷代的两轮大车就是从高车输入的。

夏民族向东北边区迁徙的有豕韦氏。他们养猪很多,食猪肉,衣猪皮,所以称为豕韦。《商颂·长发》诗曰"韦顾既伐,昆吾夏桀。"

【五】 夏商之际夏民族的迁徙

韦就是豕韦的省称,他们原是一个很大的部族,当时就有一部分人投降商朝。《左传》载晋范宣子论三不朽说他的祖先"在夏为御龙氏,在商为豕韦氏",他们历事夏商两朝并没远离中国本土。同时还有大部分不愿投降的人,历尽艰辛远徙于东北边远地区,到汉初这里就已布满了他们后裔,他们没有大君长,在契丹兴起以前多为夫余、高丽、突厥所役属,这些强大的部族都以涉为民,通称其人为涉、为昧、为靺鞨。这些名称都是由韦音转来。韦古微部字,涉、昧、靺古祭部字,微祭合韵,故得相通。涉又通作秽或芛,说明他们原是一个从事采捕而兼有粗耕农业的部族。他们不但保存衣猪皮的习惯,并利用当地物产鱼皮及其他皮革(包括貂皮在内)为服。靺鞨或作抹鞨,又说明他们就是一个纺织业不发达,仅能以猪皮鱼皮为衣的部族,秽之本义为韦。《淮南子·原道训》说"匈奴出秽裘"。秽裘就是韦裘。中国本土人民男耕女织,穿白麻布衣都比之于猪皮鱼皮清洁美观,因此秽就引申为污秽不洁之称。昧靺均从未声,后人或讹从末,沿用已久。《礼记·明堂位》:"昧,东夷之乐也。"昧或作佅,并从未声,可订昧靺从末之误。靺鞨之鞨,在满洲语中其音与介为近,其义与汉语个人之个的义相同,靺鞨即靺人之义。豕韦分布东北广大地区,自夏亡至于汉代,已经历一千五六百年,他们的风俗习惯依然不改,古代原始民族文化发展的迟缓真是惊人。以上这些名称都是从豕韦一名演化而来,就是毫无疑问的。此外,他们又因所居不同而有沃沮、勿吉、挹娄诸称。汉代东北滨海之地有东沃沮和北沃沮,其地下湿,在松花江、乌苏里江大森林中,沃沮即指其地沃衍沮洳之义;勿吉即汉语沃沮的对音,满语则称窝稽。《北史·勿吉传》说:"勿吉,一曰靺鞨。"他们又与靺鞨同为豕韦的后裔。《后汉书·东夷挹娄传》说:挹娄东滨大海南,与北沃沮接,地多山险,"无君长,其邑落各有大人。处山林之间,土气极寒,常为穴居,以深为贵,大家至接九梯。好养豕,食其肉,衣其皮。冬以豕膏涂身,厚数分,以御风寒。夏则裸袒,以尺布蔽其前后"。可见这个部族到汉代定居于此还不能适应这里严酷的寒冷气候。用豕膏涂身也只是暂时对付,他们经常居在九层的深穴中。《满洲源流考》说挹娄与满语呦噜声近,呦噜即岩穴之义。挹娄是女真人原住地,女真即满语的诸申,女真、诸申皆肃慎不同的译音。《金史·世纪》说金之先出于靺鞨,这个部族就是中国历史上宋、辽、金之金和清王朝所自出。

豕韦在旧史中或作失韦,或作室韦,豕失室皆书母字,故得相通。《唐书·室韦传》说:"其人土著无赋敛,或为小室,以皮覆上,相聚而居,至数十百家。"室韦之室不但与豕失音通,而室字还兼指其所居有皮屋顶之义。他们相聚而居,不过数十家以至百家左右,这样一个原始社会的村社既无君长也无赋敛,从远古以来至于隋唐经历了二千余年而终于成长壮大布满东北全境,这确是一个优秀民族。如果有一个杰出的军事首长把他们团结起来是可以做出一番惊人事业来的。公元9世纪以后,中国历史上出现的辽金元清四个朝代,就是他们所完成的辉煌业绩。

契丹出自室韦,他们居在潢河流域(今西拉木伦河),受汉族影响较深。他们的社会也从分散的村社组织一跃而发展为部族联盟的国家。唐末耶律阿保机就是统治这个契丹部族联盟国家的八部大人之一,他继遥辇氏之后被推选为八部首领,收容叛降不复受代,又征服了邻近室韦各部,选其族人为皮室军,有精甲三十万。《辽史·百官志》说:"皮室军制有南北左右皮室及黄皮室,皆掌精兵。"耶律氏就靠着这样强大的部族统一了北中国。辽亡以后,

【五】 夏商之际夏民族的迁徙

其余部逃到葱岭以西又建立了西辽国，声威远及中亚。皮室即室韦，室韦是古语法，中国古语法，名词前置，定语后置，如公刘、公非、公亶父。皮室是后起语法，定语前置，名词后置，如文王、武王。

蒙古出自室韦，他们与匈奴都是中国历史上的东胡，属于蒙古利亚人种。《新唐书·室韦传》说："山外曰大室韦，濒于室建河，河出俱轮，迤而东，河南有蒙瓦部。"契丹蒙古同出室韦，蒙古距中国本土最远，称为大室韦，大即言其远。山外则指大兴安岭以外之地，室建河即今额尔古纳河，俱轮即今呼伦贝尔湖。这里水草丰茂，而新唐书说"他们还沿习室韦旧俗过定居生活，在蒙古兴起以前，小或百户，大数千户，各有酋帅，不相统摄。他们虽强悍善战，卒不能为强国，而役属于回纥、突厥"。这些游牧民族因而采取游牧经济。胡峤《陷虏记》说："契丹之先常役回纥，后背之，走黑车子，始学作车帐。"（见《新五代史·四夷附录二》）黑车子居于大兴安岭，他们在唐代即以善作车帐著名于世。车帐生活远比室韦皮室舒适得多。后来辽代皇族所居宫帏制度，就是从黑车子那里学来的。蒙古出自室韦，原非游牧民族。柯劭忞《新元史》说蒙古出自突厥，显然是错误的。

金代清代都是女真部族建立的国家。女真古称肃慎，满洲人称为诸申。《左传》："肃慎燕亳，吾北土也。"（昭公九年）春秋战国时代他们的名称已由北方的燕人传入中国本土。肃慎、女真，旧皆作国名解，满洲的诸申，就是原始社会散居村舍的自由民，他们各事生产，不相隶属，所以他们不出赋敛。肃、女二字，原为舌音，诸乃转为齿音，慎、真、申皆真韵字，知为一语的异译。《北史·勿吉传》说："勿吉一曰靺鞨，旧肃慎国也。"勿吉即后汉的沃沮，也是满洲语的窝稽，他们就是居在白山黑水之间的大森林中，土地低下，故称之为沃沮,元魏时则称之为靺鞨。靺鞨就是居于大兴安岭的室韦与居于东海滨的勿吉共有的名称。靺鞨之靺,原是韦或沴的转音,他们都是吃猪肉、衣猪皮的豕韦人。从上述一系列的历史事实,从原竟委说蒙古女真同出室韦,都是无可否认的信史。从前历史上都把这四族统治中国,说成是外族入侵,我们现在看来应当讲他们是先从中国出去,后来又回来和我们一起建设中国。这样中国古代的历史,就将大大地改观了。

【六】 殷商的历史

今天讲殷商的历史。有人讲,甲骨文没有"殷"字,但是商朝的铜器里有"殷"字,譬如《邲其卣》里有个"殷"字,像个人的形象,反身为殷。周朝铜器《保卣》里也有"殷东国"。关于商朝,《四川大学学报》1979年第2期上有一篇《殷商史中的几个问题》,今天讲的大致都是依据这些,有点不同,还有些应当详细在这里讲一讲。

(一)商朝的年代和世系

我们中国历史有文字记录的开始,就是殷商。《尚书·多士》说:"惟尔知惟殷先人有册有典,殷革夏命。"殷商是有文字记录的历史,从甲骨文都可以说明殷代确实"有册有典"。殷代以前的历史又是怎样的呢?比如说夏代。我们讲没有文字。现在根据地下发掘,我们还没有发现夏代有文字。殷代的文字是在一个特殊的环境里发展起来的。它是适应殷王卜卦、祭祀、问神的需要而产生的,一些未决定的事要问神,所以就发展了文字。现在有许多人讲文字应当是发展的很早的,但是我们从甲骨文上看起来,甲骨文还是在发展,不是一成不变的。中国的文字是从图画来的,而图画就是画着一个图,画着一个形象,逐渐地丰富它的意义,并不是规定了这个字就是什么形象,应当怎样读,而是卜卦的人看着字形就给它一定的意义,看着这个字形就认识这个字,后来就连缀起来,再后来又用这个字作声符,才发展了文字。这是逐渐发展的,并不是说甲骨文就是很成熟的东西,一方面创造甲骨文,一方面甲骨文字的意义渐渐丰富,渐渐分化。不是先有这个字,尔后我们按照这个字读这个音。文字是在应用中逐渐发展,逐渐形成的,并不是一成不变的,甲骨文已具有六书条例,这个都是逐渐发展起来的。所以,只有商代才有文字,才适宜于人的使用。商朝以前的历史怎么样来的呢?是不是就完全不可靠呢?也不是。人类的历史都是后来逐渐记载的,好像报纸一样,今天有什么事,明天有什么事,后来把它连缀起来就是历史,这是后来人作的。现在我们都懂得电影,一张一张的影子,连起来就成了故事,历史也是这样。夏代的历史是商朝人看到的,而夏代的来源是由部族联盟慢慢形成的,这些都是当时人看到的。周朝人所谓"殷革夏命",晓得商朝人革夏命,这些历史是在人们记忆之中,后来有文字了,才把它记录下来,应当是这样。又比如,夏代以前的历史,黄帝的名称世系,是人类崇拜祖先,一代一代口耳相传,告诉他们的子孙,子孙把这

【六】殷商的历史

个记下来,这样流传下来的。我国春秋时代就有史官了,有内史、外史,这一类史官就是记载世系的,把历史传说用文字记载下来变成了世系。大概在战国时候,历史就比较发达了,就把夏商周以前的传说系统地编纂为历史,编成了世系,我们现在看到的战国时《竹书纪年》,就是其中的一种。《竹书纪年》是西晋时从魏襄王坟墓中发现的,魏国史官编纂的一部编年体史书。我们知道它记有夏商周的年代世系,比如,夏代"有王与无王,用岁四百七十一年","有王与无王"是说有时夷夏之争,中间失国了,总数一共四百七十一年。《纪年》又记载商的年数,"汤灭夏以至于受,二十九王,用岁四百九十六年"。受就是纣,他原来的名字叫受,以后都读为纣。夏商都有总的年数,王的世代,这时开始把历史逐渐编成有系统的有首尾的。也许在战国以前已经在编纂,比如《春秋》二百四十年记载鲁国一国的历史,不是整个王朝的历史,大概由此发展到公元前3世纪战国时代,也就是《竹书纪年》成书的年代。这个时候正在把历史编成系统。《左传》宣公三年说:"桀有昏德,鼎迁于商,载祀六百。"《左传》是抄《晋语》,《国语·晋语》时代应该比《左传》还要早一点。《晋语四》说:"商之飨国,三十一王。"这样夏商周都有年代,都有世系。这些记载一方面根据传说,一方面根据后代整理作成的系统。经过后代的整理,中间总有些出入错误,比如传说抄写。传说经过一个人就有改变,抄写又有改变,特别是数目字,很容易错误。中国古代书籍都是经过辗转抄写来流传的,能看到原书的人是少数,有些人看到某个历史不合自己的意思,他就可以改,抄写人就改了。古书的改动也不是一定要经过什么人作伪,有些人看到这个事情不合他的胃口,就把它改了。比如《竹书纪年》原来在西晋时代是经过束晳的手整理出来的,后来杜预又在宫中内府藏书的地方，亲自看见这部书，他在《春秋经传集解·后序》里讲到这个事，他就说《纪年》是从夏代开始，其次是殷代，接着殷代后面是周代，后来用晋国魏国的历史作编年到魏襄王二十年为止。原来看到《纪年》的人都说从夏代开始，夏代以前黄帝的纪年是没有的。而现在这个《竹书纪年》就从黄帝开始，也引用当时参加整理的人的话，说是："《纪年》起自黄帝"。大概《汲冢书》不止一部，原来还有《说语》，也许别的书混进来了，也说是《竹书纪年》的，所以就有从黄帝开始的说法。我们晓得古代能看见这个书的人，他是在皇宫里看见的，外面看不见，能够接近这个书的人已经不多，抄写的人又以自己的意思随便更动，所以出现《竹书纪年》起始时代不同的现象。这种情况古代是很多的，现在我们看见马王堆出土的《战国策》帛书本便和今本《战国策》有许多不同，可见《战国策》是经过许多人改变的，自己修改的多得很。看见《战国策》我们就晓得古人抄书是可以随便改的。比如，古代的字没有偏旁，后来加上偏旁，因为要把字分别得很清楚，要把意思说得更清楚，抄写的人自己就加。因为抄写久了，他自己就改变了，所以这些书有许多不同的地方。现在用《古本竹书纪年》，就是宋朝以前的本子，经各书引用以后，他看到就以为是古本。古本也不过是宋朝以前的人看到的，宋朝以后改变更多了，所以就用古本。事实上古本自己也有矛盾的地方。比如《晋书·束晳传》说"夏年多殷"，夏代的年代比殷还长。现在《竹书纪年》里记载夏年并没有殷年长，夏年四百七十一年，殷年四百九十六年，这个数目字就同束晳当时说的不同。现在说六百年，四百九十六年，四百九十一年，这些数字都只能看作一个大的约数。《竹书纪年》记载"自盘庚徙殷，至纣之灭，二百七十三年，更不徙都"。这个引用的数字也有错误，原来说七百七十三年,或七百五十三年,数目字很多错误,现在我们改了。从盘庚迁殷到商纣灭亡,没有七百多年,哪里有七百多年,把"七"字就改为"二",大概现在共同承认的就是这个数;二百七十三年。二百七十三年还有错误,有些又说二百五十几年,大家现在承认二百七十三年。这些数目字,我们要依据最早的记载,《竹书纪年》都是有错乱的。从地下发掘,用C_{14}测定,大概夏代的年数总是从公元前21世纪(四千年前)开始,到公元前16世纪,大概有四五百年;商代大概从公元前16世纪,到公元前11世纪。商朝灭亡的年代,有人用天文的算法,也说不一定。总是公元前11世纪中间,一千零几十年。现在有人根据《国语·周语》所说的"武王伐纣,岁在鹑火",从天象上推断武王伐纣之年,这个说法也有许多说不通的地方。大概就是在公元前11世纪。《孟子·尽心下》说:"由汤至于文王,五百有余岁。"孟子也有个约数,年代总在四千前到三千年光景。夏商年数,根据C_{14}就作这么个估计吧!

夏代十七王,十七王的数字是怎么来的呢?古代对祖先的世系是通过口耳相传,到有文字的时候,用文字写下来,就流传下来了。商代有三十一王。《晋语四》说:"商之飨国,二十一王。"这二十一王,用《史记·殷本纪》和甲骨文可以相对照,或者说二十九王,或者说三十一王,大概有两个王有些时候不计算在内。《殷本纪》的世系,在甲骨文世系表中有两个王不计算在内,沃丁和仲壬就不计算在内,这就是二十九王。商代的王以日名为名,用甲乙丙丁作名字,另外还有一个名字,比如《国语》记载上甲叫微。末一个王商纣,本名受,后来讹称纣,是后来把字写错了。在周原甲骨里,"受"字中间是一个"舟",上下两只手,就是授受的意思,后来大概把上头一只手省掉了,舟讹成系纽边,下面的手就成了寸字,所谓

"纣",声音也就改变了。后来认为"纣"好像是一个坏的名字,事实上就是"受"。现在《竹书纪年》里,商朝每一个王都有自己的本名。为什么要以日为名呢?从前有一种解释,有的说以生日为名,以降生那天的干支为名,可能是这样。古代用干支纪日,六十甲子,甲乙丙丁十进位,子丑寅卯十二进。这也许是从前两个不同地区或两个不同民族的习惯不同,有两种不同的纪日法。后来两部族融合之后,为查对之便,就把两种计日方法配合起来计算而成为六十甲子。用六十甲子来计算时间,一年就是六周。六六三百六,再加点尾数。用日作名字,可能是民族同化以后形成的一个制度。另外有人说以死日为名,这个大概不对,应当是生日,生日为名还讲得通。比如,纣王称辛,周武王甲子灭商,纣王死在甲子日,如说以死日为名,就不恰当。商朝为什么要以日为名呢?这也许是古代的一种名讳习惯,把本名隐讳起来,用甲乙丙丁作代名词,以生日为名。现在傣族中还保存这种习惯。比如,生了儿子以后,用儿子的名字作自己的名字,称"某某父","某某母"。周朝人称字,一个人有一个字,所谓"二十而冠有字",就是二十生子之后就以子女之名为己字。西周铜器《中几父簋铭》说:"中几父使几使于诸侯诸监。"中几父就是几的父亲。"父"后来改成了"甫",似乎字称为"甫",其实就是"父"。铜器里还有"某某母",生了儿子以后才作妆奁陪嫁,就称"某某母",某某儿子的母亲。后来好像一个人除了名以外还有字,这是发展后的事了!商朝的王把自己的名避掉不称,而以日作为代名词,可以说后来的避讳制远在商代就已经出现了。关于商代的世系,陈梦家《殷墟卜辞综述》里有两个表,一个叫"《殷本纪》世系表"(368页),一个叫"卜辞世系表"(379页),可以对照看一看。这是经过六七十年之久的研究,把零碎的甲骨一片

【六】殷商的历史

片逗起来，才能够编出今天所见的世系表。董作宾还编了一个《殷历谱》，殷王对祖先祭祀很隆重，差不多一年到头都要祭，有一个历谱，甲日祭甲、乙日祭乙、丙日祭丙……每旬之中都主要祭一个先王，其余作为陪祭，周而复始，形成一种周祭制度。后来说殷人服三年之丧，依据就是商朝的周祭。因为到了商朝后期，要把三十几个王祭一遍，得有一年以上时间（所以商人称年为"祀"），这一年上接上年之尾，下接下年之始，前后就可以达三年。我们从甲骨文记载的殷王世系看到，商朝的历史是有根据的。那么除当时的甲骨文外，在旧文献上还有什么可靠的记载呢？

《尚书》分为虞夏书、商书和周书三部分。虞夏书大概都是尧舜禹的传说，"古史辨派"认为这些传说不可信，那是另外的问题。《今古尚书》二十八篇中有《盘庚》三篇。甲骨文后期也有长的记载，但像《盘庚》三篇这么长的还没有见到，于是有人便疑惑它的可靠性。但是现在我们看来，《盘庚》三篇可能就是商朝直接遗留下来，保存下来的文献。这里我指出一点：他们有一种崇拜祖先的思想与周朝人有不同的地方。盘庚要臣民服从他，跟他迁都，他说："予念我先神后之劳尔先。予丕克羞尔，用怀尔然。失于政，陈于兹，高后丕乃崇降罪疾，曰：'曷虐朕民'，汝万民乃不生生，暨予一人猷同心，先后丕降与汝罪疾，曰：'曷不暨朕幼孙有比。'故有爽德，自上其罚汝，汝罔能迪。古我先后既劳乃祖乃父，汝共作我畜民。汝有戕则在乃心，我先后绥乃祖乃父。乃祖乃父，乃断弃汝，不救乃死。"这段话的意思是，盘庚说，我念我的先代祖先慰劳你的祖先，我也要怀念你们，慰劳你们。假使我的政事不好，行政不好，我的祖先就要降我的罪罚，说："你为什么要虐待我的百姓，我的人民？"假使你们万民作不好，不与我同心，我的祖先也要降罪你们,说:"你们为什么不和我的孙儿在一起作好?"你们也不能逃掉。你们不作我的好百姓,我的祖先就要下来告诉你的祖先你的父亲,你的祖先父亲也要弃了你,不救你的死。就是说,各人自己的祖先只能降福降罚降祸于自己的子孙,商王要降罚于万民,也要通过商王的祖先告诉万民的祖先来降福降祸。这段文章应当这样讲,说明了当时对祖先的崇拜。《盘庚》应当就是当时的材料,我们要讲殷代国都的迁徙,意识形态,可以依据这些材料。《盘庚》讲财货都是贝玉两种,古代玉器很贵重,在金银之上,后来宝贝的"宝"字,就是从玉从贝,都是很古的东西。这也可以证明《尚书·盘庚》保存的材料就是当时的材料。我们现在要用最早的材料、当时的材料来解释当时的历史。《商书》还有几篇都是后来的东西,《汤誓》不可靠,还有《高宗肜日》、《西伯戡黎》已经到了周代,只有《盘庚》篇是很好的材料。《尚书·无逸》属于《周书》,这是周公告诫成王之辞。他说:"我闻曰,昔在殷王中宗,严恭寅畏天命,自度,治民祇惧,不敢荒宁。肆中宗之享国,七十有五年。其在高宗,时旧劳于外,爰暨小人,作其即位,乃或亮阴,三年不言,其惟不言,言乃雍。不敢荒宁,嘉靖殷邦。至于小大,无时或怨。肆高宗之享国,五十有九年。其在祖甲,不义惟王,旧为小人,作其即位,爰知小人之依,能保惠于庶民,不敢侮鳏寡。祖甲之享国,三十有三年。"这段材料很好,他是周公讲商朝晚期的事情,"我闻曰昔在",我听说从前的事情,从前的事情就是商朝的事情,他讲到殷王中宗、高宗、祖甲以及商纣王以前的王。只有中宗离得远一点,他说"中宗之享国,七十有五年"。恐怕有问题,古代一个王在位七十五年可能是没有的事情,中国历史上从来没有在位这么长的皇帝。武丁以后的许多事情是可信的,我们应当依据这个来解释商朝的历史。商

【六】殷商的历史

代王位的继承,武丁以前都是在氏族中推选,武丁从前都作为"小人",同平民在一起,不一定就是国王,祖甲也是这个样子。祖甲以后就传位给儿子了,叫"立王",就是立太子为王储,预定王位继承人。甲骨文上有"小王",即武丁的儿子孝己。《诗·大雅·桑柔》说:"天降丧乱,灭我立王。"周朝也是立王。祖甲以后到商纣王,都是"立王",父子相继。《尚书·无逸》说:"自时厥后,立王生则逸,生则逸,不知稼穑之艰难,不闻小人之劳,惟耽乐之从。自时厥后,亦罔或克寿,或十年,或七八年,或五六年,或四三年。"这段就讲商朝的年代和世系,有些材料自己看一看,这里就不讲了。

(二)商朝传说的历史

文献上记载了许多成汤以前商代先公的传说,这些商人祖先保留下来的传说,其中有许多历史事实的痕迹,或称为素地。我们从地下发掘的东西,有些中间断了,事实连接不起来,要很好解释这些缺环,传说往往可以给我们好多启发。太史公写《五帝本纪》把"不雅驯"的东西都删掉。我们现在研究民族学知道,民族继续下来形成的风俗还有他本来的素地,所以仔细观察一下,"不雅驯"的东西中间还有一些可信的东西。传说成汤以前有十四代。《国语·周语下》说:"玄王勤商,十有四世而与。"玄王就是契,就是玄鸟生商,燕子是黑色的。《鲁语上》说:"自玄王以及主癸,莫若汤。"主癸在甲骨文上称为示癸,"示"同"主"字形有些相像,文献里就作"主"。"莫若汤",商朝在成汤以后才兴盛起来,所以都不若汤。《荀子·成相》说:"契玄王,生昭明,居于砥石迁于商,十有四世,乃有天乙是成汤。"成汤第一代祖先契,第二代是昭明,也说有"十四世"。这些都是战国时的传说。《周语》《鲁语》都是战国时的书,也许比《左传》早一点,《成相》晚一些,是荀子时的书,这个十四代,现在用甲骨文对照一下,契在甲骨文上见没有呢?有的说契就是甲骨文上的高祖夋。"夋"同"契"是不是相同呢?《说文》十四部"肉部"有一个离,古文作 ,许慎说:"虫也,从厹,象形,读与偰同。"段注说:"殷玄王以为名,见汉书,俗改用偰契字。"契字底下从"肉","禹"字、"万"字也是从"肉",那个样子前头是一个虫形,底下是一个侧视形,有尾巴有足。万字就是蝎子,禹字也是这样。它的字形是从甲骨文的"夋"( )变出来的。夋字就像猴子头,有尾巴,蹲在那里。两相对照,说契就是高祖夋,也许可以。文献传说中还有高祖王亥。甲骨文里有王亥,这都是不连接的世系,单独称为高祖王亥。连接起来的世系,在祭祀中是看得见的。十四代中,上甲、报乙、报丙、报丁、示壬、示癸是连起来的,加上高祖夋、高祖王亥,只有八代,还有几代在甲骨文中没有见。如果按甲乙丙丁排列,在示癸、示壬前头还缺四个(戊己庚辛)。世系表中还有一些名字,都不是以甲乙丙丁为序,这些材料时代太远了,不一定靠得住。十四代的时间拉得很长,年代搞得不清楚。周朝以前也有十几代,都是这样,在子孙相传的世系里,他们记得在遥远的时代有这么多代。殷先公中最著名的是王亥,甲骨文中有王亥,许多书里可以看到有王亥的事迹。王静安先生在《古史新证》和《观堂集林》中都讲到这些。王亥的事情在《山海经》、《竹书纪年》里都有记载。《竹书纪年》里称为"殷王子亥"。《山海经·大荒东经》里讲:"有人曰王亥,两手操鸟,方食其头。王亥托于有易,河伯仆牛。有易杀王亥,取仆牛。""两手操鸟,方食其头",这就是我们以后要讲的商代氏族的图腾,甲骨文的"亥"字,头上加一个"佳"字,不是食其头,是以鸟为图腾。"托"就是寄托,在那里寄居。"有易"就是"有

【六】 殷商的历史

狄"，古代"易""狄"一个字，后来又加个"之"成"逷"。"河伯"黄河那个地方的邦伯。"仆牛"就是"服牛"，古代"服"字读"仆"，就是以牛拉车。《周书·酒诰》讲商朝人"肇迁车牛，远服贾用"。大概是去做生意。王亥赶着牛车到狄国去，狄国杀了王亥，把牛车都拿去了。《楚辞·天问》也讲了这件事情。《天问》讲，"该秉季德，厥父是臧。胡终弊于有扈，牧夫牛羊？""有扈牧竖，云何而逢？击床先出，其命何从？"该，就是王亥。还有一段："恒秉季德，焉得夫朴牛？何往营班禄，不但还来？昏微遵迹，有狄不宁。"这是讲王恒的故事。有易就是有狄，扈也就是胡，有易、有狄、有扈都是狄人。这些记载可以同王亥的故事相印证。《山海经》是战国时的书，它保存了古代各地的一些传说。《天问》是楚国的民间传说。"该秉季德"，"恒秉季德"，王亥王恒都秉季德，好像是两兄弟。甲骨上有"王恒"，也有"季"，不过世系不清楚。王亥和王恒到底是十四代中哪一代？也不清楚。《天问》里也讲到成汤和伊尹的故事。伊尹本来见于春秋齐灵公时《叔弓镈》铭文，铭文很长，四五百字，是宋朝人注录的一个铜器，原器已经不存在了。这个器属于春秋时代，以前称为《叔夷钟》或《叔夷镈》，说是晏婴作的器。应该是晏婴之父晏桓子的器。晏桓子名弱字叔弓，宋穆公之孙，仕于齐，在齐灵公十五年（公元前567年）帮齐灵公灭莱（山东半岛的莱国），齐灵公就把莱国的三百五十家赏给他（"以鳌仆三百五十家赐弓"）。《史记·晏婴传》说："晏平仲婴者，莱之夷维人也。"现在这个《叔弓镈》器铭应该是晏婴的父亲晏桓子的器铭，过去没有人讲过，应当这样讲。在器铭中，晏桓子讲到他的祖先："虡二成唐（汤），又（有）敢（严）才（在）帝所，尃受天命，翦伐颐（夏）司（祀），散𢆶（厥）灵师，伊少（小）臣佳辅，咸有九州，处堣（禹）之堵（土）。"所谓"伊小臣"即伊尹，大概就是说,成汤认小臣伊尹为辅,把夏后氏打败了,处禹之土,就有了九州天下。这就是说商代先公十四世到成汤,从甲骨文到铜器都有记载,世系该怎么联系起来?将来我们可以研究。这些事情在中国传说里还可以知道。甲骨文里祭祀高祖王亥很隆重。王亥在《殷本纪》里写作"振",振之后是上甲,"振"是"该"字之误,字形相近。王静安先生是这样解释的,这种解释是合理的。因为王亥服牛有两轮大车,所以《世本·作篇》又相传"王亥作车"。《世本》里还有"胲作服牛"。在古书中还有许多传说的故事。所以在十四代中,从高祖夋到王亥(王亥也是高祖)七代都可以从传说中得到证明,从王亥以后的上甲起一直到商代末年,都可以同甲骨文的记载联系起来,即使传说也同甲骨文有联系,这就是说商朝是有文字记录的历史,商朝的历史比以前更加正确,更加可靠。关于相土的问题。《诗·商颂·长发》:"相土烈烈,海外有截。"王静安先生说,甲骨文里好像也见到了相土。但是我们现在看来,甲骨文里的"土",不应该是"相土"。它是一个"社"字,叫做"邦社"。甲骨文有"邦社"联文,大概甲骨上的"土"就是"社",不一定是相土。

(三)商代的氏族制

商代不同于以后社会的组织,就是商代的氏族制。中国在夏代就形成了家族,商代是氏族,氏族在家族之后。根据摩尔根的说法,好像人类最初就有氏族。氏族的含义应当是:年龄相当的人结合起来,共同生活,共同生产,共同作战。我们现在看小孩子,年龄相当的在一起才要得起来。只有年龄相当的氏族组织才有意思。一个民族单独的小家庭力量薄弱,家族力量就强大些,到了氏族,力量就更强大。从发展的情况看起来,应当就是这个样子。商朝能战胜夏朝,可能组织结构也有关系。《新唐书·吐蕃传》谈到松赞干布以前的王(也许就是松赞干布)有五个或者六个"共命人",就是和他共同生活,共同生产,共同作战,共命运的人。王死了之后,这些"共命人"都要自杀殉葬。在保定发现的商代三个戈,三个戈代表三代,每一代都是六个、七个,七个可能是上一代有一个和下一代在一起。大概氏族不像我们这样把辈分都弄得清楚,上一代的人年龄同下一代相当,都可以作一个氏族。我们现在论辈不论年龄,他们是论年龄不论辈分,这是很合乎原始社会的情况。第一个戈是祖辈的人,头一个是大且,以后都是且且且,比如:大且日己、且日丁、且日乙、且日庚、且日丁、且日己、且日己。第二个戈就是祖一辈和父一辈在一起,而父一辈又分大父、中父和父,这可能是上一辈年幼的和下一辈相龄相当的合在一起组成一个氏族。比如:且日乙、大父日癸、大父日癸、中父日癸、父日癸、父日辛、父日辛。还有一个戈是大兄同兄在一起。大兄也可能是上一辈的人,他是老大哥,后头就是兄兄兄。比如:大兄日乙、兄日戊、兄日壬、兄日癸、兄日癸、兄日丙。从这三个戈可以看到,一个氏族大概就是五至六个、七个一夫一妻制小家庭,一家五口,五六三十人。大概一个氏族的总人数也只能这么多,人数过多,生产供应不上,养不活。一个氏族就是一个单位,父亲和儿子不一定同一个氏族。甲骨文上有王族、子族,王有王族、子有子族,王与子不同族。还有多子族。王的弟兄在一族。王同兄弟的儿子可以分成好多族,叫多子族。此外,还有多生,生就是外甥,可以看出商代有外婚制。比如甲骨文世系里有外丙、外壬,是不是它有母系继承的也不晓得,现在要研究起来也没有别的证据。我们晓得它有子、有甥,是外婚。我们后来说商朝是子姓,子姓可能就是子族的后代。商朝有父系的,母系的,有外婚,在晚期组成三百六十个氏族。《史记·周本纪》里讲,周武王灭殷以后,睡不着觉。周公问他为什么,他说:"维天建殷,其登民三百六十夫,不显亦不宾灭,以至今。我未定天保,何暇寐!"登是进用。名民就是有名声的人民,即酋长。名民三百六十夫是三百六十个有名的氏族长。周把商纣王打败后,他的三百六十个氏族还存在,直到武庚叛乱,才把这三百六十夫打垮,有些逃亡了。有些投降了。周朝把投降的殷民分给卫国、鲁国,分给鲁国以殷民六族,分给卫国以殷民七族,《左传》定公四年记载有这些族的名称。范文澜把它解释了一下,所谓陶氏可能是以烧窑、烧瓦器为职业的氏族,索氏就是做草绳的氏族,一个氏族用一个名称,大概就是后来的图腾,也不一定,我们以后还要讲。这些都应是三百六十个氏族中的一部分。其余的,有的由箕子带到朝鲜,有的由微子带到宋国,或迁到洛邑外在周人直接控制之下,给他们地方,让他们耕田,在《洛诰》、《多士》、《多方》里都讲到。这个可能就是三百六十夫的下落。而三百六十夫是怎样形成的呢?我们从摩尔根对罗马希腊氏族的分析中可以得到一些启发。在罗马十个氏族组成一个胞族,十个胞族组成一个部落,三个部落就成了罗马全部的组织。雅典是四个部落,每个部落分成三个胞族,每个胞族有三十个氏族。希腊罗马氏族组织是慢慢形成的,先成立一个部族,又增加一个部落,慢慢调整,多的分给少的,少的不够就收容外来的,过继的,都加入这个氏族,这样逐渐扩充。大概罗马三个部落的形成经过了一百年光景。商代的三百六十夫恰好与雅典的四个部族三个胞族三百六十个氏族相符合,这些氏族组织都是长期组合,慢慢调整,逐渐形成的。周武王亲自看到商朝后期四个部落。《左传·庄公十三年》载"齐人灭遂而戍之"。庄公十七年《春秋经》

【六】 殷商的历史

记:"齐人歼于遂。"《左传》说遂国的"因氏、颌氏、工娄氏,须遂氏飨齐戍,醉而杀之,齐人歼焉"。遂国可能是商的苗裔,直到春秋时还保存着他们的氏族组织。中国文献上的氏族组织,称为"族"、"姓"、"氏"。"族"是以地缘关系结合的部族;"姓"是有血缘关系的胞族;"氏"就是小氏族。三者是调整部落大小的分别,都属于父系,后来为中国父系组织的一个基础的东西。中国古代氏族组织的族姓氏,周朝之后就变成了姓氏。我们用族姓氏就可以解释商朝的氏族组织。《尚书·无逸》讲到商朝的贵族也生活在氏族组织之中,高宗武丁"爰暨小人",同人民在一起,生长在人民之中,不是离开氏族生活的。小人别于大人,大人就是领袖,中国后来称为大夫,就是官长。祖甲也是"旧为小人",和氏族成员在一起共同生活,共团同生产,所以"爰知小人之依",知道小人的痛苦,"能保惠于庶民",与庶民打成一片,也"不敢侮鳏寡",这两个王享国就长久。"旧为小人",就是说这个时候王位的继承要经过民族的推选,不是法定的继承人,要在他原来同一个氏族中推选产生。摩尔根谈到红印度中有世袭酋长,因为军事民主制,世袭酋长加重了权力,后来慢慢就不经过推选了。武丁在位五十九年,祖甲三十三年,祖甲还有个哥哥,还有几年,大概就是一百年光景,殷王的权力加大了,后来就是"立王"。"立王生则逸,生则逸,不知稼穑之艰难",就不知小人的劳苦,"惟耽乐之从",就好安逸了。商朝后来的衰落,就同"立王"有关。总的说来,这一段历史使我们知道,商代存在氏族制,而氏族制在周初还保存着。氏族制的历史由酋长推选变成不推选,"立王",周朝就是"立王",立太子,太子成了法定的继承人。

1982.4.14

关于氏族的问题，再补讲一点。

我们现在一般的看法，好像原始社会一方面处于外婚，一方面都有氏族。这个在中国可能还有是没有的。中国地方广阔，古代有些地区的社会没有形成君长，没有形成氏族。比如南方民族僚（就是后来的仡佬）就是这种情况。《魏书·僚传》记载，僚"种类甚多，散居山谷，略无氏族之别"。苗人也是"种类甚多，散居山谷，聚而成村曰寨。其人有名无姓，有族属无君长"。（《炎徼纪闻·四·蛮夷》）可见南方民族有些地方有君长，有个头头（少数民族叫"酋长"），也还有无君长的社会。《魏书·官氏志》称北魏鲜卑人的先代都无姓族，他说，"代人（北魏先称代）诸胄先无姓族"。这些民族散居在广阔地区，没有形成社会组织，在边远地区虽然有时有村落，有时也有一个长老，但是这个长老与统治阶级没有什么关系，与征服者没有什么交涉，他在村子里没有超出一般人的利益，同平民一样，所以说"无君长"、"无姓族"。鲜卑刚来的时候，已经有贵族了，还有些依附他们的部落，但他们还没有形成族姓，所以有些立功的后胄，"虽功贤之胤，混然未分"（《魏书·官氏志》）。没有姓，没有族，也就没有分哪些是贵族，哪些不是贵族，中国古代社会就有这些现象。《魏书·官氏志》说后来鲜卑人有姓氏了。"姓则表其所由生，氏则记族所由出"。所由生的那一家就有姓，姓就是胞族，胞族之下又分远近，就是氏，氏更亲近些。这就说明鲜卑人的氏族组织也分族、姓、氏。族，大概是要有一群人在一起共同生活，组成一个社会，可以有血缘关系，又可说是地缘关系。族的原始意义是，像一面旗，旗底下有一个箭，就是聚集的意思，共同聚集在一面旗帜之下的人就为一族，后来这个族同那一个族有分别，所以就有了现在这个"族"。族的范围要大一点。姓,大概是一个胞族,胞族有血缘关系,胞族又细分叫做氏。氏,从文字讲,叫节旄,其形就是曲柄之下用绳子吊着一根牛尾巴(旄),后来叫持节,苏武在匈奴还持着汉节,"杖汉节牧羊,卧起操持,节旄尽落"(《汉书·苏武传》)。南北朝以后有"持节"这个官。用摩尔根的解释,族,就是部族、部落,部族还有血缘关系,部落完全是地缘关系;姓,就是胞族;氏,就是小氏族,分得更细一点。姓处于中层,有血缘关系,族大点,氏更小点。三个分别是从无到有,逐渐明确的,这是很自然的事。《周礼·司约》正义引有一段话,"殷民禄父(武庚)之余民三十族六姓也"。殷名六姓就是殷民六族,六族中又有三十族(小氏族)。汉朝的解释说明族姓氏三个名词,有时广义,有时狭义,有时适当要调整。殷民三百六十族,也是经过百年以上慢慢调整才形成的。每次都要调整,经常都要调整,有时氏族都是年龄相当的在一起,上一辈下一辈可以合起来,假使不够还可以收继。因为经常要调整,所以族姓氏不是固定不变的。《华阳国志》称夷人经常在一起相处得很好,结为亲兄弟,称为"遑耶"。"耶",也许是亲族的称呼,从前叫父母为"爷娘"。南方民族这个风俗遗传很久远,中国后来称为结义,拜把弟兄,这个就叫"遑耶"。《滇海虞衡志》记载云南的苗族有过继。《滇海虞衡志》是清朝人写的关于云南打猎打渔民族的书。"虞衡"不一定完全是农业民族。《滇海虞衡志·志蛮》说:"爨氏以方土大姓自王蛮中,其部夷众多,从主人之姓,其同姓者不必亲种类,或久居相爱,即结为同姓叙伯仲"。好像汉族拜把兄弟,结义兄弟,都是从这里遗传下来的。族姓氏这个名称,古代民族翻译的音都是同摩尔根完全符合的,但是并不是每一个民族开始都有族姓氏,而是逐渐发展起来的,而且可以随时调整。所以古代不是我们认为的人生来就有姓,历史记载的边疆之外的少数民族都没有姓。族姓氏都是从无到有,并不是开始就有,而一旦有了以后,便世代相传,现在的汉人便都有姓。周朝人姓姬,母姓姜。姜可以说是牧羊人,以职业作为族的名称。我想,姬应当是一个绰号,如像现在的诨名。姬从臣,臣就是下颔很丰满。现在的山东人多是姬姓姜姓之后,他们的下颔多丰满,南方人称之为"侉子","侉"就是大面,面很平,下颔很宽,这是中国人种的特征。摩尔根书里讲氏族的图腾,有时以绰号为名,这也很合符中国的情况。后来说周朝姬姓,好像都有姓,这是后来的事情。我们开先晓得就是姬姜,慢慢同别的姓混合结婚,姬姜之外还有些别的姓,后来说姬姜百世不通婚姻,其实这是周朝人慢慢形成的,到了汉朝才固定下来的观念,并不是一开始就百世不通婚姻。我们从《左传》上晓得姬姜同姓婚的例子很多,特别是贵族,这方面的材料就不必细讲了。后来姓变成氏,氏是从姓里分出来的,或以所居为氏,如南郭氏、东门氏、西门氏;或以职业为氏。到了汉朝才姓氏不分,氏逐渐变成姓,于是才有"百世不通婚姻"的说法。这个说法出自《礼记》,《礼记》保存着汉朝人的材料,这是讲姓氏问题。

商朝人同周朝人是不是一样?商朝人也不是百世不通婚姻。《公羊传》里有两处,一个是僖公二十五年,一个是文公七年,都讲"宋三世无大夫,三世内娶也"。内娶就是不从外国娶夫人,不与外族结婚;内娶就是国君同大夫家女儿结婚,"三世"大概指宋襄公宋昭公宋成公都是内娶,材料没有,就是《公羊传》保存着。国君娶大夫女儿为君夫人,为妃子,这用"同姓不婚"的标准来衡量,大夫就不成其为大夫。三代国君都内娶。所以"三世无大夫"。春秋时的大夫同国君血缘很近,很亲,在周朝人看来就是不对的,要同姓不婚才对。事实上,宋国人是不是和周朝人一样有同姓不婚的习俗呢?《礼记·丧服小记·正义》称"殷无世系",他的世系可能与周朝人不同,就是从前讲的王有王族,子有子族,王与子不同族。"无世系"也许是依据很古的材料总结出来的。"六世而昏",六世以后同姓就可以通婚,这和羌族"十二世后相与昏姻"相比,恰好是两个六世。由此晓得商朝人的婚姻制度同周朝人有些区别。王有王族,子有子族,子族就是后来的子姓。我们晓得商朝人的氏族关系,就不能用亲族关系来解释这些东西。这样看起来,商朝人没有我们后来认为的那种宗法。一般认为好像有父系外婚就有宗法,其实氏族同宗法不同,氏族首先论辈没有那么严格,他不论辈,上一代可以和下一代结成一个氏族,周朝人还保留了一些这种风俗。比如,周朝贵族是多妻制,娶老婆可以侄娣从,年龄相当的两辈人可以同嫁一个人,姑姑和侄女儿可以同嫁一个人,这都是氏族社会遗留下来的风俗。所以我们说商代没有辈的区分,没有宗法。《后汉书·西羌传》说羌人"氏族无定",南方的少数民族,如彝、如苗,氏族都是很松散的,有时要调整。所以我们不能用后来的东西来解释这些现象,好像是完全继续下来的,一成不变的。

1982.4.21

【七】 中国的图腾问题

我们现在讲社会发展史,在解释图腾崇拜上都是采取摩尔根《古代社会》一书里的说法,就是说人一生下来就有图腾。就是有所属,或是绰号,或是旗帜,或是官职,或是动植物,都可以作为图腾。图腾是个外来名词(印第安语totem,意为"他的亲族")。就是说一个人生下来就有图腾。现在讲历史的都这样讲,金文上凡是认得的字画都被认为是代表族名的族徽,而族徽则认为是图腾。其实在中国,图腾是晚起的,并不是开始就有的,而且在中国也只存在于很少的一部分人民中,并不是所有的人,氏族都出于图腾。普遍存在的图腾崇拜的是澳洲的土人和美洲的印第安人,这应当

[七] 中国的图腾问题

是晚起的,这些调查材料都是19世纪、20世纪调查的,时间最早也不过一个多世纪,都是很晚的材料。

中国历史上是有过图腾的痕迹,尤其是商代的东方民族。我们现在都认为他们以鸟类为图腾,另外历代以来中国都崇拜龙凤,皇朝都是用龙旗,皇帝也自称为龙。但崇拜龙凤是中国人民的普遍观念,也并不是哪一个氏族、部族独有的观念。中国古代有学扰龙的豢龙氏,家里养的有龙。从前龙的种类很多,有天上飞的,地下走的,水里游的。那时龙大概可以吃。《左传》昭公二十九年说夏代有"学扰龙于豢龙氏,以事孔甲,能饮食之。夏后嘉之,赐氏曰御龙",御龙就是他的职业了。"龙一雌死,潜醢以食夏后,夏后飨之"。古代人民什么东西都可以吃,现在法国人还喜食蜗牛,从前南方民族也是捉到什么虫子、蚂蚁、蛇等都是要吃的。龙养着就是要吃的。这就叫御龙氏。龙后来逐渐少了,看不见了,汉朝人所说的龙大概就是水里的鳄鱼、爬虫一类的东西。随着龙的减少看不见,龙就逐渐成为想象中的,变成神话了。《左传》僖公二十一年讲:"任、宿、须句、颛臾,风姓也,实司太皞与有济之祀。"风姓即是凤,原来是鸟图腾的部族,后来从少皞迁到太皞,少皞在山东东部,后迁到陈,陈是太皞之虚,就逐渐从鸟图腾变为龙图腾了。风、凤都从凡,龙字从虫。甲骨文里有东方,也许是地方的名称,《史记·匈奴传》里说:"五月大会龙城,祭其先,天地鬼神。"匈奴是夏人之后,也崇拜龙,每年三次祭祀龙,祭神的地方叫做龙祠。大概每年三、五、九月三次祭于龙祠。在龙祠里祭其先代,天地鬼神。《史记·匈奴传·索隐》引北魏崔浩云:"西方胡皆祀龙神,故名大会处曰龙城。"这是说祀奉龙在中国有一个长远的历史,而龙并不是哪一支部族的图腾,好像是整个民族普遍尊崇的。龙在中国古代是存在过的，后来没有了，就变成了神话、神灵。这同美洲印第安人、澳洲土人的图腾是不同的，并不是每一个小的部族都有图腾，中国本来没有这个习惯，所以他就变成了整个民族信奉的东西。古希腊罗马有氏族，却完全没有图腾崇拜的记载。中国南方民族的苗瑶还祀奉狗、盘瓠。《风俗通》里讲："昔高辛氏有犬戎之寇，帝患其侵暴而征伐不克，乃访募天下有能得犬戎之将吴将军头者，赐黄金千镒，邑万家，又妻以少女。时帝有畜狗，其毛五采，名曰盘瓠。下令之后，盘瓠遂衔人头造阙下，群臣怪而诊之，乃吴将军首也……乃以女配盘瓠……生子一十二人，六男六女……其后滋蔓，号曰蛮夷。"这个故事《风俗通》里已佚，《后汉书·南蛮西南夷传》里有这段材料。《后汉书》又说："今长沙武陵蛮是也。"就是现在的苗瑶。人不能嫁给狗，而是嫁给以狗为图腾的人。这很像图腾样子。盘瓠的来源是我们以后要讲到的商周之际的民族迁徙。周人把商朝打垮了。尤其是周公东征，打到了山东半岛。齐国原来是蒲姑氏住的地方，后来被打垮了，分散了，一部分迁到北方辽东半岛，后来称为夫余；一部分南迁到了江南这个地方，北方夫余有四个大加，就是四个大贵族——牛加、马加、猪加、狗加。夫余就是原来在山东半岛的蒲姑，还有畜牧，放牛马，养猪狗，分为四加。中国古代养猪很普遍，狗的家养也很早。这时东方还没有羊，西方才是牧羊人。狗加在《三国志·魏书·夫余传》里还有所谓犬使，他用犬使来管理附属国及附属的人民，所以盘瓠就是狗加的一部分来到了南方，他的统治者的官职就是犬使。《禹贡》称"莱邑作牧"，莱在山东半岛。莱本来是草，就是牧畜，莱田都是指没有耕种的田。所以他有牛、马、猪、狗四加。后来被打垮了，分散了，四加都到了北方，而狗加犬使的一部分到了南方，故祀奉狗。现在南方民族，尤

【七】 中国的图腾问题

其是苗徭祀奉盘瓠,以狗为祖先。盘瓠就是后来传说的盘古了。所谓蒲姑、夫余、盘瓠、盘古都是声音相同的。苗徭祀奉狗,现民族调查都是这样谈的。同样对狗的祀奉也不是指哪一部分,哪一家;也是整个民族普遍的观念。在中国能够指出的图腾就是龙、凤、狗这么三种。《满洲源流考》里对夫余的四加有一个解释,说夫余善于养牲畜,畜牧繁盛。每一种家畜都设有一官来管理,所以有马加、牛加、猪加、狗加。蒙古有管羊的官叫"火你赤",火你是羊,赤是官;管马的官叫"莫伦赤",莫伦是马;还有管骆驼的官叫"帖麦赤",帖麦就是骆驼。蒙古的羊、马、骆驼都有主管的官,所以牛加、马加、猪加、狗加等也都是主管的官职。另外商代有鸟类图腾。《诗经·商颂·玄鸟》有"天命玄鸟,降而生商"。后来的东方民族在兴起时都说与鸟类有关,一直到清朝都是这样。所以我们说中国的图腾崇拜在最初也不像摩尔根所说的图腾起源那个样子。要用图腾崇拜来普遍地解释中国的历史,是不大讲得通的,只有商朝时有图腾的萌芽,同时在中国也不是普遍的,这个问题在讲殷周之际民族迁徙时还可以再讲一讲。

【八】 商朝的侯田男卫四服制

商朝有内服、外服之分,服就是服役。《尚书·酒诰》云:"越在外服,侯、甸、男、卫邦伯,越在内服,百僚庶尹,惟亚惟服宗工。越百姓里居。"越是发语词,作承上文的"于是"讲。这里的甸服就是田服,田是打猎的,甸是种田的。周朝时打猎的地方变成了农田,田服也就变成甸服了。邦伯就是酋长、首领,侯服、甸服、男服、卫服都是一个小的部落,小的国家,故有邦伯。外服就是侯田男卫,都有一个酋长、邦伯。内服则有百僚,就是百官;庶尹,庶是众多,尹是官长,就是众多的官长;惟亚惟服,亚是次一等的,副职。服是事务官;宗工,就是主持工业的,百工;百姓里居。百姓是从氏族来

【八】 商朝的侯田男卫四服制

的,就是有许多血缘关系的,从前的官长都是有血缘关系的,所以称为百姓,百姓就是百官,而这个百官都是有血缘关系的。从前的百姓都是官长,统治阶级,都是有血缘关系的。后来百姓没落了,就成为一般的人民了。讲历史要辩证地看。原来是官长,一代一代地慢慢没落了,就和人民一样了。里居就是里君,是地缘关系的官长。金文上都叫里君,不是叫里居。居是君字之讹。这就是内服,是官制的问题。历代的职官都是内服,这个问题我们以后讲。

商代的外服到周朝时就发展为诸侯。《尚书·顾命》里有:"庶邦;侯甸男卫。"周朝人承袭了商朝的外服制度。外服是支持中央政府,保卫中央政府的,这是很重要的。外服就成了后来的诸侯。《尚书·召诰》云:"周公乃朝用书命;庶殷侯甸男邦。"没有讲卫。卫在周朝就成为专门的一个卫国,卫成了单独的一个部分了。这是说许多殷人的侯服、甸服、男服的酋长。这些侯甸男卫在周初还保存了,分得很清楚。

侯服,就是保卫边疆的,侯,即为斥侯,斥侯在边疆上守卫,称为侯;

田服,指打猎的。大概是商代把打猎的地区称为田服,周朝时这些地方逐渐开辟出来成了农田,所以周人就把田服改为甸服了;

男服,男作任讲,担任一切的劳役,担任一切的服役。男、任都是古韵侵部字,故可相通。"任、宿、须句、颛臾"里的任,就是属于商代的男服。男又通南,男服大概就是南方被商朝人所征服的地方,为商朝服一切的徭役,劳役都在内;

卫服,就是王的卫队,保卫王的禁卫军。甲骨文里有"多射卫",大概就是保卫王的,专门善射的一支部队了。所以卫就是皇帝的禁卫军，卫戍，保卫中央政府和王的卫队。

商朝重要的、支持国家的就是这四服。后来周朝时这四服都逐渐变成了诸侯。金文里有这方面的材料。《大盂鼎》有："唯殷边侯田。"周人是从商朝的西方起来的，最初周人接触的是商朝西方边上的侯服、田服。《矢命尊》有："诸侯：侯、田、男。"诸侯之下是侯、田、男。大概是周灭商以后，原来的侯、田、男的邦伯都投降了周朝，周朝人就利用这些邦伯为他服务了。或者把周朝自己守卫边疆的人也作为侯服了。后来，原来的侯服、田服、男服都变成了周朝的诸侯了。卫服原是商王的卫队，周朝平定武庚叛乱以后，就在武庚住的卫地成立殷八师，用来镇抚东方的诸侯。统帅殷八师的卫康叔本为王官，"康叔为司寇"，是王朝的官吏，其食邑在卫地，称为恭，就在殷虚边淇水这一带。卫康叔的后代六世都称伯，就是王朝的官吏方伯，带领一方诸侯的。到周夷王时，诸侯的地位上升了。本来方伯是管辖诸侯的，而是诸侯能够世袭，土地也不交还中央，地位上升了，王室相对衰微了，所谓"下堂而见诸侯"这时卫顷侯就赂贿周夷王，周夷王于是命卫为侯，《左传》上讲到这个事。卫原来是王的卫队，后来成立殷八师，最初让卫康叔管理，统帅这个八师，后来卫请求而为诸侯，不在王朝做官，就不是王官了。殷八师就撤退了，回到西周。后来说西八师、殷八师都在西周丰镐这个地方。这可从金文看到。假如仍把殷八师放在这个地方。殷八师就要被卫国所有了。从这里可以知道殷代的四服变成了周朝的诸侯了。但周朝的诸侯同殷代的侯田男卫，性质是不同的。商代的侯服是守卫边疆的，这里的土地人民都是这个侯服部族自己的，有自己的邦伯作首领，并不是商朝把这个地方的土地人民赐给他的；田服是打猎的部族，他的人民生息在这个地方，在这里打

【八】商朝的侯田男卫四服制

猎,向商朝进贡皮毛。古代皮就是币,就是钱财。这里只有皮毛可以作钱财。毛就是指狐裘之类的东西。田服的土地人民也不是商朝赐给他的酋长,他们本来就在这里以打猎为生,商王带领他的卫队也可以在这里来打猎。男服是被征服的南方民族,大概是农业的民族。南方的生长主要是农业,男字从田从力,力是耒的形省。卫服为卫队,更不是诸侯了。所以商朝的四服同周朝的诸侯性质完全是不同的。

中国的封建制发生在周代。周人灭殷后发展得很快。许多地方要派人去镇抚,新占领的地方要派人镇守安抚。原来是临时性的,因为地方太大,临时镇抚则国家不易安定,所以后来就变成了世袭。因为世袭,他就能够有其土地人民。所以周初时周王认为"普天之下,莫非王土;率土之滨,莫非王臣"。这是周初时的一个观念,好像土地人民都是周王的,周王给诸侯以官职,给他土地人民,还有授土授民的形式,这在《左传》定公四年讲的有。但是诸侯可以世袭,后来就是其土地人民了。所以用"普天之下,莫非王土;率土之滨,莫非王臣"来讲封建,也只是问题的一面,是理论上的东西,是从周王这个角度看的,实际上后来诸侯的地位上升了,有其土地人民了。故《左传》昭公七年讲"封略之内,何非君土;食土之毛,何非君臣"。这是中国封建的特殊点,与西方不同。一方面中国地方广大,一方面是征服的需要,政治上的需要,周王就把一部分土地人民给了诸侯。中国封建的发展是适应当时的形势的,另外还有所谓的采邑制度,就是采服来卫并称,是周王赐给卿大夫的食邑地。本来按照西周封建的规矩。老王死了新王继位,采邑主应得到新王的再承认,要新王重新封他,再命;另外如果受封的人死了,他的儿子要继承,也需要王的再命。故有一命、二命、三命等数命。西欧就是这样,王或采邑主死了,都要重新册命,或是把土地交回来。按照这种理论和形式,这些封建采邑主并不是永久性的,要服从王的命令,有其职才能有其位。采邑制在西欧是很清楚的,有其职有其位。周朝的采邑制,《公羊传》襄公十五年何休注:"所谓采者不得有其土地人民,采取其租税耳。"采邑制在最初是实行了"普天之下,莫非王土;率土之滨,莫非王臣"这个原则的。采邑就不得有其土地人民,只能采取其租税,好像是暂时占有的样子。采邑还有一个解释:把一切土地给你,你自己带了人民去发展这个地方,最后还要缴还,不得占为己有。这都是说明按照周王封建的理论,原则都应该是这个样子。但实际上这个原则只能贯彻于采邑制实行之初,所以我们如果强调"普天之下,莫非王土"来讲中国古代历史是难以讲通的。实际上有相对的升降,还是应当辨证地看待这个问题。采服大概在周朝才有,采服即是周王室的官吏,所以后来采卫并称。金文《中齍鼎》里有"作乃采"这个话,"易于武王"是周武王赏赐给他的,金文里大概还有一个这种材料,在《两周金文辞大系》里收得有。

商朝的侯田男卫与周朝的诸侯性质完全是不同的,殷周的社会性质也是完全不同的。后来的人把侯田男卫和诸侯变成了五服、九服,从历史上看来这都是后出的。《禹贡》上讲五服为:"五百里甸服……五百里侯服……五百里绥服……五百里要服……五百里荒服……"这是以五百里的方块形式向外推得到的。好像甸服(即商朝的田服)居中,这里原来是商朝的中心,侯田男卫都在其中;五百里外为侯服,保卫中心五百里的地方;再五百里外为绥服,绥就是安定,把这里统治起来,保持安定;又五百里外为要服,要就是邀约的意思;又五百里外就是荒服,指荒远,荒芜之地,可

【八】商朝的侯田男卫四服制

以来朝王,也可以不来。这样就推出方五千里来。这是一统观念的反映,《禹贡》成书大概是在战国时代,五服是晚起的,想象的东西,并不是实际有的,不是周初的,更不是商朝的。《禹贡》上的五服,到了《周礼·夏官司马·职方氏》(《逸周书·职方氏》同)就称为九畿了。畿是疆界,九畿就是九服:"方千里曰王畿,其外方五百里曰侯畿,又其外方五百里曰甸畿,又其外方五百里曰男畿,又其外方五百里曰采畿。又其外方五百里曰卫畿,又其外方五百里曰蛮畿,又其外方五百里曰夷畿,又其外方五百里曰镇畿,又其外方五百里为蕃畿。"男服之外采卫的采服添出来了,蛮畿就是蛮人,夷畿是夷人,蕃畿为外蕃之地。这样九畿就是方万里。这完全是理想的,没有事实根据的。《周礼》也是战国时的书,后来说《周礼》是假的,是刘歆伪造的,则是今文学家的胡说了。这个所谓由四服变成的五服、九服,都是后来编写历史的人根据理想臆造的。《国语·周语上》里记载的畿服说,就与《禹贡》、《周礼》都不同:"夫先王之制,邦内甸服,邦外侯服,侯卫宾服,戎狄荒服,甸服者祭,侯服者祀,宾服者享,要服者贡,荒服者王。日祭,月祀,时享,岁贡,终王,先王之制也。"邦内甸服是周承殷制,把殷王畿称为邦内,其中的农田即为甸服;邦外侯服,王畿之外守卫边疆的就是侯服;侯为宾服,侯服和卫服都是王室用宾客之礼接待的。商王要请他的祖先,都是说"王宾××";蛮夷要服,要就是邀约的意思;戎狄荒服,地处荒远,可来可不来者谓之荒服。这大概与周初的情况还有点接近,不像《禹贡》、《周礼》那样完全是理想的。《诗·商颂·长发》有:"自彼氐羌,莫敢不来享,莫敢不来王。"氐羌是蛮夷,都要来朝见商王,为王的宾客,王要享宴他们。日祭是承继了商朝的习惯,每天都要祭祀王的祖先,祖祢在日祭,甲日祭甲,乙日祭乙,甸服在畿内,都要参加日祭;月祀,就是每月祭祀远祖,远祖是合祭;时享,就是四时的享宴,近的地方以日、月来,远一点的则以时参加祭祀,享宴;岁贡,一年一次进贡;终王,一生来一次。地处特别远的一生只来见一次王。好像后来在南方少数民族的羁縻州县、羁縻酋长,尚未改土归流的,一生就在承袭职位之时才朝见一次皇帝。

商代的四服制,我们从文献上看好像就限于殷王畿千里之内,而商代的实际疆域所到的是大大超出了这个范围的。男服在南方,从地下发掘的商代遗址看,男服已过了长江。男服是受殷朝统治的,殷王派他的儿子,就是子族带兵来统治这些地方。所以后来子男都是一等的。商代已经到了长江流域和江南地区。前几年在湖北黄陂县盘龙城,就是距武汉南边五公里的地方,发现了一处商代的宫殿遗址,有城垣、城壕,建筑物有上下两层,铜器很多,种类也很完备,有鬲、甗、簋、卣、斝、爵、觚、盉、罍、盘等等,达十一种之多。大概商朝铜器的种类这里都有,比较完备。这里有一个大圆鼎,仅次于郑州出土的商朝大方鼎。在湖北的另一个地方,长江以北的沅水流域还出土了甲骨,尚无报道,不知有没有文字。足见商朝已经达到湖北长江流域一带,而且分布的地域很广。另外在江西青江县发现的吴城文化,大概是在1973年以后逐渐发现的,这里有铸造铜器的石头模子,石范,还有青瓷,瓷器可能是从南方逐渐向北方发展的,制造瓷器的陶泥在南方,尤其是江西最多。这里的墓葬遗址可以分成三层,从早商以来就一直同商朝的文化平行发展,是一样的。所以可以知道商朝的男服可以一直到达长江流域及长江以南,鄱阳湖一带。商朝的疆域南方可以到达这里,商王大概主要是派他的子族带领其部队部族镇抚这些地方,在这里收税。所以我们后来说五等爵中子男为一等。从这里我们就可以知道商代的四服制以及后来五服的来源。这些问题后来的历史没有记载,今天我们可以从地下发掘中看到。

【九】 殷纣的灭亡

殷是一个大国。过去的文献都讲,它比周大,周是一个小国。为什么殷纣会灭亡呢?他有三百六十夫(部族)这么强大的武力,为什么突然崩溃?

首先,他失掉了部族的拥护。《尚书·牧誓》说:"商王受惟妇言是用。"听他老婆妲己的话。"惟四方之多罪逋逃,是崇是长,是信是使,是以为大夫卿士。"逃亡到他这里的人都收容下来,使用他们,信任他们,给他们官做。"俾暴虐于百姓"。这些人就欺凌氏族长欺凌氏族。百姓本来是官长,贵族的意思。"以奸宄于商邑",在商邑做坏事。这是殷纣的罪名,他失掉了民心。《牧誓》是不是商朝的资料？不一定。主要的东西是从商朝相传下来的。《左传》上也有类似的记载。《牧誓》和《左传》可能都是春秋战国存在的东西。《左传》昭公七年记载："昔武王数纣之罪以告诸侯曰：'纣为天下逋逃主，萃渊薮。'故夫致死焉。"逃亡的人聚合起来叫渊薮，所以三百六十夫要同他拼命。为什么商朝的人民对殷纣收容逋逃这样愤恨？这个正好说明商朝是奴隶社会。我们晓得在奴隶社会里，俘虏的人就是他的财产。《史记·匈奴列传》说："得人以为奴婢。"为他服役，为他生产。尤其是农业民族辛苦得很，所以必定要捉奴婢替他服役。满洲人入关前要捕获汉人作奴婢为他服役，这在《清实录》中写得很清楚。解放前凉山彝族把汉人捉去当娃人。这种情况，在奴隶社会很普遍，如果他的奴隶跑了，财产就损失了。奴隶社会里有一个不成文的法律：凡是逃跑的奴隶都要捉回来，别人不得收容，收容了就要打冤家。奴隶到他们这里都很孤立，逃不出来。汉人到这里都逃不出来，只有作他们的奴隶。所以殷纣王收容的奴婢愈多，氏族便对他愈愤恨，所以在牧野之战，商纣的士兵都倒戈，一天就崩溃了。这是他灭亡的主要原因，过去没有讲清楚。我们讲了二十年唯物史观，把杀奴隶殉葬作为奴隶社会的主要特征，这是不大妥当的。

还有一个原因，就是商纣王把农田改成田猎地区，毁掉了农业生产。商纣王带着他的卫队一方面生产，一方面到处打猎，本来侯甸男卫，甸服才是猎区。他到处打猎，扩充猎区。就要毁掉农业地区。《史记·周本纪》中武王说："自发未生于今六十年，麋鹿在牧，蜚鸿满野。天不享殷，乃今有成。"发，是武王的名字。牧，就是郊外，城外为牧。有农业时，怕鸟雀吃粮食，要派人守。现在没有农业了，天上到处都是飞鸿鸟雀。"天不享殷"，使殷朝灭亡，我现在成功了。这就是说,周所以灭商,是因为纣王把农田变成了田猎区。为了田猎。毁掉了农业生产,商朝粮食就不够,没有办法只好向南方民族要,要求南边的男服供应他的粮食。大概奴隶社会就是这样,主要东西靠男服供应。《三国志·东沃沮传》记载高句丽对臣属于他东沃沮就是,"使大加统责其租税,貊布、鱼、盐、海中食物,千里担负致之,又送其美女以为婢妾,遇之如奴仆"。后来讲奴隶制分期,许多东西没有讲清楚。奴隶社会该怎么讲?就是他所需要的东西都要向奴隶索取。匈奴在西域设了一个僮仆都尉,僮仆就是奴隶,尉官就是武官,用军事力量来统治。所以按照奴隶社会的原则,殷纣王就向南边的男服要粮食。男服供应不起,就背叛,于是乎纣王就不断讨伐东夷,要粮食,要东西。我们在甲骨文上看到很多关于征夷方的记载。用兵夷方的结果是破坏了农业生产,部族不能种粮食,打胜了仗也没有粮食吃。哪时不崩溃呢?所以《左传》宣公十二年说:"纣王百克而卒无后。"还有昭公十一年,"纣克东夷,而陨其身"。陨,就是陨落,掉下来了。仗打胜了,国也灭亡了。昭公二十四年引《大誓》的话(《大誓》现在已经没有了)说:"纣有亿兆夷人,亦有离德。"《尚书》就说:"离心离德。"人民离心离德,所以殷纣灭亡了。

我们这样讲中国的奴隶社会,就非常清楚了。从前我们跟郭老讲,杀殉就是奴隶社会。这是斯大林的讲法。奴隶人身没有保障,奴隶主对奴隶有权限,但是奴隶主杀奴隶是自己毁灭财产,这怎么能说是奴隶社会呢?恰好这是奴隶社会以前原始社会对付奴隶的方法。

《诗·大雅·大明》说,在牧野之战,"殷商之旅,其会如林,矢于牧野"。殷商的军队集合起来如树林一样多。过去有人解释,说有

【九】 殷纣的灭亡

七十万,极言其多,恐怕是夸张。古代的战争不会有七十万人,周朝有数目可考的军队不过五万人左右。"维师尚父,时维鹰扬,凉彼武王,肆伐大商。会朝清明"。牧野之战,姜太公的军队很威武,和商朝军队一接触,一个早晨就战胜了商朝,天下就清明了。还有一个出土铜器《利簋》铭文讲甲子战胜殷纣王的事情,也就是说"夙有商",一下子就战胜了殷朝。《荀子·儒效》说,牧野之战,周武王"鼓之而纣卒易乡,遂乘殷人而诛纣。盖杀者非周人,因殷人也。故无首虏之获,无蹈难之赏"。商纣王违背了奴隶社会存在的原则,所以一下子就崩溃了。

1982.4.28

【十】 殷代的两轮车

今天讲商朝的两轮车。兵车就是两轮,两轮车一方面作兵车,一方面作乘的车,大概殷代才有两轮车,从地下发掘来看,夏代还没有两轮车的痕迹。但是,我们在殷代晚期的墓葬里确实发现了四匹马拖的轮辐很多的两轮大车。

《论语·卫灵公》:"颜渊问为邦,子曰:'行夏之时,乘殷之辂,服周之冕,乐则《韶》、《午》,……'"讲虞夏商周三代的典制。"行夏之时",就是用夏代的历法。我们讲过夏代已经有阴阳合历,这是不是提得早了一点?相传春秋时代的晋国为夏虚,他们所行的历法就是夏历,和周朝相比,晚两个月。这种民间流传的习俗,是很

【十】 殷代的两轮车

长久的,是可以相信的。当然那时历法还不完备,计算还有粗疏的地方,但是已经粗具规模了。"乘殷之辂",就是乘殷代的车子。"辂"从车从各,应该是独轮车,不是两轮车。从文字学上讲,各字就是上头一支足,足趾驾在车子上,底下的口就是轮子。各,就是独轮车走路。道路的路字从足,小车独轮车后来叫路车,汉代写成鹿车。中国可能很早就有独轮车,它的轮子简单,没有轮辐,一块板就可以了。独轮车可以学大车安上轮辐,现在小车也有轮辐。

商朝原来没有两轮车,商朝的两轮车可能是从北方狄人那里学来的。传说商的母亲为简狄,狄,或从易加之为逷,两种写法都可认。商朝有怀姓九宗,商灭亡后怀姓九宗投降了周朝,周朝把他赏给晋国。怀姓九宗就叫狄,怀就是狄,怀后来为媿。所以商部族中有狄,他的母姓也是狄。商朝的两轮车可能是从狄人那里学来的,是从很远的西方来的。

从年代讲,中国的两轮大车可能比西方是要晚一点。巴比伦的遗物、埃及的象形文字,时间可能比商朝早一点。商朝有文字,有车字,已经是晚期的事。现在发现的甲骨文都是商代后期的,盘庚以后才有的。这个说法还是一种假设,到底是什么时候从西方传来的?要把这个时间说得很准确,还说不上来。不过,从现在所有的史料痕迹看起来,两轮车从狄人那里来的说法是可以成立的。

狄人,就是西伯利亚的丁零,因"乘高车,逐水草",又叫高车。《北史·高车传》把两轮大车称为高车。为什么称高车呢?《高车传》说,这种车"车轮高大,辐数至多",车轮有辐,一根一根衬着。老子说:"三十辐共一毂。"三十辐是很多的,现在从地下还没有发现三十辐的车轮。可能从前没有那么多。多少可以不等,统而言之,"辐数至多"。古代的"车"字是两个轮子。现在这个"车"字,中间是一个车轮,实际上是省写的,上下两横("二")就是两个轮子,中间那个"田"字是坐人的车箱。何以说两轮车从高车这里来?这种车子应当是从西方,经过黑海,经过吉尔吉斯草原,到西伯利亚,这是向东发展的一条路。这种车子适宜于平原大道,它的两个轮子才可以通行。它是适应随水草牧畜,时常迁徙的游牧生活而产生的。要畜牧业发达,才能发展这个东西。我们晓得中国丘陵多,还有大山,黄河下游大平原开发得比较晚,畜牧业也是从西边慢慢发展起来的,在中国古代发展两轮大车的条件不那么充足,所以两轮大车发展得就晚了,就慢了。《新唐书·靺鞨传》说,黑水靺鞨"畜多豕,无牛羊。有车马,田耦以耕,车则步推"。"田耦以耕",没有犁,两人共拿一个耒耜耕田。耦耕是中国农业发展的重要条件。"车则步推",步推的车不是两轮车,是独轮车,鸡公车就是步推的,两轮车不是推的,是拉的。"耦以耕"就是耕田往后退(所以《淮南子》说,"耕者日以退"),翻土向前推。"车则步推","田耦以耕",劳动的方向是一致的。黑龙江一带的黑水靺鞨保留着中国最古老的风俗。他的风俗很多和中国是一样的。比如,穴居,"有粟麦","俗编发,缀野豕牙。插雉尾为冠饰,自别于诸部"。编发就是编辫子,受了北方民族的影响。"插雉尾",就像唱戏的插两根野鸡毛,现在氏族还插两根毛。"缀野豕牙",黑水靺鞨养了很多猪,《旧唐书·靺鞨传》说:"其畜宜猪,富人至数百口,食其肉而衣其皮。"这个都是中国豕韦的风俗,北方的靺鞨一直到唐代还保留这些风俗。高车这个民族不见得就那么纯,他们乘两轮车从西伯利亚过来,在商代就同中国民族融合在一起了。高车可能同中国民族关系很紧密。《北史·高车传》称高车东部就在贝加尔湖,还有许多风俗与中国

【十】殷代的两轮车

相同。《高车传》讲,高车"其先匈奴甥也"。传说,匈奴单于有两个女儿,"将以与天","乃于国北无人之地筑高台,置二女其上"。经过了四年,来了一老狼,"昼夜守台嗥呼",妹妹便"下为狼妻而产子",便是高车的祖先。狼就是犬,也许就是图腾。这个故事同商代祖先简狄的传说很相像。他们还"善用五十蓍筮吉凶"(《北史·高车传》),五十根蓍草同《易经》五十蓍是相同的。他们住的地方时常遭到雷震,怕雷,"每震,则叫呼射天而弃之移去"(《北史·高车传》)。商朝的武乙也射天,"暴雷,武乙雷死"(《史记·殷本纪》)。这些故事风俗和商朝是有一点关系的。

《通典》说:"大月氏国人乘四轮车,或四牛六牛八牛挽之,在车大小而已。"四轮车是从两轮车发展来的。大月氏是虞夏之后,到了北方同西伯利亚民族接触,大月氏有四轮车应该是从西伯利亚这边来的。他这个四轮车只能在大平原里才能走,一般道路上是不行的。因为四轮车前面两个轮子从前不是活动的(现在汽车前面两个轮子可以活动),转弯困难。大月氏从事畜牧、射猎,也许没有农业或只有很少一点,所以有这种车子出现。四轮车可以载重,游牧迁徙时把所有家产都放在车子上,便于流动。四轮车不适宜农业民族,也不适宜丘陵地带。从此看来,两轮车是从西方传入的。这里还有一个问题,就是铜器发展的早晚。四匹马拖的两轮车一定要很坚固,如果没有铜,完全用木头做,一拖就垮。夏代已经有铜了,但是很少,或者是一把小的刀子。所以谈到两轮车,就要考虑铜这个条件,要把所有的条件凑合起来,这是一种复合的文化。别看只是一个车子,车子的文化是非常复杂的,复合的,不是单一发展的。两轮车的来源只有一个,不可能各地独立发展。现在都排斥外来说,但是历史事实要尊重,古代也没有一个完全孤立的民族。

从文化方面讲,车有两套:一个是独轮车,一个是两轮大车。中国固有的是独轮车。凡是从"各"旁的字,如"道路"的"路","络绎不绝"的"络",都和独轮车有关。"各"的音,就是从一个轮子发出的咕辘咕辘这个声音来的。车,就是车转的意思。"车"字是后起的,"各"字在前,所以"路"字从"各"不从"车"。中国普遍适宜独轮车。《三国志·蜀志》记载诸葛亮作"木牛流马"。公元231年(建兴九年)诸葛亮出兵祁山,开始用木牛运粮,木牛就是独轮车。诸葛亮每次北伐都是因为粮食不够,这一年用木牛运粮,大概可以多载一点。公元234年(建兴十二年)诸葛亮用流马运粮,流马可能运得快一点。他先把粮食集中于斜谷的邸阁(储粮的地方),再用流马运。木牛流马就是独轮车。四川道路难行,只适宜独轮车。现在有了马路,才有了北方的两轮大车。所以木牛流马这种独轮车是中国固有的,用来运粮,用来打仗。

我们先头介绍了两轮车开始于殷代,是他同北方的狄人混合以后,才逐渐有的。唐代北方的黑水靺鞨还只有独轮车,车还是步推,没有牛羊。《新五代史·四夷附录·胡峤陷虏记》说:"黑车子,善作车帐,其人知孝义,地贫无所产。云契丹之先常役回纥,后背之,走黑车子,始学作车帐。"黑车子豕韦也就是靺鞨,黑车子豕韦靺鞨是一类的。唐代后期,为回纥服役的契丹背叛回纥走黑车子,开始学作车子帐篷,也就是开始接受游牧经济。这是说,唐代在东北方向,有一部分民族还只能用独轮车,有一部分接受游牧经济开始学作车帐,作两轮车。殷代也是这样,传说"王亥托于有易,河伯仆牛。有易杀王亥,取仆牛"。仆牛就是牛拉两轮车。这些都说明两轮车是从北方西伯利亚来的,北方民族首先接受,殷代从北方

【十】 殷代的两轮车

民族接受了这种两轮车。所以这种复合经济在古代要独立创作,两方面都创作是不可能的。这个问题要讲历史,要说明他的真实,而不必讳言我们接受了西方的文化。文化是人类共同创造的,不是我们一国的文明。我们对人类文化是作出了贡献的,我们接受了外来的好东西,丰富了我们的文化,所以我们是个优秀的民族。

1982.4.28

【十一】 殷周之际的民族大迁徙

这是继夏商之际民族大迁徙以后的又一次民族大迁徙。商民族的迁徙大概是在武庚叛乱,周公东征以后。鲁、卫、晋等国的分封都是周公东征的结果,这样周人才到了东方。在武庚叛乱以前,殷民三百六十夫还存在,周武王为此睡不着觉,这是《周本纪》里讲的。到周公东征把武庚灭亡后,殷民三百六十夫投降的投降,打散的打散。投降的殷民中,殷民六族给了鲁国,殷民七族给了卫国,给晋国的怀姓九宗是殷民三百六十夫以外的。东方未投降的殷民并不安定,周人继续穷追猛打,所以这部分未投降的殷部族就逃亡,这种逃亡都不像后来的改朝换代,是向很远的地方逃亡。

[十一] 殷周之际的民族大迁徙

这些逃亡的殷民部族主要是原来住在齐国的,一部分逃到了东北,另一部分则逃到了江南。

《左传》昭公二十年讲齐国原来的居民:"昔爽鸠氏始居此地,季荝因之,有逢伯陵因之,蒲姑氏因之,而后太公因之。"大概爽鸠氏、蒲姑氏都是以鸟类名称名官的民族,这从《左传》昭公十七年郯子言少皞氏以鸟名官可知。或者季荝、逢伯陵都是东方不同的民族,季荝、逢伯陵都是他们酋长的名称。在齐太公之前这里居住的是蒲姑氏。齐国是从西方来的部族。蒲姑在《汉志》上又叫"薄姑",蒲姑与薄姑为声音相同的字。铜器《㽙方鼎》(见《考古学报》1955年第5册陈梦家《西周铜器断代》引)铭文有:"佳周公子于征伐东尸,丰白、尃古咸戈。公归集于周庙,戊辰,饮秦饮、公赏㽙贝百朋、用乍隓彝。""东尸"即东夷,"戈"即灾,周公伐东夷,丰伯、薄古一同受灾。这个铜器说明了周公灭薄姑一事。薄姑也许是叠韵字,同在鱼部。这样,蒲姑就逃跑了。逃到东北去的后代叫扶余国,夫余征服并统治了涉民,涉是夏商之际迁到这里的夏部族豕韦之后。东北民族中秽民是主要的,蒲姑、夫余是后来去的,统治了涉民,《三国志·夫余传》记载:"国之耆老,自说古之亡人。"耆老就是父老,他们还晓得他们不是本地人,是古代逃亡来的。这种历史是一代一代传下来的。这里不但保留了奴隶制,还保留了许多旧的接近原始社会的风俗。《三国志》上讲:"旧夫余俗,水旱不调,五谷不熟,辄归咎于王,或言当易,或言当杀。"这应当是原始社会对领袖的做法。夫余国以大畜名官,有马加、牛加、猪加、狗加四种,加即家。"有敌诸加自战",打仗是贵族率领自己的人民作战,"下户俱担粮饮食之",下户是被征服的奴隶,被统治的人民,作战时为之后勤供应。《三国志》上说诸加住在城里,城外四出道,就是东南西北四方是被统治的人民,秽民给他们种粮送粮,诸加只作战不生产。他们还保存了许多中国的风俗,"食饮皆用俎豆,会同,拜爵洗爵,揖让升降"。俎豆是中国东方的传统食器。宴会时主人饮了第一杯酒后要把杯子洗了才能斟第二杯酒给客人喝,爵就是酒杯。故拜爵洗爵。还有揖让升降,这些接待宾客的礼节都同中国古代是一样的,或可以参看《仪礼》。夫余就是蒲姑的音转,在东方为蒲姑,到北方就是夫余。在北方后来的高句丽、百济、北扶余、渤海,他们的统治者都是夫余之后。东汉时百济王都以夫余为姓,渤海在唐朝时立国于松辽平原,也是以夫余为姓。他们的许多传说同中国都相同。比如《隋书·高丽传》说:"夫余王尝得河伯女,因闭于室内,为日光随而照之,感而遂孕,生一大卵。有一男子破壳而出,名曰朱蒙。夫余之臣……咸请杀之……其母以告朱蒙……东南走。遇一大水,朱蒙曰:'我是河伯外孙,日之子也,今有难而追兵且及,如何得渡。'于是鱼鳖积而成桥,朱蒙遂渡……朱蒙建国,自号高句丽。"河伯女就是黄河的女儿,卵生一男子这则是东方以鸟为图腾的民族之传说,这就说明高句丽是夫余之后,而鱼鳖积而成桥是中国古代就有的传说,《楚辞·离骚》里就有"麾蛟龙使梁津兮"的说法。百济也有这样的传说,《隋书·百济传》里说百济就是高句丽逃出去的一百家济海而成的国。这些传说都是从中国带去的。高句丽、百济、渤海等不仅传说与中国相同,而且还保留了中国的文字。《北史》中说新罗文字同于中国,《周书·百济传》里说百济人"兼爱坟史,其秀异者颇解属文"。坟史便是中国的三坟五典史书,他们不仅能懂,聪明的人还能作文。又说:"又解阴阳五行,亦解医乐卜筮占相之术。"中国的文字就是从卜筮占相之术发展起来的,百济民间有医药卜筮占相之术,有了这个基础,所以他

【十一】 殷周之际的民族大迁徙

能保留中国的文字和史书。《旧唐书》里也说:"百济国其书籍,有五经子史,又表疏依中华之法。"渤海、靺鞨亦有中国的文字书籍,《新唐书·白居易传》讲:"居易最工诗,当时士人争传。鸡林行贾售其国相,率篇易一金。其伪者相辄能辨之。"鸡林即今吉林,鸡林国相用一金、一两黄金,也就是一万钱向流动的商人买一篇白居易的诗,伪造的他能辨别。这说明不仅民间有医药卜筮占相之术、五行之学,而且国相还能够懂得中国文章的结构、体裁,假的都能识别出来,这应该是对中国文化有很深的造诣了。我们知道在高句丽和今天的朝鲜、安南即现在的越南都有中国文字,而东北方尤甚,中国书不少有朝鲜版,在国内亡佚了的还要从朝鲜引回来。渤海的中国文化也很深。《辽史·义宗倍传》记辽太祖灭渤海建东丹国,以皇太子图欲为人皇王镇守此地,后太祖死,二子尧骨继位,人皇王被迫浮海逃往后唐,史载人皇王熟知中国文化,"初市书至万卷,藏于医巫闾绝顶之望海堂,通阴阳,知音律,精医药砭焫之术,工辽、汉文章。尝译阴符经,善画本国人物"。逃亡中国时还立木海上,刻诗曰:"小山压大山,大山全无力,羞见故乡人,从此投外国。"这充分说明了中国文化,尤其是书籍文字,从夫余、高句丽、百济,一直到渤海都在东北保留着。日本的中国文化最初很可能就是从东北、高句丽这里传过去的,后来唐朝时又直接派人来中国,接受了中国文化。中国和东北的联系很早就有了,夏商之际有豕韦迁到东北,商朝末期又相传箕子到了朝鲜,《汉书·地理志》里说:"殷道衰,箕子去之朝鲜,教其民以礼义田蚕织作。乐浪朝鲜民犯禁八条:相杀以当时偿杀,相伤以谷偿,相盗者男没入为其家奴,女子为婢。欲自赎者人五十万,虽免为民,俗犹羞之。嫁取无所雠,是以其民终不相盗,无门户之闭,妇人贞信不淫辟。其田民饮食以笾豆,都邑颇放效吏及内郡贾人,往往以杯器食。郡初取吏于辽东,吏见民无闭臧,及贾人往者,夜则为盗,俗稍益薄,今于犯禁寖多,至六十余条。"箕子去朝鲜是在殷亡之前,这说明中国与东北很早以前就相通的。《汉书》是东汉时班固所作,至东汉时许多中国古代的风俗还在东北保存着,比如"田民饮食以笾豆"。田民即野民,不是统治阶级,饮食用笾豆还是中国古代东方的风俗,在野外被统治的人民中还保留着,而"都邑颇放效吏及内郡贾人,往往以杯器食"。中国内地已不使用笾豆了,故朝鲜都邑之人纷纷仿效汉朝派来的官吏及内地来的商人,以杯碟之类为食器,这种变化还可以看得见。所以班固赞美这种古代的遗存:"可贵哉,仁贤之化也。"殷部族夫余在东北以涉为民,涉民就是韦氏之后,是夏商之际逃到东北的夏人之后,他们就保留了不少中国的东西,朝鲜也从很早起就有中国去的人及土著居民,风俗淳朴,《后汉书》、《三国志》上都讲到这里的风俗很好,还没有沾染坏。我们在讲新石器文化时曾讲到在三四千年以前龙山文化就到了东北,现已发现了好几处,《诗·商颂》也说:"相土烈烈,海外有截。"相土是商朝以前,成汤的祖先,相土时就已发展到了海外,风俗整饬。另外这些地方的丧葬之仪也与中国相类似,前面我们已讲过东北民族行三年之丧,《三国志》中的《东沃沮传》里又讲到:"其葬作大木椁,长十余丈,开一头作户。新死者皆假埋之,才使复形,皮肉尽,乃取骨置椁中,举家皆共一椁,刻木如生形,随死者为数。又有瓦钖,置米其中,编县之于椁户边。"这种葬式在中国南方很普遍,尤其在西南四川、贵州、云南都发现不少。《华阳国志·蜀志》记"越喜郡会元县故濮人邑也,今有濮人冢,冢不闭户,其穴多有碧珠,人不可取,取之不祥。"这里亦是冢不闭户,要开一头。这种风俗在中国保

【十一】 殷周之际的民族大迁徙

留得很古,不能因为它们的地方隔得很远,时间相差又很久,就认为它们是没有联系的,从这些风俗、习惯、文字各个方面我们都可以看到古代民族迁徙的痕迹。

蒲姑氏迁到南方来的,就是我们现在讲的盘瓠、盘古,先是盘瓠,后是盘古,这在历史上不像迁到东北去的夫余那样清楚,但我们还是可以从他的名称及传说中看到他们是从蒲姑氏里分出来迁到南方来的,而这一支后来就是苗瑶,尤其是瑶,瑶的祖先就是盘瓠。东汉末建安年间人应劭写的《风俗通》里记载了一只叫盘瓠的狗娶高辛氏女儿生六男六女,成为长沙武陵蛮的祖先的故事(这段材料上次讲图腾崇拜时已用过了)。这就是南方民族奉盘瓠为祖先的故事,这是用原始社会的现象来谈的,奉狗为祖先大概就是以犬为图腾。夫余国有马加、牛加、猪加、狗加四加,狗加中有犬使作为统治的部族。后来犬使带着狗加的一部分人,还有奴隶逃到南方来了。这些人民要给犬使服徭役,还要供应他所需要的其他东西,这是奴隶社会的情况。盘瓠就是蒲姑、夫余另外的对音,这些不同的名称是他们分别到了不同的地方保留下来的音,中国人又用中国字记下来,就使对音不同了,但从这些音的声纽韵部来看,都是相通的。他们的剥削方式主要是服徭役,所以叫做瑶。瑶民是先到浙江、福建、然后才到广东、广西,到贵州就更晚了。

从上面讲的我们可知道,殷商灭亡后,他的一部分部族分别向东北和南方迁徙。东北在商亡以前就有人民迁到这里,后来成为了东北的统治者,就是夫余;另一部分过了长江,称盘瓠为他们的祖先,统治他们的犬使就成为他们的图腾。从民俗学上,从名称上,从传说中都可以得到一点线索。后来以盘瓠为祖先的徭族又和汉族融合在一起,他们的祖先盘瓠后来也写进了中国历史。三国时代吴国的徐整作"三五历记",把盘瓠写成了盘古,又还原为蒲姑、薄姑之古了。中国历史在战国后期到西汉初就已经编成了三皇五帝的系统,再要加进来历史就只能往上写,盘古就成为开天辟地的,变成了我们中国的第一个祖先了。

1982.4.28

【十二】 西周的兴亡

今天讲西周的历史。《四川大学学报》1979年3、4期上的《西周史论述》和《周原甲骨初论》,都可以参考。

(一)周原文化的两个来源

周朝的兴起,过去没有讲清楚。好像姬姜自来就是一个民族,实际是两个民族。姬族迁到周原以后和姜族经过了一百年左右的时间才慢慢融合成为一个民族——周。

姬族开先住的地方称为豳,不称为周。周是渭水流域的一个农业区,豳是黄土高原上野猪出没的地方。

姜族是西羌。历史上记载的羌没有同中国文化结合起来,因为他们同中国文化不同,我们现在称之为少数民族。姜族就是同商代相传的中原文化一致的羌族。在中国历史上,凡称羌,就是同中国文化不同,称姜就是同中国文化一致。

姬姜两个民族合在一起,形成一个新民族。新的民族、新的血液,是很优秀的。因此周原文化是由两个来源汇集而成的;一个从山西的豳地来,一个从甘肃的西羌来。

豳地在山西,不是像我们从前所讲的豳地在陕西在甘肃东北边和陕西西北边,不是那样。古代阴山南北,物产丰富,后来北方的匈奴一切材料都从这里取,要作车子、作弓箭、作器具,都从这里取。从前这里草木茂盛,所以称为阴山,现在光秃秃的状况是自然生态发生了变化,是历史上形成的,不是古来就是这样。从前这里很好,也有农业,不过是初级农业。这个地方东边的文化叫貊,西边的文化叫羌,中间的文化春秋时代叫赤狄白狄。这里的经济可用东边的貊来说明。貊,就是《后汉书·东夷传》记载的辽水流域的大水貊、小水貊。《孟子·告子下》说:"夫貊,五谷不生,惟黍生之。"初级农业就是这样,只有黍。黍的收获量不多。这也是黄土高原的旱地农业,没有水稻,属于高地农业,不是低地农业。这个地方初进入阶级社会,统治阶级从人民那里征收很低的赋税,"二十取一而足也"。没有宫室,大部分还是穴居(可以说,从甘肃东部、陕西、山西,一直到东北,在古代都是穴居或半穴居)。一方面虽然有一点农业,但还有随水草迁徙的现象;已经是定居,又不是完全定居。在古代要做到完全定居,要有两个条件:一是看水的问题是不是能打井了,水的问题没有解决,所以仍然要随水草迁徙。二是看农业是不是占主要地位。古代的农业是辅助的,不是主要

【十二】 西周的兴亡

的。原始人民都是复合经济,不是单纯经济。所谓单纯的游牧经济,吃奶油,吃兽肉,是后来才有的。就拿中国的匈奴来讲,匈奴原来还是有农业,后来他们在抢劫农业民族的东西吃的过程中,逐渐把农业丢了,于是才完全变成游牧经济。我们后来理解的游牧,不是原始的。因为这个地方还有随水草的现象,所以他这个抽税也要抽点皮毛作裘(皮袍子),皮子也可以做交易。总的来说,这个地方已经形成了阶级,但是刚进入阶级社会,剥削不高。阴山东部是燕山,西边是祁连山,阴山在中间。这一带是中国文化发源的地方,不一定是黄河流域,黄河流域是后来的。这里是南北争夺最厉害的地方。从西伯利亚来的民族狩猎不够的时候,就要抢劫农业民族,农业民族便集中起来用城池保卫自己。阴山东边以北的地方,我们已经发现了这样的城。于是这里便逐渐从原始社会的军事民主制进入了阶级社会,只有这里才能形成阶级,而在阴山以南的地区,因为有这些地方作它的防御,没有形成阶级。阶级是从这里逐渐发展起来的,由这里把中国南方的财富集中起来慢慢地形成了一个政府,在这样的地理环境和经济条件下逐渐形成夏商周三个中国王朝。

姬族原来住在豳地,从前钱穆有篇《周初地理考》(《燕京学报》第十期)已经讲到豳在山西。当时他不过是根据很不完备的材料作一种猜想,这种猜想现在看来是对的。我们现在从地下材料和史籍上一些比较可信的材料证实了他的话,姬族最初住在山西汾水流域。从文字讲,豳是邠的重文,邠从分声,与汾通,汾水就是因邠地而得名。这个地方为什么称为"豳"呢?黄土高原是野猪出没的地方,金文的"豳"正像持杖焚林驱捕野猪之形。邠从分声,亦有焚义。马王堆《战国纵横家书》焚即从分作梦。从语言文字看,放火烧山驱捕野猪叫豳,姬族住在有野猪出没的地方,就以这种活动的名称命之曰豳地,这是一个很广阔的地方。

经过三十年来考古学家的研究,我们现在知道,姬族的早期文化属于光社文化。光社文化是从太原北郊光社首先发现而得名的。光社文化的分布几乎占了山西省的大半,从晋西北、陕东北的黄河两岸直到河套地区都有光社文化的遗址,这同姬姓周人从东边向西边迁徙的途径是相合的。光社文化的时代在商代后期,与殷虚文化差不多,同殷虚文化有些相同,又有些区别。这个地方一般都是穴居或半穴居,同周人的历史是符合的,周人最初住豳地的时候就是穴居。《诗·大雅·绵》说:"民之初生,自土沮(徂、往也)漆。古公亶父,陶复陶穴,未有家室。""陶复陶穴"就是"窑复窑穴",陶就是窑,土窑。穴,就是整个在地下穴居;一半在地上叫"京"。我们进一步看,姬姓周人最初的住地,可能在汉代西河郡的土军县。西河就在山西的黄河边上,山西的西部到南部叫西河。西河郡有个土军县,见于《元和郡县志》卷十二"石楼县"条,说"(石楼县)本汉土军县也,属西河郡。晋省。后魏孝文帝于此城置吐京郡,即汉土军县,盖胡俗音讹,以军为京也"。这个地方与中国文化有距离,进化得很慢,还保留着胡人的风俗,《水经·淇水注》说,后魏"徙九原西河土军诸胡,置土军于(顿)邱侧。"《元和郡县志》又说:"隋开皇五年又以吐京属隰州,十八年改土京为石楼县,因县东石楼山为名也。""石楼山在县东南六十里……县理城,汉土军城也,其城圆而不方,故谓之团城。"从《元和郡县志》记载的土军县的地理沿革看起来,石楼就是一个深穴居,是一个很深的多层窑洞。《后汉书·挹娄传》说,挹娄"常为穴居,以深为贵,大家至接九梯"。挹娄还是从中国去的,酋长家里人多,土洞很深,九层梯子才能上下。石楼也就是深窑洞的名称,后来不住窑洞,叫石楼。团城就是圆城,《后汉书·夫余传》说"以员栅为城"。大概黄河流域大平原上建的城都是方的,而这个是圆的,是为了适应高山坡的形势。从这种习俗看起来,土京、石楼县可能是姬姓周人住的地方。姬族最初从东边迁到周原,把原来住的地方称为土京,后来把周原也称为京。《大雅·公刘》之诗叫"京师之野",《大雅·思齐》说:"思齐大任,文王之母,思媚周姜,京室之妇。"这个"京",从文字上和周人所用的名称上,都可以得到解释。姬族在豳地都住在窑洞,而渭水流域是农业区,姬族还未迁去的时候,那里已经有房屋建筑了,《大雅·生民》说,有邰民(姜族的老家)已经有"家室"了。由此,我们也可以推测甲骨文上的土方,可能就是指豳这个姬部族。正如匈奴称汉人为"土室之人"一样,土方也是根据他们住土洞这个特点来称呼的。以上仅是我们根据文字材料对石楼这个名称的来历做一些猜测,到底石楼是不是窑洞,还得到山西实地调查一下才行。

再从历史记载看。《今本竹书纪年》记载"祖乙十五年,命邠侯高圉"。说明姬族在高圉时住在邠地,可能是商朝的一个部族。"盘庚十九年,命邠侯亚圉。""祖甲十三年,命邠侯组绀。""武乙元年邠迁于岐周。"《今本竹书纪年》把邠和周分得很清楚,时代也说得很清楚。现在一般的看法,好像《今本竹书纪年》不可靠,只有古本才可靠。把《竹书纪年》分为古本和今本,是从清代学者朱右曾开始的。朱右曾把宋以前书中所引《竹书纪年》的材料集中起来,编为《汲冢纪年存真》,认为这是古本,而认为今本不可靠,就不要了。后来王静安先生根据《存真》作《古本竹书纪年辑校》,还有一个《今本竹书纪年疏证》。我们所引四条材料,都是今本上的。我想

《竹书纪年》的研究者,还没有把古本今本的关系搞透彻,没有把它讲清楚。今本古本应当是一样。今本把《竹书纪年》原来的编排错乱了一下,为什么会发生错乱呢?《竹书纪年》是晋朝从魏襄王时代坟里发现的战国时的史书,是用六国时的文字写的。这种文字,在汉代还是保存着,称为古文,好多人都认识,司马迁就是读古文的。《竹书纪年》一出来,在历史上发生了很大作用,晋代好多学者都同它发生了关系,研究这部书。比如现在《史记》三家注里常引臣瓒、徐广的话,这两位都是当时很有名的学者,都参加了《竹书纪年》的写定工作。徐广还著有《汉书音义》,在历史上很有影响。《竹书纪年》的战国部分很可靠,现在《史记》记载战国的事情错乱很多,假使用《竹书纪年》来订正它,是很好的材料。《竹书纪年》和新出土的《睡虎地秦墓竹简》很一致,进一步证明了《竹书纪年》是战国时候记载的古代历史。《竹书纪年》记载春秋的历史与《春秋》很接近。杜预是古代研究《春秋》《左传》最好的学者,他一生的功夫都在《春秋左传集解》上,他在《后序》中说,他晚年才看到《竹书纪年》,《竹书纪年》同《春秋》大致是一致的。因为有一关于春秋的事,是《竹书纪年》抄《春秋》,有的地方文字稍有一点改动,以便适合于他们魏国史家的口语。所以《竹书纪年》记载春秋战国时代的事情都是比较可靠的。但是,它记载春秋以前很远的事情,是不是也可信呢?我们想它是战国时记载的,总比《史记》和后来的一些书的记载要可靠些。我们现在说《今本竹书纪年》不可相信,是因为它编乱了一些,它把年代的编写改变了一些,以适合当时人研究历史的用处。《今本竹书纪年》有些注还低一格写,可能是后来整理的人按照自己的意思写的,不像我们现在严格保存原来的样子,他们从来没有这种严格的要求。比如编年,古本中

【十二】 西周的兴亡

周幽王以后的事都用晋国纪年,不用东周纪年;晋国亡了以后,就用魏国纪年来接续。后来研究历史的人感到不方便,就把它改了,把晋国的纪年和魏国的纪年都改成周王的年代,用干支系年。战国时候编排的中国历史很注重这个东西,把商夏周某王在位多少年都记载得很清楚。这个是不是可靠?是一个问题。不一定完全可靠,也还有些根据。改变了一些东西,加了一些东西,就成了现在这个天一阁刻本,就是所谓《今本竹书纪年》。今本同古代一样,古本在今本之中,今本多了一些古本没有的。现在都注重研究《古本竹书纪年》,实际上古本所有的,今本还是有,只是年代改变了一下。古本和今本是一样,我们现在应当改变今本不可靠的观点。《今本竹书纪年》说姬姓周人在武乙元年迁到岐周,"武乙三年,命周公亶父赐以岐邑"。商王武乙承认姬族住在岐邑,把这个地方赐给亶父。说明姬族从豳地迁到岐周,都是商朝的臣属,为商朝保卫边疆,给商王进贡一点皮币,皮呀毛呀!《今本竹书纪年》说:"武乙二十一年,周公亶父薨。""武乙三十四年,周公季历来朝,王赐地三十里,玉十珏,马十匹。""武乙三十五年,周公季历伐西落鬼戎。""西落"的"落"可能是潞,上党郡潞子国,上党就是潞,中条山那里。周人的势力这个时候同鬼方的潞子接近,把落改潞,这个地方就可以改到山西了,鬼方没有到更西的地方。王国维先生著名的论文《鬼方昆夷猃狁考》认为鬼方昆夷猃狁都是一个部族,恐怕现在我们应该把它分开来。鬼方是赤狄,媿姓,或称为怀姓,怀媿从前是一个音;猃狁是允姓之戎,是姜戎氏,姜戎氏就是羌,所以猃狁属于羌。后来文王伐昆夷,昆夷猃狁或称犬戎,这些都属于羌族。应该把它分出来,过去把他混合讲,没有讲清楚。《今本竹书纪年》说:"文丁二年,周公季历伐燕京之戎,败绩。""文丁",《史记》

作"太丁","太"是"文"之误,《纪年》是正确的。燕京在什么地方?《淮南子·坠形训》记载:"汾出燕京。"高诱注:"燕京,山名也,在太原汾阳,汾水所出。"所以《今本竹书纪年》所记的"西落鬼戎","燕京之戎",都在汾水流域。《逸周书·度邑解》说,武王伐纣灭商以后,"乃升幽之阜,以望商邑。"阜,就是高阜。在幽地可以望见商邑,商邑就是朝歌,假使幽地在西方就望不见了,说明幽地在山西。我们从地下发掘的资料和重新分析过去没有讲清楚的文字记载,把姬姓周人的来源说清楚了,姬族原来在山西。

姬姓的姬从叵,金文的"叵"横过来看,就像丰满的下颌。姬,是当时的一个绰号,就像我们现在说"山东侉子"。人种下颌丰满,是周人的形象,是古代中国人的形象。

姬族的文化属于胡。春秋时代,在中国北方,晋国周围有赤狄白狄。赤狄穿红衣服,白狄穿白衣服,孔颖达《疏》里已经有这个讲法了,应当是可信的。白衣服就是麻衣,又称布衣。中国纺织一向发达,中国人民自古以来就穿白麻布衣,棉衣代兴以后,就穿白棉布衣,都是白色的衣服。周朝人住在幽地,虽然打猎,他也有纺织,那个地方从地下发掘已经发现有纺轮。春秋时候的狄,后魏时候以为是胡,说的都是文化,人种风俗习惯基本的东西还是中国的。大概狄是从西伯利亚远道而来,住在树林里。赤狄穿的红衣服,大概是皮上染了颜色,或者作为盔甲。赤狄白狄都称狄,因为他们文化相同,种族也逐渐混合,只是他们还保留贵族穿红衣服的习惯。姬姓周人出于北狄,春秋时候有记载。晋国周围都是赤狄白狄,晋国与白狄互为婚姻,晋文公的母家就是大戎子狐姬(狐同胡),他们是姬姓与姬姓通婚,"同姓不婚"的说法是汉代才有的。骊姬也是白狄。春秋时候,白狄的文化还没有上升到中国传统文化的高度,所以被认为是"狐"(胡)是"狄"。

我们晓得,姬族邠侯迁到周原以后,与姜姓结婚,互为婚姻。姜姓以姜嫄为始祖,原来还停留在母系社会中。邠侯的祖先应该是不窋,窋就是窑洞。《左传》文公二年,说:"文武不先不窋。"周文王、周武王的祖先,没有比不窋更早的。《史记·周本纪》讲周人的祖先是后稷姜嫄,后稷姜嫄是姜族的祖先,不是姬族的祖先。姜族首先发展高等农业,开先是妇女在住地附近经营园圃补助生活不足,后来要大规模发展就是男子的事情。姬族和姜族通婚以后,形成了一个新的民族——周,于是就把母系祖先的传说作为自己的传说。这个例子在中国历史上还是很多的。比如,汉代和匈奴和亲以后,匈奴就把母家的姓作为他自己祖先的姓,自称姓刘。我在川大学报1979年第3期《西周史论述(上)》中说,周人出于白狄,说法不很完备,要这样讲才清楚。从前对少数民族不尊敬,如果说周人出于白狄,好像是污辱名字。现在研究社会发展史,我们晓得社会文化的发展是由低级向高级逐渐进步,这个说法就毫不奇怪了。这是谈的姬族的来源,下面稍微谈一点姜族。

姜族就是羌。陶器是研究文化最好的一个基础,到处都有。我们通过地下出土的西周时代陶器的研究,发现羌族文化有由甘肃逐渐向东边发展的趋势。西羌有辛店和寺洼两个文化,姜族文化是一部分来源于辛店,一部分来源于寺洼。寺洼文化是以甘肃临洮寺山首先发现而得名的。主要分布在洮河流域的临洮县、岷县和漳河流域的武山县。此外,在甘肃东部的平凉市庄浪县和庆阳县都有典型的寺洼陶器。辛店文化是以甘肃临洮县辛店首先发现而得名的,主要分布在甘肃黄河附近的洮河、大夏河和湟水下游,西及青海。寺洼文化中发现了火葬的痕迹,这种葬俗可以同羌族联系起来。羌族实行火葬是长期保留的习俗,《吕氏春秋·义赏》说:"氐羌之民,其虏也,不忧其系纍,而忧其死不焚也。"好像烧了才能上天,这同中国东部尊重遗体不敢毁伤的习俗是不一样的。他们实行火葬,这就是姜与羌的内在联系。辛店寺洼就是羌族的文化。

羌族在汉代还是"所居无常,依随水草,地少五谷,以产牧为业。其俗氏族无定,或以父名母姓为种号,十二世后相与婚姻"(《后汉书·西羌传》)。以父名为种号,就是以一个酋长的名字为种号。以父名为种号和以母姓为种号,大概都是外婚制,父系社会也是外婚制,母系社会也是外婚制。外婚制就是部族之内,氏族之外的婚姻,大部族之内还是可以互相通婚。"十二世后相与婚姻",商朝是五服(世)之外,到了六世出了五服,就可以通婚,两个六世就是十二世,这个都符合古代外婚的条件。以母姓为种号则为母系,羌族保存有母系。现在我们知道藏族是羌族之后,《新唐书·吐蕃传》说,吐蕃出于发羌。吐蕃文化低,也就是生产低,发展得较晚,在唐代才形成一个国家。西藏北边有个女国叫苏毗,西藏东部四川西部还有一个女国。苏毗有两个王,一个大王,一个小王,都是女子。吐蕃强大起来就把这些女国变成了自己的部落。后来鲜卑吐谷浑到了青海一带,他们都是父系,母系同父系一接触,当然就变成了父系。所以,西藏在唐代以前还保留了许多母系。母系保存到现在的,还有云南永宁地区纳西族的母系社会。羌族对于中国西边影响很大,差不多大部分中国都受到羌族的影响。中国语言的基础就是两部分;一部分是僮傣语系,一部分是藏缅语系。中国大部分都属于羌这个系统。以父名为种号则为父系,如在唐代的南诏和彝族中盛行的父子连名制就属于此类。父子连名制就是没有姓,父子连名。两个字的名字,父亲名字的下一个字就作为儿子的名字,儿子名字的下一个字就作为孙子的名字,这样父子连名。《大理文化史》中有一段专门讲父子连名制。现在彝族还是没有姓,父子连名,保存了古代"以父名为种号"的传统。

羌族还有"父没则妻后母,兄亡则纳釐娅"的习俗,这就是在完全畜牧的游牧民族中保存下来的"收继婚"。我们在《圣经·旧约》中还可以看到这个东西,匈奴鲜卑都有这种风俗。从中国伦常看来,这种风俗是最不道德的,最看不惯的,历史上中原王朝鄙视这些民族也有这个原因。游牧民族结婚是用牛羊调换来的,娶个妇人就是财产,财产就要保存下来。一方面游牧民族为了繁衍种族,有多妻的习惯,另一个方面从人种学上讲,他又是外婚,不是近亲结婚,他这个民族还是优越的。

"百世不通婚姻"是汉代人的说法。中国人带个姓,氏与姓不同,姓说明血缘,同姓人才有氏,氏不同而姓同。后来分为"同姓不婚""百世不通",是不合理的,免不了同姓结婚,免不了近亲的表兄妹结婚,很不适合优生学的原则。

所以从这些方面看来,姬族迁到周原同姜族结婚,形成了一个很优秀的民族。姬族接受了高等农业,文化得到了很大发展。

(二)周王朝的兴起

《史记·周本纪》载周王朝的先代,其世系如下:

后稷——不窋——鞠——公刘——庆节——皇仆——差弗——毁隃——公非——高圉——公叔祖类——古公亶父——王季历——文王

古公亶父以前是周人还没有迁到周原时的祖先。古公亶父又叫公亶父,周人先代称公的已有好几代了:公刘、公非、公叔祖类。而实际上周人的祖先我们只能从不窋开始,《诗经·大雅》里有"绵""生民""公刘"等都是周人讲述周王朝祖先业绩的诗。我们应当有层次地看待《大雅》里的诗,不能认为都是同时的。"绵"说:"民之初生,自土沮漆,古公亶父,陶复陶穴,未有室家。"这是姬姓周人说他的祖先的来源。"自土沮漆"当为"自土徂漆",王引之已这样解释,从前把沮作水名的讲法是错误的。漆水后来有很多解释,大概是陕西邠县有个漆水。土可能就是土方,吐京。这是说从吐京来到漆水这里。《孟子·梁惠王下》说:"昔者大王……去邠。逾梁山,邑于岐山之下居焉。"梁山当为吕梁山。山西石楼县西边有大山名吕梁。周人祖先从吐京这里经过吕梁山迁到漆水。《国语》《史记》里都说不窋自窜于戎狄之间。事实上是原来就住在这里,不是窜逃到此。姬姓周人原来住在邠地上农业不发达,不可能产生后稷这样的传说。后稷只能是母系的高等农业民族的传说。所以虽然《生民》有:"厥初生民,时维姜嫄。"是姬姓周人迁到岐山以后,与原来住在这里的姜姓融合后,就把姜姓的祖先奉为自己的祖先了。这个传说绝不可能是邠地的,另外"公刘"这首诗也是讲周王朝先祖的,公刘也许是邠侯原来的名称。周文王在周原强大以后要祭祀他的祖先,好像周人之兴是从公刘开始的。这首诗作于周文王强盛之时,是在周原这里祭祀,歌咏公刘的事迹。诗人认为在公刘时就已经奠定了文王时的基础,所以就用文王时的身份、地位、民众的生活,政治的规模,用现在所有的事实来歌颂,所谓"乃积乃仓,乃裹餱粮。于橐于囊,思辑用光。弓矢斯张,干戈戚扬。爰方启行"。故居者有积仓,行者有橐囊也。这是后来的情况。还有"彻田为粮",这更是后来很高等的农业阶段的情况了。所以

【十二】西周的兴亡

同样是《大雅》里讲周王朝先代的诗,我们都是区别它们的层次,《绵》是姬姓周人在邠地初迁到周原时的诗,《生民》是姬姓迁到周原后与姜姓融合以后的诗,《公刘》则更晚,是用文王时的情况来歌颂公刘的。这是三个层次,我们使用史料要有层次、批判地、审慎地使用,不能混为一谈。《公刘》还说:"涉渭为乱,取厉取锻。"这是周已迁到周原以后,这时虽然已进入铜器时代了,但石器还是要用的,即所谓金石并用的时代。迁到黄土高原的周原后,要取石器就一定得渡过渭水,到中南山来取石头,从前解释"取厉取锻",就说这时已有铁器了,不一定正确。虽然已是文王时代了,还是要使用石器的。文王时已进入封建社会了。首先我们讲"彻田为粮"。彻田就是统治者把村社共同体里人民的田彻取为自己的田,叫人民替他耕种,这种彻田可以视为助法的开始。彻当取字讲,即是《大雅·崧高》里的"彻申伯土疆"、"彻申伯土田"之彻,取人民的田作为自己的贡赋,是劳役地租,还不是实物地租。劳役地租只有封建社会才有,奴隶社会不会有,奴隶社会就是用强迫的手段使奴隶替他耕种,所有耕种的东西都是主人的。这是中国奴隶社会同封建社会相区别的一个很好的标志。从劳役地租到实物地租,都是属于封建社会的。劳役地租是农奴的性质,他比奴隶劳动要多一点积极性,所谓有公田有私田,生产者自己有一点利益。中国古代都讲所谓轻徭轻赋,最初是二十取一,后来是十取一,到后来又加倍,十一不够了,彻取十二了,也许还要更多。但统治阶级剥削是有一定限度的。《孟子·尽心下》里说当时剥削"有布缕之征、粟米之征、力役之征,君子用其一,缓其二。用其二而民有殍,用其三而父子离"。中国的赋税制度比西方要轻,比如说两河流域,现在挖出了许多多层建筑,都是石头的,还有雕刻的。埃及的金字塔,都是强迫奴隶修建的。中国也许阴山以北的城堡是用奴隶劳动,而后来都是农奴劳动了。农奴有自己的利益,统治阶级不能过分地利用他,强迫他劳动,使他不能生存,那样子他就要革命了,这是一个条件。其次,奴隶劳动他要有强大的兵力在后面压迫,不然奴隶就跑了,这可从《后汉书·东夷传》里看出来。奴隶主利用这些部族的领袖、部族的头头来驱使这些奴隶劳动,服徭役。奴隶主要什么就给什么,从海中之鱼盐到粮食家畜,直至将妇女作为奴隶主的婢妾,这一切都是以强大的武力为后盾的,非此便维持不了。周灭商后,周人本来就很少,所征服的人远远超过了他自己本民族的人数。周人要镇压广大的被征服地区还要利用投降的人,降服了他的人。周朝分封以后,周人自己的部族住在被征服地区的城中间,有个兵营住在这儿,而就是在这个兵营里也还要利用投降的人。比如把殷民六族给鲁国,殷民七族给卫国,殷民六族、七族都分别成为鲁、卫的国人,他才能够征服。后来晋国内乱,维持晋国的还是怀姓九宗,这在《左传》上记载得很清楚。因为周王朝自己人不多,他一定要利用这些人。他们主要维持的是国中,就是城中加城郊,郊之外就是野了,野就是被征服的广大人民。在中国大陆上对广大人民要是强迫狠了,把他当奴隶看待,如果没有强大的武力时时监视,他就要跑了,要"适彼乐土,乐土乐土,爰得我所"了。尤其是在地广人稀的时代。在没有强大的武力作后盾时,统治阶级要把农奴束缚在土地上,必定要采取封建制,而不能采奴隶制。这是第二个条件。第三,周王已是世代相继了。商朝末年就有立王之制。在商朝早期武丁以前,商王还要从氏族内选举,就是后来说的兄终弟及,这个说法是错误的,应当是氏族内的选举。到了祖甲以后就有立王,就是立储,甲骨文上称为小王。我们知道西藏女国都是有一个王,还有一个小王。立储大概是统治阶级统治的时间久了,积累了经验,父子相继了。立储之后小王就要靠他的亲信来维持他的统治,即所谓军事扈从人员,马克思讲的军事扈从人员。这些人必定出于他的子弟或是贵族的子弟,都是士,就是当兵的。他一定得依靠这些人,他要分封,首先是要收农奴的赋税,都要靠这些人。他以亲信的少数人统治这个广大的地方,就要一层层的分封下去,这样就形成一层一层的君臣等级制。剥削也是一层一层进行的,最基层的向农奴征收了赋税以后,先留下一部分后再交给他的顶头上司,这样一层层地向上贡献到最高统治者那里,这种统治方法对统治阶级有许多好处的,可以靠少数人来监视多数人。统治者把田分给士,士之上大夫有采邑,诸侯立国,逐层的剥削,逐层的控制,这也是一种最简便的、最有效的统治方法。另外我们讲奴隶制,匈奴就是奴隶制,打仗时在战场上谁掳获的就归谁所有,就是谁的奴隶,奴隶就是财产。我们前面讲殷纣灭亡的原因,就是因为他收容了别人的奴隶。汉朝时对匈奴实行和亲,皇室将女儿嫁给匈奴的单于,还陪嫁送给单于酒、米、布、衣服等,这都归统治阶级所得,兵士和人民都得不到了。所以奴隶社会的利益是归奴隶主、统治阶级和人民共同有的;而封建社会所有的利益则是归最高统治者所有。再比如宋代宋辽间的澶渊之盟,辽国当时也是奴隶制社会,辽人之所以勇于作战,因为他可以在战场上掳获财物,人民则愿意冲锋陷阵卖力气了。到澶渊之盟,宋朝不打仗了,每年给辽国皇帝金银绸缎若干,这些都归辽国皇帝了,而臣民都得不到。因为利益都归于统治者自己了,所以匈奴要接受和亲,辽国要接受澶渊之盟了。

　　一方面有这样一个等级层次,一方面有家族的制约,才能实现封建社会。家族同氏族是不同的,家族有父系血缘关系,而氏族社会就没有宗法制的血缘关系,统治者对他的部下就要靠祭神来维持,向神发誓来保证其部下对他的忠诚。他没有血缘关系作为纽带来维持,也很难实行这样的封建制度。

(二)周王朝的兴起(续)

西周的兴起是从文王时开始的。文王好士,这个士是武士。武士自己要装备,要训练、射御。他们原来都是自由民,有自己的财产,有能力装备自己。一副武装,即盔甲之类的东西还是很值钱的,另外还得有闲暇的时间来训练,作战等等。所以这些武士来归附文王,就成了他的财产,一定要好好接待不可。文王、周公都是谦恭下士。大概文王时就在周原这里收容别处来归附他的人,有才干的武士就编为甲士,为主力。这可以从清的历史中看到:努尔哈赤统一了满洲的部族,一方面是征服,一方面是招徕,就把所有语言相同的人都统一到满洲国里了。就这样到武王伐纣时,据《周本纪》记载已有四五万人的光景。周原地区当时的农业水平是否能够养活这么多人,别人来归附,就要你的农业能够养活这四五万人。《清朝开国史研究》(周永年著)一书里讲到努尔哈赤在满洲发展农业,把原来的自由民逐步变成附属于他的农奴,为他生产粮食,储集起来就可以养活来归附的兵士。所以从这里就可以看到周原农业的发展。他要养活这四五万人,必定要在周原发展农业。《周本纪》里记载武王"虎贲三千",虎贲就是甲士,是精锐的主力,其后还有步兵。武王伐商之前一定有一个发展农业的过程,他要强迫周部族的自由民进行生产耕种,储集粮食,蓄集军队,准备作战。一方面蓄集武力,一方面发展生产,才能够由一个很小的部

【十二】西周的兴亡

族变成大国。所谓"文王方百里",最初是很少的,尔后发展到取代了商朝。从前讲"王者,天下所归往也",就要能够养活归附的人,从中选择有才能的武士。招徕远近的人民作为一个基础,并不是说一下子来了国家就强盛了,就可以灭商了。这里面有许多工作要做,而且一点也不能忽略。周朝的兴起是从周文王起,武王是继承文王的事业。文王一方面使商王朝相信他,从而让文王发展为一个大国而不戒备。文王是怎样做到这一点的呢?我在《周原甲骨初论》里讲了一点。文王在周原这里设了一个殷代的宗庙,文王带着他的大臣们同在这个宗庙里祭祀殷王的祖先,并在这里同喝血酒盟誓不背叛殷朝。这是一种保证,出于神权时代的一种信念,发了誓就可以保证,使殷王对他放心;另一方面文王率周人为殷王朝保卫西部边疆。《竹书纪年》里讲"文丁杀季历",别的书则说"季历困而死",好像不是杀的,后来又有"文王被囚于羑里"、"武王受玉门之辱"之说,说明了殷王对周的发展还是不放心,猜忌。大概只要有人说周的坏话,殷王就要侮辱他,使其受挫折。这些事情在周原甲骨里都记得有。但殷王还是封周文王为西伯,专征伐之权,为殷商防备四边的狄人。同时周人也乘机发展了自己的势力,"虞芮质厥成",应当到为共主的商朝去说,但虞芮却背叛了商而到周地来请周人裁判,文王就借此发展自己的势力。这就是盟誓吃血酒的神权在这里发生了作用。对神发誓在神权时代本来是一个非常严肃的事情,但经过时间的推移,社会的变化,情况的改动,所以誓言是可以解释的,通过解释誓言不一定非遵守不可,是可以改变的。所以一个部族或一个国家要兴盛,一是靠内部的团结,从前就说是血缘的和亲属的关系来维护;另一方面是发展生产,使归附他的人能够被养活。周人就是靠了这两条,再用盟誓来使殷商对他不防备,猜忌少了。从文王时起就逐渐发展成一个新兴起的大国,建立起灭商的基础。

(三)周代的封建社会

周代的封建社会,是从奴隶社会发展起来的,这在前面已经讲过一些了。在商代末年,社会已经从氏族内部的推举发展为立王的阶段,《尚书·无逸》里的立王,就不必经过部族内的推举,而是自己先立一个王储,甲骨文上有小王,后来解释为武丁的儿子孝己,早死了,故称为小王。《诗经·大雅·桑柔》里有"灭我立王",说周幽王被灭了,周王朝快要亡了。立王都是父子相传。王本来是军事民主制时期的军事首长,是推举产生的。随着国势扩张,王权逐步提高,立王就是父子相继。武丁时王权更大了,已可以立王。这样的继承关系,使王位更加巩固,权威一天天增大,这就成为封建社会的一个基础。王权是一个稳定的力量,也是封建社会能够完成的一个最有力的力量、稳定的力量。商代从祖甲以后大概都是父子相继,祖甲以后就没有什么兄终弟及了。周代父系,父子相继,从大王王季到文王,好像都是长子继承了,有一定的秩序,避免了继承上的争夺乱嗣等现象。长子继承大概不是周初的事,王季就不是长子。长子继承应当说是从武王开始的。武士需要一套装备,从前一家要装备几个人,财产是不允许的,所以这套装备就由长子来继承,这就是长子继承制的来源。长子继承叫做顺,也不是有什么一定的法律,而就是顺着一定的次序;幼子继承则叫逆,所以,《左传》上讲长幼继承的关系就是顺逆的关系,一顺一逆并没有什么成文的规定。统治国家,王位世袭,也需要长子继承制。在这种顺逆关系中宗法就逐渐形成了,宗法就是嫡长子继承

【十二】 西周的兴亡

的一个保证,也是封建社会的一个保证。没有宗法封建社会就容易乱了。宗法就可能是一种习惯,并不像汉代人讲的那样,好像形成一个宝塔式的结构。他们还把宗法关系画成一个图。汉代人讲宗法,有《礼记·丧服小记》和《大传》两篇,将宗法分为大宗、小宗两部分;百世不迁之宗是大宗,五世则迁之宗为小宗。又说在宗庙里祭祀就称为宗,庶子不祭。庶子就是次子,长子就是宗子祭。庶子只能来长子家里祭。这些都是礼节上、习惯上的用法,这种宗法当然是很复杂的了。同宗同居共财,住在一起没有分家,财产是其共同使用的,这里还有点民主。这些都是从前的习惯,逐渐地凝成了封建社会的宗法。这都是《丧服小记》和《大传》里讲的,是古代相沿下来的。所谓小宗五世则迁,到第六代亲属关系就淡漠了,和外人差不多了。这和《后汉书·西羌传》里说的"十二世后相为婚姻"意思差不多,《丧服小记》正义里说"殷无世系,六世而婚",六世之后就可以通婚了。这是比较合乎优生法的,因为六世以后亲缘关系就不是这么近了。十二世是两个六世,血缘关系就更远了。宗法制基本的东西就是这些。宗法本来没有那种机械的大宗小宗,这都是汉代人按大宗小宗、五世则迁等来推想的。从前说五服,六代就没有亲缘关系了,就是按照这种理论加以推演造成的。实际上宗法不一定要那样严密,也有力量管理他的宗族。宗法内本来可以有民主。但像汉儒讲的百世不通婚姻,同姓不婚,都是在汉代姓与氏合一之后才有这些说法的。《左传》桓公二年说:"天子建国,诸侯立家,卿置侧室,大夫有二宗,士有隶子弟,庶人工商各有分亲,皆有等衰。"宗法也就是这样一等一等的,六世以后愈益疏远,"等衰"就是一等一等地逐渐减少。"国""家"都是一个大的范围。家比国小一点。"侧室",杜预解释为众子,在嫡子周围辅助,事实上在宗法制下要使宗子强盛就要多立几个侧室。《左传疏》里举了一个例子,文公十二年云"赵有侧室曰穿",穿即赵穿,是赵盾的仲父昆弟,即堂兄弟。堂兄弟也可为侧室,也就是说不一定像汉儒说的宗法制那个样子,只要有力量血缘上疏远一点仍可成为侧室,这样就可以增强宗族的力量。赵盾当时主持晋国国政,赵穿是他的侧室,关系就是一家了,赵穿杀了晋灵公,董胡就书"赵盾弑其君"。这个例子说明了宗法的关系就是这样,以达到通过各个现有的力量来增强宗族及宗子的力量。"大夫有二宗",大夫为嫡子,二宗就是小宗了,汉儒所谓"别子为祖,继别为宗",把天子这个大宗抬得特别隆重,认为诸侯不能以天子为宗,诸侯为别子,诸侯之后只能宗诸侯,大夫之后则只能宗大夫,宗法也有尊卑。事实不是这样的,"大夫有二宗"即说明了这点。"士有隶子弟",子弟都是维护士的,这里不一定有宗法了。至于"庶人工商,各有分亲,皆有等衰"了。从这里我们可以看出宗法里的大宗小宗就是表示一个亲疏的关系。《诗经·大雅·板》里说:"价人维蕃,大师维垣,大邦维屏,大宗维翰,怀德维宁,宗子维城。"这里说的是一层层地保卫国家。价去掉人字边即是介胄之介,价人大概就是穿兵甲的武士,是军队之主力,像藩篱一样地保卫国家;大师是官职最高的,像垣墙一样拱卫着国家,外边一层是藩,里边是垣。大邦即大国,是保卫国家的屏障;"大宗维翰",翰就是干、骨干、中坚;"宗子维城",宗子则像城池一样捍卫国家。这个宗子,就是包括小宗在内的同宗族的人,当然人数很多,所以人众成城了。就说明宗法就是"宗之宗枝",主要的是一个大宗,其余的都是保卫他的。并不像汉儒所说首先是"同姓百世不通婚姻",将姓氏混同起来了。同为姬姓,封于某地即为某氏,如封于鲁的就是鲁氏,封于郑即为郑氏,所谓宗

【十二】西周的兴亡

法里同姓百世不通婚姻这种机械的形式,在古代是没有的,不过是汉儒的理想罢了。在民族学材料里,可以解释这个问题。西南民族里有称为鬼主的,一百家就认为是同宗,都是同一祖先的后代。事实上一方面有血缘关系,一方面也有依附他的部下,都认为是一宗。《宋史·蛮夷传》记载"黔州涪州徼外诸蛮",大概就是现在的苗民,"随畜牧迁徙无常……部族共一姓"。整个部族都是一个姓,清人作的《滇海虞衡志》里说:"爨氏以方土大姓自王蛮中,其部夷众多从主人之姓。其同姓者不必亲种类,或久住相爱即结为同姓,叙伯仲。"大概这些人都是共同生产,共同生活的,原来就是氏族的关系。清人作《黔记》里记"黑苗人死殡而停之,为期合寨共卜吉以百棺同葬"。《三国志·东沃沮传》说:"其葬作大木椁,长十余丈,开一头作户,新死者皆假埋之,才使复形,皮肉尽乃取骨置椁中,举家皆共一椁。"这些习俗都同后来鬼主的情形差不多。鬼主大概是僰人中的一部分,从楚国到了西南,保留了这种风俗,后来东爨西爨都自称为鬼主,大概宜宾这里就是僰侯国了,一百家或两百家在一个鬼主领导下,要祭祀都要拿一头羊或一头牛到鬼主家里去祭祀,这和宗法里庶子不祭,要到宗子家里去祭是一样的,大概都要从氏族慢慢发展的,百棺同葬这种二次葬,所葬之人大约是年龄相当的,不会是年龄隔得很远的几代人,这些逐步发展变化到了宗法。这就可以看到一个部族有了宗法就可以维护宗子的力量,形成这样一种自然的血缘关系来维护部族的利益,宗法就是把这种关系变成世世代代的,这种就成为封建社会的一个支柱。对于宗法制及其来源,从东北到西南都有这种现象,综合起来考察一下对我们正确地认识宗法制是会有很大帮助的。

西周封建社会,除了上面讲到的宗法制,还有一个经济因素,就是劳役地租转变为实物地租,这是西周封建社会的一个主要因素。封建社会一定是定居的农业社会。统治者彻取公社里的土田十分之一,即千亩与百亩之比,让人民替他耕种。这种剥削形式马克思在《资本论》里曾讲得很清楚:"在多瑙河诸公国,徭役劳动是和农奴制度下实物地租和他种课赋结合在一起。但对于统治阶级,主要的课赋依然是徭役劳动,在事情像这样的地方,与其说徭役劳动从农奴制发生,无宁反过来说农奴制度大多数是徭役劳动发生的。"(第1卷第268页)徭役劳动就是劳役地租,徭役劳动者首先是彻取公社土田强迫人民替他耕种。在中国还有统治者亲耕的仪式,就是为了攫取这种劳役地租,先要自己作了耕田的样子,然后再由农民来耕种,这应当是关于徭役劳动最原始的和最初的形式了,我国西周时代还保存了,欧洲好像没有了。同时因为徭役劳动在中国发展得很早,所以就不如欧洲记载得那么详细,如把一个礼拜分为在领主土地上劳动的几天和在自己的份地上劳动的几天。徭役劳动往往发生在征服以后,农民一方面被迫拿出一部分劳动成果来交给统治者,一方面也因此得到了保护和安定,他也愿意这样做,其地位比奴隶劳动要好一点,所以农民在徭役劳动之初是有积极性的。后来徭役劳动的效果渐渐变得不好了。农业进步了,统治者就想废除徭役劳动而改为实物地租。这种改变对农民也有好处,比起徭役劳动时领主派人来监视生产又要自由些,故农民也有积极性,很容易推行实物地租。在欧洲,当徭役劳动转变为实物地租后就逐步走到资本主义阶段了,而在中国实物地租这个阶段延续得很长,实物地租实行以后,才慢慢地变成了土地私有,土地可以买卖,这些变化都是在很长的时间里才完成的。中国由劳役地租转变为实物地租的时间在各地是不一致的,有早有晚,西周从周宣王不籍千亩就可以作为实物地租的开始,不籍千亩就是废除了劳役地租时王亲自下田的形式。不籍千亩之后一定要料民,计算人民的多少,为征收实物地租的登记,这是最早的。春秋时期恐怕是齐国先实行实物地租的,齐国有渔盐之利,当时山西、蒙古有盐池,西方也有许多盐池,但在黄河中下游的大平原地区,都要靠齐国海边的盐。齐国是首先发展商业的,《左传》上讲田陈氏在齐国收买人心,将其封邑里出的东西,山里的海中的东西拿到市场上同山里海边一个价钱,说明齐国从立国以来到田氏代齐之时,商业已很以发达了,尤其是盐,这是人人必需的,行销于国外。《国语·齐语》里讲"相地而衰征",这就是征收实物地租了,"井田畴均则民不惑",这就是在公社内部分配土地,汉代学者讲授田还田,由国家主管进行,男子二十或三十授田,五十或六十还田,其实这都是在公社里进行的,公社里有头人、三老、封人之类的人管理这些事,统治阶级和国家是不管这些事的,只管向公社要租税。汉儒离开公社、劳役地租的时间已久远了,就用后来的情况解释古代。齐国实行实物地租可能在管仲之时,他把士农工商四民都分得很清楚,这和齐国社会发展得很早有关系。接着就是鲁国实行实物地租,在鲁宣公十五年(公元前594年)开始的初税亩;其后有楚国郑国的改变。楚国"田有九等",按九等收税;郑国"庐井有伍",就是把四进的井田制度改成五进、十进了,抽税也按十进进行,这都是逐渐改变为实物地租。人民有积极性,乐意接受。实物地租在中国延续时间很长,差不多有一千年。到了宋朝,从实物地租逐渐演变为土地私有,贵族逐渐没落,向地主阶级转化,由凭借势力的贵族变成了地主。综上所述,中国西周的封建社会,首先是劳役地租,逐渐发展到实物地租。中国封建社会绵延很长,和实物地租长时间的存在不无关系,也和中国专制政府的干预有关系,土地私有和土地买卖一直在国家力量的限制下没有能充分发展,一直到清朝地丁合一,才发展了资本主义的因素。中国封建社会劳役地租和实物地租是最基本的、最现实和显著的特征。据此我们就可以批判西周奴隶制的说法。中国社会的发展比欧洲要早得多,比如说劳役地租,中国从西周时已开始了,欧洲要到中世纪时才出现,小农经济欧洲比中国更晚了。欧洲封建社会主要是徭役地租,地主出现很晚,存在的时间也很短。如果把中国社会机械地去套欧洲社会,把中国的封建社会降到公元四五百年,这种方法就更不恰当了。

最后再讲一讲君主等级制,我们说王臣公,公臣大夫,大夫臣士;反过来则王为公之君,公为大夫之君,大夫为士之君,而多级领主之下都还有自己的属民。像这样一层层的君臣关系,正如马克思指出的:"土地贵族或城市统治阶级组织,即贵族组织,到处都是君主。"(《马恩全集》第3卷28页)贵族都是君主。中国古代有君子,就是这许多君主的儿子,后来君子就表示绅士,是有道德有修养的人,实际上就是贵族的儿子,君子的名称这么普遍,就是因为君主等级制现象保存在中国历史上。

西周封建社会,一方面是君主等级制的形式,封建就是封邦建国,一层一层的分土分民。另一方面就是封建的经济基础——徭役劳动和实物地租。

(四)西周的诸侯、诸监

周朝的封建是从文王时开始的,而不是到武王灭商纣以后才开始的。最初文王封仲雍于虞国,"虞芮质成",周的势力已到了虞,故有虞仲之封,就是太伯的兄弟,文王的叔父,分在虞而为虞仲,伐崇之后,又把崇封给了虢仲虢叔。虞在晋南,虢国在豫南,都在周境以外了。这些地方接近于邠,周人原来就是从邠地向西迁到周原去的,也许这里还有他的部族、部落留在这里,所以文王能分封这些地方。这也说明了在武王克周以前,周人的势力已经达到了东边而且已有封建之实。周公东征以后,平定了武庚三监的叛乱,周朝的势力得到迅速的扩张。周人为巩固他的统治,占领这些地方,他要分配周人部族来镇抚这些地方。他就分封他的亲属子弟,同姓的,异姓的。封在东方各地的,主要是齐国、鲁国。这个问题放在后面"周朝的分封"里谈,这里主要讲一讲诸监。

周初于封建诸侯之外,同时还要设立诸监。《仲几父簋》铭云:"仲几父使几使于诸侯诸监。"这是西周时代诸侯诸监并存的记载。过去我们只知道周初为监视朝歌殷王武庚才设置三监,而不知诸监的设置,乃西周普遍存在的定制。解放后在江西还发现了《应监甗》。《左传》僖公二十四年称"邘晋应韩,武之穆也",应是武王之子,开始是派出来作监的,他也领有采邑,后来才逐渐发展为诸侯,而诸监之名也就不复为人所知了。云南西双版纳傣族地区,在解放前也有类似于诸侯诸监的制度。那里最高领主召片领分封子弟亲贵到各勐去当召勐,召勐相当于诸侯;又另派其家臣到各勐去当波郎,就用他们监视召勐,并征收其贡赋,波郎相当于诸监;这就是西周时代的封建领主制。

(五)周公东征

周公东征对奠定周朝建国和立国的规模,是很重要的一段史事。

《尚书·金滕》说:"既克商二年,王有疾,弗豫。"十五年(文王和武王连在一起算),王崩。成王立,年少,周公称王摄政,"管叔及其群弟乃流言于国曰:'公将不利于孺子。'"本来管叔、蔡叔、霍叔三监监殷,这时三监发流言,与殷人武庚同时叛乱。周刚刚灭殷,国家没有稳定,又面临最危险的时候。管叔为什么要联合武庚叛乱呢?我们现在可以看出来,可能是因为继承问题。武王死后,管叔是武王弟弟中最大的,按照过去氏族社会兄终弟及的惯例,他就有资格继承王位。周公立成王,成王年幼,向来都这样讲,汉朝画像中的成王也像个年幼的样子。从前汉朝人说武王九十三岁生个幼子十几岁,这是不可能的事情,传说不可靠,但是成王年幼是可以知道。立小皇帝,是历史上屡见不鲜的事情,因为他要专权,可以挟天子以令诸侯。过去我们对周公很尊崇,相信他有道德,周朝的一切文化都是从周公出来的。周公要立成王,这是很自然的事情,他是父子相继,在私有制社会里父子相继是很合乎规律的。但是当时也并没有成文法规一定是儿子继承。《尚书·无逸》里讲殷代后期,祖甲以后"立王",有小王,就是立太子。周朝初年恐怕没有这个制度。《诗·大雅·桑柔》说"灭我立王",西周后期有天子。没有"立王"之前,还得按习惯法办,武王不一定就会把成王立为太子,恐怕没有,所以管叔对周公有怀疑,"公将不利于孺子",就是说怀疑周公有作皇帝、挟天子以令诸侯的意思。周部族中还有些管叔的党羽,所以周公就不能在丰镐这里安于位,他要"居东"。"东"大概指洛邑,洛邑那时还没有建起来。"居东"就是到洛邑这里平定乱事。周公做了一些工作,《金滕》讲"周公居东二年,则罪人斯得"。制止了流言,杀了管叔,放逐了蔡叔。周公"居东"所做的事情,现在没有材料。汉朝人传说周公奔楚,可能是为了联络南方

【十二】西周的兴亡

部族。《左传》昭公七年透露周公到楚国去,还作了解释。我们不必管那些解释,周公到楚国去,可能是争取楚国。周公平定了内部,徐奄淮夷又起来叛乱。奄,就是曲阜。鲁国原来这一大片地方是商朝人最后征服的,可能原来也属于商朝人,后来又归服于商朝。这时候徐、奄、淮夷许多小部落起来与周为敌,经过长达三年的战争,始告平定。这场战争,历史记载都说经过三年。《孟子·滕文公下》说:"周公相武王诛纣,伐奄三年讨其君。"铜器里也有些材料,过去没有很好讲清楚。比如《班簋》,铭文中有"文王,王姒圣孙",说明是成王时代的器。《班簋》铭云:

咸王令毛公以邦冢君,土(徒)御,戜人伐东或(国)痛(奄)戎。咸王令吴伯曰:"以乃𠂤左比(同庇,言保护也)毛父。"王令吕伯曰:"以乃𠂤右比毛父。"趞,令曰:"以乃族从父征;𢓊,城卫父身。"三年静东或。

此铭王与咸王并见。郭老把"咸"字单独断句,作"意如完毕"讲(见郭著:《班殷的再发现》,载《出土文物二三事》)。这种考定铜器铭文,没有按文字的条例来讲,不是通顺的文章。"咸"字是一个副词,不能自成一个助词,比如甲骨文中"咸哉"的"咸"字就是一个副词。"咸王"可能当时称周公。周公称"咸王",成王就称"王",两王并存。毛公,见于《顾命》,就是武王的弟弟毛叔郑。"以邦冢君,土(徒)御,戜人伐东或(国)痛(奄)戎",这是讲咸王和王命令将官出兵征伐东夷,同过去的传说一致。出见"咸王"铭文的铜器有四个。还有一个《般甗》也有"咸王",其铭云:

王徂（同徂，往也）夷方，无敄（同瞀、病也）咸王赏作册般贝。

周公东征时，成王也到了奄国，大概周公先去，成王后去，作册般是跟着成王去的，他保护了成王，故周公赏赐他贝。这个铜器的铭文，郭老是这样念的："王徂夷方，无敄，咸，王赏作般贝。"同前器一样，把"咸"字单独说出来不好讲，就不成文章了。"王徂夷方"和"咸王赏作册般贝"，是两个人的事情。另外还有《德方鼎》和《史懋壶》也有"咸王"，这四个"咸王"，我们都应作一个人来解释。《德方鼎》和《史懋壶》，从文字来看，都应当是早期的铜器。"咸王"都是指周公。《尚书·洛诰》说"惟周公诞保文武受命惟七年"，"保文武受命"就是使周朝不至于失败。周公摄政七年，平定东方以后，又"复子明辟"，不摄政了。周公虽然让成王当国，不过问政事了，可能当时人还是称他为"咸王"，保存他终身成名。这四个器，《班簋》、《般甗》有事实可讲，《德方鼎》、《史懋壶》同历史事迹还没有很好联系起来，可能也是说周公一生称王，"咸王"的名称还保存下来了，好像一个人从前作过什么官，后来人们还用从前作的官名来称呼他一样。关于"咸王"这个名称，还可以把这四个器研究一下。

周朝不至于失败，周公东征是很重要的。《尚书大传》把周公的事迹都作系年安排，我们可以不管他，这是汉朝人自己安排的，不一定完全就是哪一年做什么事。比如《大传》说周公五年建侯卫，也就是封建。封建应当是周公平定东方以后的事，齐鲁的封建是最大的封建，也应当是在武庚灭了以后，才能封建东方诸侯。《周本纪》说齐鲁的分封是武王时候的事，那也是错的。

【十二】西周的兴亡

《吕氏春秋·古乐》有一段说：

> 成王立，殷民反，王命周公践伐之。商人服象，为虐于东夷，周公遂以师逐之，至于江南。

周公东征范围很广，不是仅把齐鲁封于此为止，而是穷追猛打，一直到江南。《吕氏春秋》这个传说是可信的。"周公遂以师逐之，至于江南"，在铜器里有很好的证据。解放后在丹徒出土的《虡侯簋》，过去称为《宜侯簋》，其铭云：

> 惟四月，辰在丁未，王省武王成王伐商图（分封前查阅舆图）。王卜于虡。□□□飨，王令虞侯矢曰："□侯于虡。"……易（锡）土，厥川三百□，厥□百□□□邑卅又五，□□百又廿□在虡。王人□□又七姓；易郑七伯，人□□□□又五十夫；易虡庶人六百又□六夫。虡侯矢扬王休，作虞公父丁尊彝。

虡，就是钽吾，钽吾后来称吴国。"省武王成王伐商图"，武王成王伐商是当时存在的，当时有武王成王伐商的地图，见到武王成王伐商的地图就把虡这个地方封给虡侯，封给吴国。"王令虞侯矢"，"虞侯"就是北虞，就是虞，把虞侯矢这一支从虞侯这里改封到虡这个地方。这个就是过去讲的太伯仲雍奔吴的故事。《论语·泰伯》讲，太伯"三以天下让"，让季历继位，传给文王昌。现在看来这个传说也不可靠，这段历史现在用新史料可以把它纠正一下。看武王成王伐商图是康王的事情，吴国之封应在康王时候。

周公东征,使周朝稳定了,周朝的势力一直到江南,这是周公摄政的功绩。这同清初的历史很相似。清初皇太极势力最大,八旗中有三旗直接掌握在他手里。皇太极暴病死后,多尔衮为摄政王,拥立皇太极的小儿子福临,平定了中国,这也是多尔衮摄政的功绩。在相同的历史状况下,可以有相同的事实,用多尔衮的事来解释周公的事是比较恰当的。

对周公的评价,说他好的人,就认为周公替周朝制礼作乐,即用周朝的风俗统治中国。多尔衮要中国人薙发,也是制礼作乐的事情。说他不好的人,就认为他是曹操、司马懿之流,挟天子以令诸侯。过去讲的周朝历史,大概都是恭维周朝的人写的,周朝人都尊崇周公,因为他能统一中国,于是周朝人便自己贴金,把周公的事写得那么辉煌。我们现在要恢复历史的真面目。一方面从客观来看,周公利用历史时机,维护了周朝几百年的统治。另一方面正因为他安定了周朝的统治,使周朝的文化发展到较高的水平,从而使中国的文化得以发挥,还是可以称道的。从前对周公的两种看法,都有倾向性。古代的周公不一定像司马懿之流欺人孤儿寡妇。他拥立小皇帝,亲自主持政事,确实想建立一番事业。从平定三叔叛乱,征服东方,奠定和扩大周朝规模来看,他的成就还是主要的。

(六)周朝的分封

讲封建社会就应当说封建,封邦建国,封建诸侯。现在一些人说马克思主义所讲的封建不是封邦建国,而是指经济而言。如果讲经济,封建经济主要就是两个东西:一个是劳役地租,主要是有公田有私田;后来由劳役地租变为实物地租。所以,封邦建国,劳役地租和实物地租是封建社会主要的基础。

周朝封建诸侯从周武王时代就已经开始了。周人把商灭了以后,就把商朝的侯田男卫四服拿来作为王畿,王直接统治的地方。周初的分封都在王畿之内,属于内诸侯,后来就不算,事实上那个时候就是封建。文王时代,"虞芮质厥成",那个时候,大概就封太伯仲雍于虞了,称为虞仲;灭崇以后,封虢仲虢叔于虞国南边,就是后来的虢国。这说明周朝人把归服(虞芮)征服(崇国)的地方,都派亲近的家族去镇抚。我们无论从中国的封建还是西方中世纪的封建,都可以看到,封建分封的人都是王的亲属子弟,这些亲属子弟都是军事扈从。王带兵打仗,子弟作为扈从,随身的护卫队。周灭武庚以后,一下扩张了很大的地方,都要派他的亲近的部属或婚姻关系的亲舅去镇抚。春秋战国时有这方面的记载。《左传》定公四年称大夫祝佗说:"昔武王克商,成王定之,选建明德,以藩屏周。"成王平定东方以后,才大规模分封。"选建明德"就是封建;"以藩屏周",作为周朝的屏藩。《荀子·儒效》说:"(周公)兼制天下立七十一国,姬姓独居五十三人焉,周之子孙苟不狂惑者,莫不为天下之显诸侯。"数目字写得很确凿,怎么计算的,我们不晓得,总之极言其多就是了。"周之子孙"中间不一定只是姬姓,恐怕应当连姜姓连婚姻在内,都要封土叫他镇抚。分封不是一次就完成的,而是各个时代形成的。"立七十一国,姬姓独居五十三人",这是战国人编写的古代史,所根据的材料,我们现在已经不知道了。从《俎侯簋》铭文可以看出,西周分封是一方面授土,一方面授民。授土就是把土地给他,授民就是让他带些人去镇抚这些地方。《俎侯簋》铭文有许多残缺不全的地方。"厥川三百□"给他川流所在的地方有三百。"厥□百□□□邑卅又五,"人口、邑数目字不全。俎侯自己带了些周部族去，给他的地方，有城池的叫邑，邑卅又五。"王人□□又七姓"，就是王自己给他周族七姓人。"易郑七伯"，把原居周畿内郑地的七个酋长头目和他们所属的人众赐与盂侯。"易盂庶人六百又□六夫"，还有原来属于盂的庶人六百多。从前土广人稀的时代，地方大人口少，当时周人不多，盂侯带这么多人去就可以镇压那些地方了。康王时代封盂侯的记载很详细，可以看到周初封建授土授民之事，以前殷代的分封就没有授土授民的事情。

还有一个很有名的铜器《大盂鼎》，记封康王分封南公（南公适）之后于盂，盂在河南沁阳县，是畿内诸侯。鼎铭云：

易女邦司四伯，人鬲自驭至于庶人六百又五十又九夫，易夷司王臣十又三伯，人鬲千又五十夫。

人鬲之鬲当读为献，人鬲为投降的殷人。邦司是周人担任的有司之称，只有四百，说明当时周朝人不多。夷司王臣是用殷人担任的有司之称，他直隶于王，故又称之为王臣。他们所属的人鬲都是殷之降民。周朝最初分封授土授民，带去的周部族不多，他还要收容投降的人，利用投降的人为他服务，所以后来"国人"中有许多投降的殷人。《尚书·大诰》说："民献有十夫予翼"，商朝投降的人有十夫帮助周朝的人，大概在周公平乱时还是利用了投降的殷人。历史上这样的事很多，完全靠武力靠不住，非利用当时的政治力量不可，要充分利用投降的人。比如晋国的怀姓九宗对晋国的建国非常得力，晋武公（夷侯）后来被旁支代替了，这怀姓九宗支持晋国正统那一部分。周公利用殷人平定了东方，封建诸侯授土授民又利用殷人在那里镇压,就因为当时周朝人不多,带出去的人实际都不多。过去讲西周春秋的历史,没有讲到这些。过去我们讲西周春秋时的国野之分,国人中间实际上包括许多投降的殷人在内。国野之分只存于实行劳役地租的时候,到实行实物地租以后,公田取消了,野人也当兵,赋税同国人一样,负担加重了。一方面野人的地位逐渐提高。另一方面国人的地位逐渐降低,国野之分就慢慢消失了。历史的发展是辩证的,互相制约的,不是一成不变,国野之分也不是一成不变的。又比如,过去讲"溥天之下,莫非王土;率土之滨,莫非王臣"。好像都是王土,一切都是王有了。现在我们知道,到春秋战国时诸侯也有土地人民了,所谓"封略之内,何非君土;食土之毛,谁非君臣"。不仅天子是君,诸侯也是君。所以这些东西随时都有变化,都有两方面,都有制约,一升一降并非一成不变。

　　再说西周的封建也是有变化的。诸侯之外还有监。武王灭商以后,派管叔、蔡叔、霍叔在商朝的卫地监视武庚,谓之三监。《诗经·国风》上保存有他们的歌诗,有调子,《国风》中的邶、庸、卫都是讲卫国的事。卫国就是原来商朝人都城所在的地方。武庚灭亡以后,好像没有监了,实际上还是存在的,后来这些监都转化为诸侯,所谓周朝诸侯"七十一国""姬姓独居五十三人"中,就有许多诸侯是由监转化而来的。铜器中有个《仲几父簋》,其铭曰:"仲几父使几使子诸侯诸监。"几是儿子,几父是几的父亲。古代人生了儿子以后,父亲的名字就不称了,而称他儿子的名字的父亲。几父在王朝做官,派他的儿子几到诸侯诸监那里联系联系,现在看来就是"打秋风",诸侯诸监都是周室亲戚子弟之后,他们送了一些东西送了一些钱给几,回来以后就做了这个器。可见仲几父那个时代,诸侯诸监是并存的。这个过去没有讲,是亡佚的历史。解放后在江西还发现了《应监甗》。应是武王的儿子,开始是派出来作监的,后来才逐渐发展为诸侯,应国的铜器都称应侯或应公,《三代吉金文存》可以查出来。铜器里头诸侯大娅并存,娅就是所属婚姻,甲骨文上称为娅的,都是婚姻关系,大娅就是属于监这一类,可见担任诸监的不是周王亲近的人便是他的亲戚。诸监的作用是代周王收赋税,同时监察诸侯的行为,看诸侯对王室有什么不利的事情,同三监的作用一样,势力很大,等于汉代皇帝派来的刺史,以及后来的钦差大臣。《诗经·小雅·大东》说:"小东大东,杼柚其空。"诗中说周朝派监到东方来收税,使东方织的布都空了。大概他们收的贡赋都是钱财,布就等于钱财,不是粮食。"东人之子,职劳不来。"东人之子就是东方的诸侯国,职务很劳苦,有功劳也不赏赐。不来,就是不赏赐。"西人之子,粲粲衣服。"西人之子就是王室派来的人,都穿得很漂亮。"舟人之子,熊罴是裘。"舟和周是同音字,舟人之子就是周朝的人,他们穿着皮袍子。他们收到的都是钱财、布帛、衣服、皮袍子。"私人之子,百僚是试。"私人之子就是大官属下的人,他们也都作了大官。《大东》主要讲周王室在小东大东收刮。什么人替他收刮?应当说就是诸监,诸监是他们的亲戚,由这些亲近的人代其收刮。

我们已经晓得由监变为诸侯的应国,另外还有已经是诸侯,而史料证明以前曾经是诸监的国家。《左传》庄公四年说:"纪侯大去其国违齐难也。"《公羊传》以为齐襄公复九世之仇而灭之。襄公九世祖为哀公。《史记·齐太公世家》说:"哀公时,纪侯潜之周,周烹哀公。"纪侯曾经在周夷王面前潜毁齐哀公,夷王烹了哀公,所以齐襄公要复九世之仇灭纪。为什么纪侯要说齐哀公的坏话?而周夷王为什么对纪侯的话那么相信呢?我们感到纪侯原来也是监,后来才称为诸侯。这些过去历史上没有记载,现在我们从铜器和遗忘的文献里可以发现一些蛛丝马迹,知道是诸监做的事。诸监为什么能变成诸侯?一方面他有钱财贿赂周王命他为侯;另一方面他有采邑,可以逐渐变为诸侯。大概监的地方都不大,一般都是小诸侯。

还有江汉诸姬是怎么来的?姬姓诸侯应包括江汉诸姬在内。周朝衰微以后,南方的淮夷兴起,一直打到伊洛边境,于是周王室征召诸侯派兵在成周以南的江汉一带戍守,为王守卫。《诗经·国风》里的周南、召南、还有王风,就是住在周南召南的诸侯戍守之师的歌诗。国风,都是春秋时候国人之歌,住在城里的周部族之歌。召南的召应当是召伯虎,他在周宣王时代征服了江淮流域。周南就是成周以南。《公羊传》说周南召南是周公召公分陕而治,这是后期的说法,不可靠。《王风·扬之水》说:"彼其之子,不与我戍申","彼其之子,不与我戍甫","彼其之子,不与我戍许"。明白告诉我们周南、召南和王风是诸侯戍守之师的歌诗。大概在平王时代,戍守之师还存在。平王以后,周室衰微了,这些戍守之师也相继成为诸侯。不一定要有周王的命令,有也可,没有命令还可以贿赂嘛!周王那时穷得很,只要给他钱,他可以命你为诸侯。卫国就是一个例子。卫国本来是王室的卫队,后来诸侯地位上升了,诸侯掌握着人民和财富,天子有求于诸侯,天子地位逐渐下降,卫国也不愿再作王室的方伯连帅,而愿做诸侯。《史记·卫康叔世家》说卫六世都称伯,到了顷侯,"厚赂周夷王,夷王命卫为侯"。这可以想见,周朝的诸侯不是一成不变的,而是随时代形势的发展逐渐变迁。江汉诸姬都应是由周王室派往南方的戍守之师,逐渐变成诸侯的。诸监、戍守之师，后来自己称为诸侯，我们读历史，这些升降问题都可以看出来。

再补充一点，在汉朝诸侯国有相，相是皇帝派的，他要向皇帝直接报告他的工作，刺探诸侯国的事情。郡县制，皇帝派刺史，刺史原来是一个钦差大臣，不常设，后来就在太守之上了。云南西双版纳傣族地区，在解放前也有类似于诸侯诸监的制度。那里最高领主召片领分封其子弟亲贵到各勐去当召勐，召勐相当于诸侯；又另派其家臣到各勐去当波郎，就利用他们监视召勐，并征收其贡赋，波郎相当于诸监；这就是西周时代的封建领主制。明朝一个省的长官叫布政使（清朝叫藩台），后来设巡抚，巡抚也等于钦差，在这个地方巡查。清朝时巡抚变成一省的最高长官，用军事统治。都可以说明政治不是一成不变的，他要互相制约，随时都可以互相升降。讲古代史这类问题，过去因为材料少，都把他固定化简单化了，现在有许多材料，可以把文献材料和地下材料结合起来，作一个比较合理的说明。

（七）周室衰微

西周最盛的时代是成、康时代。史称"成康之际，天下安宁，刑错四十余年不用"。刑，应包括征服用兵的事情；错，就是摆在那里不用。刑错不用，指内不用刑，外不用兵，所以周室非常安定。

事实上，成王时代曾用兵征伐东夷，"三年静东国"。康王时代对鬼方有一次很大的战役，过去历史没有记载，见于《小盂鼎》铭文。盂鼎有大小两个，《大盂鼎》是康王二十三年的器，《小盂鼎》是康王二十五年的器。《小盂鼎》器已不存，铭文见《捃右录》，字迹模糊，记载伐鬼方的事情。鬼方在甲骨文中已见，春秋时称为赤狄，隗姓。他们是从北边远方来的民族,古代他们住在树林里,有兵车。《小盂鼎》记载周人两役俘获。第一役:执兽三人,获馘四千八百十二馘,俘人一万三千八十一人,俘马□□匹,俘车卅辆,俘牛三百五十五头,俘羊廿八只。兽,就是首,酋长。第二役:执兽一人,获馘二百三十七馘,俘人□□人,俘马一百零四匹,俘车一百辆。从俘获来看,战争的规模不小。周室强盛的时候,盂国在河南沁阳县,是所谓内诸侯。所以,刑错不用,只可说内不用刑,对外还是用兵的,有这么大的战役!

  昭王时代对南方不断用兵,征伐楚荆。铜器铭文有许多关于此事的记载。如《过伯簋》说:"过伯从王南征,伐楚荆。"《𩵦簋》说:"𩵦从王伐荆。"《竹书纪年》称昭王十六年至十九年对楚连续用兵,十九年"丧六师于汉"。昭王所带的六师就是周朝本土的"西六自",随昭王到了江汉流域,《左传》僖公四年:"昭王南征而不复。"晋人皇甫谧的《帝王世纪》说是"昭王德衰,南征,济于汉,船人恶之,以胶船进王,王御船至中流,胶液船解,王及祭公俱没于水中而崩。"船的发展,先前用胶粘,用榫头、钉子钉还是较晚的事,因为要使钉子不锈,还要油漆一类的东西。皇甫谧《帝王世纪》的记载可能还是依据《竹书纪年》原有关于这些事的记载。《墙盘》说昭王"广能楚荆,惟患南行"。能即柔远能迩之能,是安抚怀柔之意。"惟患南行",到南方去为他的患害。昭王南征事情在铜器里材料比较丰富。宋代在安陆出土的六个铜器,都是关于昭王南征的事情。安陆在湖北钟祥一带,可能这六个器就是昭王丧师时埋在那里的。昭王对楚采用怀柔和征伐的两手政策,结果失败了。但是昭王、穆王时代国势还是很强。《国语·齐语》中管子说:"昔吾先王昭王穆王,世法文武远绩以成名。"韦昭注:"言昭王穆王,虽有所阙,犹能世法文王武王之典，以成其功名也。"

穆王继承昭王。《尚书·吕刑》说：穆王"享国百年"。这是说，从武王至穆王已经过了一百年，并非穆王寿百岁。《史记·周本纪》载："穆王即位，春秋已五十矣。王道衰微。"穆王即位年已五十的说法是否可靠，值得考虑，假定昭王二十岁生子，则昭王南征时已达七十高龄，这是不可靠的。大约是穆王在位五十年的讹传。

传说穆王周游天下，天下都有穆王的车辙马迹。《左传》昭公十二年载："昔穆王欲肆其心，周行天下，将皆必有车辙马迹焉。祭公谋父作祈招之诗以止王心。""以止王心"，教王不要远游。《墙盘》讲穆王"刑帅字诲"。字，言有远见，这是说他听从祭公有远见的教诲。实际上他并没听从。战国时的小说《穆天子传》是除《竹书纪年》外保存下来的一种《汲冢书》。《穆天子传》说周穆王周游天下，到西边见到了西王母。西王母可能指古代康藏地区的女国，唐代羌族保存母系社会的地方不少，比如吐蕃就是征服了苏毗等女国而发展成为一个大帝国的。苏毗在西藏北边的羌塘地区。塘，平地称为塘。唐代的康藏地区因为生产发展迟，社会停滞不前，很多地方还保存母系社会。一旦这些地方自己的经济条件成熟了，社会生产发展了，文化提高了，同时又接受了先进的中原文化，就会成为一个统一的大帝国。中国的历史发展都是这样的，必须地方发展了，而后中国的文化才逐渐统一起来。周穆王见到西王母，现在看来就是当时的历史。这时西边的母系社会已经形成部落或国家了，中国历史上记载的女国还是很多的。这是讲周穆王巡游所到的地方。《楚辞·天问》中说："穆王巧挴，夫何为周流？环理天下，夫何索求？"就是说他到处要耍，对国家没有什么利益，没有什么贡献。

【十二】 西周的兴亡

《史记·赵世家》说穆王西巡，流连忘返，而徐偃王反，穆王周造父驾车，日驰千里，大破徐偃王。《后汉书·东夷传》也说："徐夷僭号，乃率九夷以伐宗周，西至河上。穆王畏其方炽，乃分东方诸侯，命徐偃王主之。偃王处潢池东，地方五百里，行仁义，陆地而朝者三十有六国。"徐偃王造反是东南方的传说，东南方的历史好多都没有记载。徐在西周国势强大，经常与周交兵，则是事实。《礼记·檀弓》记徐大夫容居说："我先君驹王西讨济于河。"说明徐国在西周时代还是强盛的。虽然经过周公成王向东方讨伐，周人向南到了江苏，还到了安徽的屯溪，这从有些铜器可以看得到。但是周朝人所到的地方只有点，江淮地区整个面上还是徐淮夷的势力。大概周朝人过去不久，徐淮夷又强盛起来了。"驹王"当然不是徐偃王，而是徐的先代称为驹王的徐王，他曾经打过黄河。不能说这就是徐大夫夸张之辞。宋代出土的《敔簋》记载徐淮夷打到了伊洛边境。《敔簋》这个铜器现在已不存在，其铭见于薛尚功《钟鼎彝器款识》。铭曰：

> 惟王十月，王在成周。南淮夷迁及内（入）伐，洰昴参泉，裕敏（侮）阴阳洛。王令敔追御于上洛怒谷，至于伊班长榜，折首百，执讯四十，夺俘人四百，廪于荣伯之所，于怒衣逮复付厥君。

这个铜器说南淮夷已经打倒了阴阳洛。上洛，汉属弘农郡。今为陕西商县，其地适在洛水上游，昴参泉当是洛水所自出的源泉，昴六星，参三星，泉以星宿为名，这和长江上源称星宿海也是一样的。"洰昴参泉"是说南淮夷已经入侵到洛水上游。"王令敔追御于上洛"，折首百，执讯四十，夺俘人四百。"俘人"，就是南淮夷入伐俘虏的四百中国人，现在又被敌把他夺回来了。西周时代南淮夷敢于深入伊洛这样中心地带，一方面是周王朝的衰落，一方面也是南淮夷的强大。说明西周时代，周朝国势虽然强盛，打到许多地方，但一时同化不了，发展不了，生产赶不上，不能把这些地方变成中国的一统的巩固的领土。西周时代在中国境内还有蛮夷戎狄的文化；北方要抵抗的外族一个是鬼方，一个是猃狁；南方好像还不经营，楚国未强盛起来之前，南淮夷的势力超过了楚国。

《国语·周语》讲穆王征犬戎。周朝西北边的敌人是犬戎，北边的敌人是鬼方，这应当是两个不同的部族。从前的注解上都把鬼方、犬戎当成一个部族，王静安先生作《鬼方昆夷猃狁考》也持这种看法。这是一篇很有名的论文，现在还有人依据这个说法把犬戎鬼方当成一族，事实上应当分开来，是两个部族。犬戎即猃狁，在《诗·大雅·皇矣》中作串夷，"串夷载路"，串犬发音相同，后来为昆夷，就是西方的羌族，《左传》称为姜戎氏，姜戎氏称为允姓之奸。"允姓之奸居于瓜州"，瓜州在甘肃，出豪瓜的地方，豪瓜要沙土，太阳多，才甜。羌族是畜牧而兼有初等农业的部族；其进而为高等农业者则为姜部族。他们都种麻纺绩，穿白麻布衣，属于白狄。这一部分就是中国民族。鬼方是赤狄，媿姓，与羌不是一族。因为他们贵族穿红衣服，或者兵甲漆以红漆，故称为赤狄。《国语·周语》记载周穆王征犬戎，得到了四白狼、四白鹿，可能是四个以白狼为图腾的部落酋长和四个以白鹿为图腾的部落酋长。虽然穆王战胜了，但是"自是荒服者不至"，说明战果微小，损害了王室声威。

周王朝在灭殷之后，其兵力分成三个中心保卫全国。一、殷八

【十二】西周的兴亡

师驻在殷之故地朝歌,主要是对付东夷,镇压殷人。《小臣謎簋》说:"叡(今)东夷大反,伯懋父(即康叔之子康伯髦)以殷八𠂤(师)征东夷。"可见东夷作乱则用殷八师前往征讨。二、成周八师驻在周初营建的成周洛邑,主要是保卫成周,镇抚南土。《录卣》说:"王令戒曰:'叡(今)淮夷敢伐内国,汝其以成周师氏,戍于叶𠂤。'"成周师氏即成周八𠂤的师氏;《竞卣》说:"惟伯犀父以成𠂤即东,命伐南夷。"成𠂤即成周八𠂤的省称,南淮夷作乱则用成周八𠂤前往征讨。三、西六𠂤驻守西土,拱卫丰镐根本之地。在西周全盛时代,这里就不需要像殷八𠂤和成周八𠂤那样多,但在穆王时代,诸侯已逐渐强大起来,周王朝对于东土的防卫当然可以交由诸侯负担,殷八𠂤如果不撤回西土,也可能为驻在殷墟的卫国所兼并。穆王时代的《盠尊》记王命盠曰:"𢽠(同撰,俱也)司六𠂤暨八𠂤。"六𠂤即西六𠂤,八𠂤即殷八𠂤;六𠂤八𠂤由盠一人统率,可见此时殷八𠂤已退驻西土。

穆王时代最重要的军队是对付南淮夷的南方戍守之师,这在许多铜器铭文里都有记载。

《录卣》记王命戒曰:"叡淮夷敢伐内国,女其以成周师氏戍于叶𠂤。"𠂤,就是师字,古代只用偏旁𠂤,后来加个偏旁帀(从前大概就是于字)。师有两个意思,把军队住在这里叫师,一师人也叫师。叶𠂤,即驻防在河南叶县一带。铜器里不但有戍守之师,而且有戍守的地点叶(河南叶县)、甫(河南南阳),也有戍守的将帅师雍父(或伯雍父)和甫俊,还有以戍守的事纪年,如"戍于叶𠂤之年"。穆王时代从河南叶县至南阳一带都是对付南淮夷的防线,有关这方面记载的铜器,都应当是穆王时代的器。昭王穆王时代,南方民族的经济还没有发展起来,还不能形成大的部落,还是一些

337

小部落,这些地方的文化不一致,还没有上升到中国文化的高度;另一方面中国的力量还不能达到这个地方,也没有力量把这些不同的部落拧结成一个大的文化区。地方不能发展起来,中国就不能形成统一的文化。所以说昭王穆王时代虽然北方打有胜仗,南方却不能统一起来。

周王把土地分封给诸侯,自己直接支配的地方也就少了,维持国家财富的税收当然也缩小了,因而王室必定要征收诸侯的赋税。从前分封诸侯,周王要派诸监代他收括充实王室财富。后来诸监变成了诸侯,诸侯力量强大了,财富就不给周王,王室的收入就少了。从前王室有丧事是诸侯主动贡纳丧礼,到了东周时代天子便向诸侯求要了。《左传》隐公三年记载平王死,"武氏子来求赗"。桓公十五年春,"天王使家父来求车"。向鲁国要东西,当然还可以向别国要。说明这时诸侯已不向天子贡纳财富了,监也不能发生作用了。过去周王朝通过监来向诸侯收括,《诗·小雅·大东》就是讲收刮的事。"小东大东,杼柚其空"。后来就是赋调。封建社会最早是要谷子,还要财富,要布匹,所以有布缕之征,粟米之征,力役之征。布缕之征古代还是很重要的,布缕之征等于征收钱,汉代就是口赋,三国以后就是调。由于周天子对诸侯的需索和收刮越来越多,周王室同诸侯的矛盾日益加深。诸侯强盛起来后,就不向王室贡纳财富布帛,周天子自己控制的东西就来得越来越少,王室逐渐衰微。到了周夷王时候,就不得不"下堂而见诸侯"了(《礼记·郊特牲》)。

厉王时期,淮夷内侵,直达伊洛之间,打到了成周附近。《敔簋》已经说了,还有《宗周钟》,也是厉王时的器。其铭曰:"南国𫊥子敢陷虐我土,王敦伐其至,戮伐氒都。"𫊥子就是濮子,濮人,濮族。南国𠭯子是南淮夷中最大的部族。这是说对𠭯子的进犯给以迎头痛击,一直打倒𠭯子的都邑。"𠭯子乃遣间(人名)来逆昭(此三字为动词连用)王,南夷东夷具见,廿又六邦。"𠭯子请降,二十六个部落都来朝见周厉王。厉王这次南征打了胜仗,但成绩并不巩固。当时这些地方不发展,不能形成一个文化区,周王也不能派官吏来统治这些地方。所以周朝军队一退,又恢复原状了。厉王时还有许多伐南淮夷的事情,虢仲南征,厉王还是到那里去了。又有对噩侯驭方用兵之事。

《噩侯驭方鼎》讲厉王南征到噩的地方,噩侯曾"内(入)□(飨)于王"。噩同鄂,在申的东北面,今河南南阳市附近。鼎铭说噩侯与厉王饮酒,厉王赏赐他的东西很多,他这时还是听命于周的诸侯。不久,噩侯就率南夷、东夷叛变。《禹鼎》说:"噩侯驭方率南淮夷、东夷广伐南国、东国,至于历寒。"南国、东国是中原的南部和东部地区。东国、南国、西国、北国、中国,原来中国的意思就是中原的中心地方。历寒所在不很清楚,但看来噩侯的军队是深入了周境。于是厉王命西六𠂤与殷八𠂤伐噩,但部队都"弥怵匋恇",普遍感到害怕,不敢作战,因而"弗克伐噩"。这时武公才派禹率领武公的亲军"戎车百乘,厮驭(作杂役的)二百,徒千",投入战斗。经过奋战,"休获厥君",捉住了噩侯驭方。战争虽然胜利,但说明周王的禁军已非常腐化,不能作战,只是依靠武公的亲军督战或冲锋,才勉强取胜。

厉王时期不单军队不能作战,政治方面也是走下坡路。他好利,用荣夷公与人民争利。《国语·周语》说:"荣公好专利而不知大难。"专利,从前没有讲什么利。现在看来大概就是专山泽之利。在封建时代,土地已经分封给诸侯,山泽却是公用的地方。厉王把山泽作为己有,不准人民到山泽去采取树木和其他生活产品。在齐国也有这个现象,齐景公时代,山泽都有专人看守,不许人民去采伐、牧畜。厉王专利触犯了国人之利,引起国人的诽谤。他又派卫巫监谤,假托神人惩罚。三年之后,国人暴动,驱逐厉王,厉王出奔于彘。这表明厉王时王室继续衰落,以至连王位也不能维持。

王室衰落,一方面生产赶不上,一方面官吏也派不出,没有许多官吏。在原始封建等级制度下,统治阶级也没有人。后来征收实物发俸禄,把等级制中间这个等级破坏了,王可以直接任命官吏。这时不能做到这个地步。封建社会各个部落等于是独立的,诸侯等于是独立的,王不能改变这个局势,所以继续衰弱下去。周室衰弱,天子同诸侯有矛盾,地方不能发展,财富又不够。在这种局面之下,南方徐淮夷的乱事又平定不了,只能在叶和甫这一带维持一个戍守之师。西周一代经过周穆王周厉王对南方这么广大的地方,只能维持这个戍守之师。

(八)宣王中兴

厉王出奔之后到宣王即位,中间经历了十四年,过去叫"共和"。《史记·十二诸侯年表》起于共和元年,这是我国历史上有确切纪年的开始。从前只能以事命名,有时有年代,有时又无年代,不能连贯起来成历史的编年记载。

《史记·周本纪》说:"召公、周公二相行政,号曰共和。"这可能是司马迁对"共和"的误解。先秦古籍(比如战国诸子的记载)都说共和是指共伯和,只有司马迁一个人说是周、召二公夹辅周室。《庄子·让王》说:"许由娱于颖阳而共伯得乎共首。"《释义》引《纪年》云:"共伯和即于王位。"又《史记·周本纪》索隐:"《汲冢纪年》

【十二】西周的兴亡

云：'共伯和干王位。'干，篡也。言共伯摄王政，故言干王位也。"还有《吕氏春秋·开春论》和《鲁连子》等书都说是共伯和行天子之事。共是卫国初期的采邑，地在淇水边朝歌附近。卫武公名和，《诗·柏舟序》也讲到卫世子称共伯，故有人说共伯和就是卫武公。清人梁玉绳的《史记志疑》详细地论述了司马迁以共和为周召共和之说是不可信的。《左传》昭公二十六年载王子朝告诸侯之辞说："至于厉王，王心戾虐，万民弗忍，居王于彘。诸侯释位，以间王政。宣王有志，而后效官。""万民弗忍，居王于彘。"就是人民忍受不了，把厉王撵掉了。"诸侯释位，以间王政。"杜预注："间，犹与也。去其位，与治王之政事。"就是说卫武公释去卫国的事，去主持王政。"宣王有志，而后效官。"宣王长大了，共伯和又回到原来的位置，把王位让给周宣王。从战国时的记载以及王子朝告诸侯之辞，我们知道共和就是共伯和，而不是周、召二公共和行政。

宣王在位四十六年，北伐玁狁，南征淮夷，都取得了胜利，称为"中兴之主"。

一、伐玁狁。玁狁是《左传》上所说的"允姓之奸"，又称为"姜戎氏"，居于瓜州，属于西羌。玁狁连读就是獯，獯鬻。又士时称为昆夷或犬夷，一直到唐代，唐朝人还称吐蕃为犬戎。犬、昆，与玁狁声音都相同。《诗经》的《六月》、《采芑》都讲到玁狁，过去认为都是周宣王时候的事情。铜器上还有许多征伐玁狁的事情，有《兮甲盘》、《虢季子白盘》和《不其簋》。新出的铜器还有《多友鼎》。全部铭文二百七十六字。《多友鼎》同武公有关系，"武公命多友衔（率）公车羞（羞）追于京𠂤（师）"。鼎铭说多友用武公的车子"折首二百又囗又五人，执讯廿又三人。俘戎车百乘一十又七乘"。这是一次。又一次"折首卅又六人，执讯二人，俘车十乘"。又一次"折首百又十又五人,执讯三人,唯俘车不克召,卒焚,唯马驱尽"。俘获的车子,因为没有马拖回去,就把车子烧了,把人捉回去了。这个鼎是1980年12月在陕西长安县下泉村出土的,可以补历史记载之不足。从鼎铭可以知道玁狁方面也有兵车,俘获的车子最多达一百一十七乘。多友是武公的勇士,这个武公应当还是《禹鼎》那个武公。《多友鼎》可能在宣王之前,也许是厉王时代的事情。宣王时代,玁狁不止一次同中国作战。《兮甲盘》是宣王五年三月,《虢季子白盘》是宣王十二年,《不其簋》是九月,有月无年。康王时代北方是鬼方强盛,到厉王宣王时代玁狁力量强大起来了。这很像汉代的匈奴和鲜卑。匈奴强盛的时候,鲜卑属于匈奴。匈奴逃去后,鲜卑占有匈奴的地方,没有逃走的匈奴也自称为鲜卑。玁狁同鬼方,我们一方面要把他们分开来,另一方面玁狁强盛时,鬼方也附属于玁狁,所以从前人误把玁狁和鬼方当成一个部族。当然他们之间也有一些共同处,他们作战都具有游牧民族的特征,周人的俘获品中就有牛羊、车子。

二、封韩侯。玁狁强盛时,控制了北方广大地区。玁狁被打败之后,周室乘机向北扩张,于是有封韩之举。《诗·大雅·韩奕》说:"王锡韩侯,其追其貊,奄受北国……献其貔皮,赤豹黄黑。"追貊是古代两种民族。追应当是鬼方,追就是归,金文的归就是一个追加个帚。归就是鬼的声转。东北方人称貊,蛮貊之人。"奄受北国",就是大受北国,北方的国家都归他统治,他统治的人民有追有貊。"献其貔皮,赤豹黄黑"。皮毛向来是东北地区的特产。《诗》又说:"溥彼韩城,燕师所完。"燕师为韩筑城,可知韩与燕国是接壤的。从前说韩是陕西韩城之韩,现在看来,可能在东北的松辽平原。所谓韩,应当是东北这些地方,古代称韩。现在朝鲜半岛南部,还称为韩国。后来周朝势力退了,这一部分就称为三韩。也许韩国最初在韩城,周室打败猃狁后,就把韩侯改封到东北去了。《诗》又称:"孔东韩土,川泽讦讦,鲂鲈甫甫,麀鹿噳噳,有熊有罴,有猫有虎。"韩土很好,人民住在这里很快乐。这里有川有泽,鱼很多,动物也很多。从这些动物和川泽的情况看,都不像是陕西的韩城而应是吉林开源以北的松花江地区。可见周宣王时代,一直打到了东北。

三、伐淮夷。在北方获胜以后,南方伐淮夷也取得了很大胜利。《诗·大雅》的《江汉》、《常武》二诗都记载了宣王南征。《江汉》讲召伯虎的事情。《常武》讲伐淮夷的将帅还有南仲、皇父、程伯休父等人参加。这两首诗讲,周军一直打到淮水流域,淮夷中最大的徐国就投降了,"率彼淮浦,省此徐土。"而且,声威所播,"至于南海"。还有《诗·大雅·召旻》这首诗说:"昔先王(宣王)受命,有如召公(召伯虎),日辟国百里。"这是一个很大胜利。

四、封申侯。南淮夷平定以后,周宣王于是就封申侯。《诗·大雅·崧高》就是讲封申侯。封申伯大概想结束南方戍守之师,用申国来对付南国。申国在南阳这个地方。后来楚国伐申、息,申国息国就是楚国北方的门户,有所谓申、息之师。封了申伯,南国戍守之师还是不能撤除,所以《王风·扬之水》说周平王时代还要派人戍申,"彼其之子,不与我戍申"。申国自己不能维持自己,还要周王派兵戍守申国。《诗经》的《周南》、《召南》都是《国风》。过去讲《周南》、《召南》是文王时的诗,不对。《国风》都是用之乡人,都是国人之歌,都应是东周的诗。尤其明显是戍申戍甫戍许,很清楚是周平王时代的诗。这些戍守之师都是周天子征发来的诸侯军队。《大雅·蒸民》也讲周宣王平定南方的事。

五、城齐。《诗·大雅·烝民》说:"王命仲山甫,城彼东方。""城彼东方",就是为齐筑城。仲山甫是周宣王时代的人。周宣王命仲山甫征发别国人民为齐筑城。这些都是周宣王强盛时的事。

宣王晚年,国势逐渐走向下坡。宣王三十九年(公元前789年),周军和姜戎(即狎狁)(《国语·周语》是春秋战国的记载,所以称"姜氏之戎")战于千亩,周军大败。《国语·周语》说:"宣王即丧南国之师,乃料民于太原。"料民有两方面意思。一是周宣王即位后"不籍千亩",即废除了借民力以耕公田的助法,改行实物地租,就需要登记户口,作为课收实物地租的依据。二是,在南国之师损失以后,为了补充军队,也需要料民。《诗·大雅·召旻》说:"昔先王(宣王)受命,有如召公(召伯虎),日辟地百里;今也(指幽王时)日蹙国百里。呜呼哀哉,维今之人,不尚有旧!"从上述事实看,这种国势日蹙的趋势,在宣王晚年已经出现了。

西周时代已经开始实行实物地租,但是要把等级制度慢慢削除,使人民的经济提高起来,官吏由国家发薪俸,还有待时间。时间未成熟,所以西周国势还不能安定,由盛转衰,还不能完全形成正式的有力量的统一王朝。

【十三】 春秋霸业

（一）齐桓始霸

西周之后，周平王迁都洛邑，王室衰落，历史进入春秋时期，也就是《国语·郑语》上讲的"及平王之末，而秦、晋、齐、楚代兴"，齐、晋、秦、楚相继兴起称霸。他们的霸业对于中国文化的推进，使各地区的文化逐步融合，从而达到一个共同的基础，形成统一的中国文化，起到了极重要的作用。讲这一段历史，材料就比较多一些了，《左传》是主要材料。《左传》成书虽晚了一点，大概是战国时写成的，但它的材料基本上都是当时留下来的，是比较可信的。

《左传》之外还有《国语》,《国语》多篇的成书年代先后不一,《周语》、《晋语》、《鲁语》成书较早,《左传》很多地方都是抄这几篇。其他篇章可能写成要晚一些,也有抄《左传》的地方,但也晚不了好多,仍可作辅助的材料。

齐国这个地方最早有大汶口文化,其后又有龙山文化,齐国继承了这些文化。《左传》上记载齐国这里的先住民有爽鸠氏,蒲姑氏和有逢伯陵,爽鸠氏也许就是《左传》昭公十七年郯子讲的少皞氏各个部落中的爽鸠氏了;蒲姑氏比较清楚,就是我们前面讲到的在殷末周初迁到东北去的夫余。历史上东北同大汶口文化的联系是很早的,大约六千年前大汶口文化就有一部分到了东北,比如辽宁新乐下层文化。这一部分文化是构成中国文化主要的部分,是当时最先进的文化。从农业方面讲,有五谷,种稻子,这都是从中国南方传来的。大汶口文化后来发展为龙山文化。龙山文化可以和河姆渡文化联系起来,都是种稻子,稻子是从南方来的,另外河姆渡文化和龙山文化的父系社会形成得很早,风俗习惯是席地坐,中国以后的礼节都是从这种风俗习惯发展出来的。新石器时代东方文化的陶器都是高足器皿,或三足,或高圈足,这都是配合席地坐的习惯。这种坐势实际上是跪在地上,比坐在地上要高一些,所以生活器皿都得适应这种风俗习惯。比如豆,就有一个很高的把子,又如簋,下面连有一个方座子,这都是属于东方文化系统,在沿海这一带的。蒲姑氏之后的有逢伯陵,我们还不太清楚。再往后就是"齐太公居之"了。

周公东征平定东方后,齐太公就带着姜姓周部族从西方来这里立国了。《礼记·檀弓上》说:"大公封于营丘,比及五世,皆反葬于周。"古代人们对于人身后骨骼的处理是非常重视的,故有二次葬。齐太公及后五世都要葬到周地,说明他们本来是住在西方的。周公分封东方诸国,大概齐国带来的周部族是最多的。我们知道周以小邦灭殷,周部族人并不多,我们前面讲过可以作战的大约五万人左右。这中间要留下保卫中央政府的,如成周八师、殷八师和西六师,一师一千五百人左右,这就去掉了三万多人,这些人都要住在宗周和中原的成周、殷虚,因此分别到东方各国镇抚新征服的土地的周人就不会很多,从《俎侯簋》和《大盂鼎》都可以看到周代分封时授土授民,授民的人数是很少的。而齐国是其中分得最多的,确实数目虽不知道,但从《左传》僖公四年管仲的话可以知道这点:"昔召康公命我君大公曰:'五侯九伯,女实征之,以夹辅周室。'赐我先君履:东至于海,西至于河,南至于穆陵,北至于无棣。"这是召康公传达的周王之命令。五侯即殷东五侯,也就是铜器《保簋》里说的"东周五侯",九伯是九方之伯。海、河是很清楚的,河指黄河,从前在今河南浚县折向北流,于天津入海,不是今天的黄河。穆陵即山东的穆陵关,无棣过去讲在辽宁的孤竹,究竟在什么地方还不太清楚,反正是到了东北。由此可知周初王室就把镇抚东方的权力和希望都放在齐太公和齐国了,所以说齐国带来的周部族是比较最多的。周王室镇抚东方,除了用原来住在卫地的殷八师以外,主要就靠齐国了。

  周人到东方镇抚守卫,首先要筑城而居,这是防备原居住民的侵袭必不可少的。齐国修筑的大概就在临淄城。通过发掘可以看出临淄是由一大一小两个城组成的,大城是原居住民的,小城是后加的。周部族就住在城里,即所谓的国人,是统治者所依靠的。城外广大被征服的地区就称为野。国、野之分是很清楚的,这个界限一直到战国时代还有痕迹存在,《周礼》说"体国经野",就是把国、野对称,《周礼》这本书从前说是周公时代的书,纪录了周公制定的周代典章制度,这是错的。现在看来应该是战国中期写成的书。顾颉刚先生认为《周礼》是战国中期齐威王、齐宣王时想称霸统一中国,在稷下召贤,养了一大批文人学者为他们计划安排统一帝国的蓝图。成书于战国中期的齐威王、宣王时,作者就是稷下学士们。他们想统一中国,追求霸业,托古于周代,写出这么一部《周礼》,虽然《周礼》成书较晚,但我们知道一个社会的变化是缓慢的、承继性的,过去社会的痕迹不会那样快就消失,所以战国时代还保留了古代的许多东西,《周礼》中因而也就保留了许多古代的风俗习惯和典章制度,但也有当时的东西,比如说"九夫为井",《考工记》里也是"九夫为井",这已经越过了劳役地租的阶段,公田已取消了,到了实物地租的阶段了,所以这个时代是不会太早的。齐桓公时国、野之分还是存在的。齐桓公是鲁庄公九年(公元前685年)立,鲁桓公十七年(公元前643年)死,在位四十三年,任用管仲为辅佐,成为春秋时代的第一个霸主。

管仲之所以能使齐国称霸,有其社会基础和经济基础。我们在前面已讲到,齐国所在的地方历来是文化最高的地区;其次在周初封国中,齐国带来的周部族成员比较是最多的,周初即为一大国;再次,是齐国的经济发达。《史记·齐太公世家》讲齐国"通工商之业,便鱼盐之利",齐国都营丘,现在看起来就是山东临淄,一面滨海,这里自古就是出盐的地方。中国大陆的边区也有些出盐的地方,如青海、云南、四川及山西、蒙古等地都有盐,但中原地区,黄河中下游和江淮地区,主要靠海盐,所以齐国有鱼盐之利。《左传》上也讲得很多,昭公二十年记在齐景公时有"海之盐蜃,祈望守之",政府派官吏管理鱼盐之业,不准私自贩卖盐蜃了,鱼盐之利尽为国家所得,昭公三年记田陈氏与齐侯争民,施恩惠给人民,"鱼盐蜃蛤,弗加于海",这都说明了齐国的统治者掌握了鱼盐之利,使经济实力增加。另外齐国的工业也比较发达,汉代齐国有三服官(《汉书·地理志》),是专门替皇帝及百官做衣服的,工于锦绣,东方从很早起就有蚕丝,能够织锦帛之类,这从考古发掘中可以看到。《后汉书·东夷传》讲到在殷末从齐国这里迁到东北去的夫余还保存了中国原始社会的部分制度,比如说三老"其公会衣服皆锦绣金银以自饰",这些为人民推举出来的首领都要衣着锦绣来聚会,这说明锦绣这种东西可以走得很远,贵族在交际、公会时都要穿锦绣,还要互相赠送玉帛,好像送钱一样。贵族一方面要穿戴得漂亮尊贵,一方面还要用来赠送,因此东方的锦绣,西方的玉器,后来还有金银都是到处流通的,可以赚钱致富。东方手工业发达,《左传》成公二年记载楚国伐鲁,鲁国用"执斲执针织纴皆百人"贿赂楚国,使楚国撤军。这些手工业在鲁国和齐国都是比较发达的,所以楚国需要这些人。除了以上三方面的原因,最后应当讲一讲管仲治齐时的改革,《左传》记载管仲相齐比较简单,而在《国语·齐语》里就要多一些。《齐语》与《管子·小匡》的内容差不多,只是《齐语》的文字要整齐一些,可能都是齐国人相传的管仲事迹。《小匡》、《齐语》成书的年代距齐桓公时代至少在两百年以后,但齐国人还世代保存了这些传说,并据此记下了管仲辅佐齐桓公创霸的史迹。《齐语》讲管仲治齐,首先是"参其国而伍其鄙",国为二十一乡,分为三部分:士乡十五,工商之乡六。士就是兵士,周人到东方以后用自己部族的人当兵,一乡出两千人,五乡为一万人。三个五乡就可以出三万人,这可以知道齐国的周人已经不少了。兵士三万人,一家出一兵,一家五口,就有十五万人了。工乡商乡各三,不当兵,都是为国人,即主要为贵族服务的。国人需要工商,这六乡不一定是周部族,或是掳来的,或是征服的。从来征服者对于被征服者中有特别技能的都要保护起来为之服务。因此国之二十一乡不一定都是姜姓周部族的人,其中还有被征服者,投降他们的人,《左传》定公四年就记载了周初分封时鲁国分到了投降周人的殷民六族,卫国则分到了殷民七族,晋国分有怀姓九宗,职官五正。鲁国的殷民六族后来都被变成了国人,怀姓九宗也成为晋国的贵族,在晋国内部曲沃以旁枝代大宗的斗争中,怀姓九宗是极力维护晋国国君的利益的。所以我们可以晓得所谓国人不一定都是周部族成员,凡是被周部族收容,为其怀柔,能为其服务的,都可以作为国人。国人的成分是随着社会的发展而不断有所变化的。过去讲国人都是周部族成员,野人则都是被征服的人,这种一刀切的方法是错误的。周初分到东方来的周部族成员并不多,殷民六族,殷民七族,怀姓九宗等后来都成为国人。这样我们可以知道工商六乡不一定是周部族成员。国人(包括士、工、商)二十一乡集中于城和郊,生产多在郊中进行。国大概就包括了城与郊。鄙也就是野,"伍其鄙"这大概是古代的一种管理统治人民的方法。要统治一个部族,如怀姓九宗就有职官五正,五正大概就是五个等级的官长。伍其鄙可能就是参照这种办法的措施。《齐语》讲鄙分为五级组织:三十家为邑,十邑为卒,十卒为乡,三乡为县,十县为属,邑、卒、乡、县、属五级,伍鄙即五属。五属有五大夫,每个大夫统治一属,这就是鄙的官制。五属五大夫大概都是直接由国君管理的。这是管仲实行的一种改制,要把全国的力量都集中于国君,大夫的采邑都收为国家掌握了。《论语·宪问》说管仲"夺伯氏骈邑三百,饭疏食没齿无怨言"。骈是一个地名,伯氏原来这里有三百邑。齐国原来也是有贵族的，春秋以前就有国氏、高氏，他们当然有自己的采邑了。伯氏属于哪一个贵族我们不清楚了，他的采邑就被管仲没收了，管仲在改革中要把鄙都纳于五属之下，收归国家所有。当然管仲这种改革是不彻底的，后来齐国仍有贵族的采邑存在，铜器《黏镈》，又叫《子仲姜镈》记载了齐侯封鲍叔之后的情况，齐侯赐给鲍叔的孙子二百九十有九邑，并说"枼万与到台孙子，勿或俞改"。要他世世代代保有这些采邑，并命令齐侯自己的后代不得改变。这说明了齐国的采邑在齐桓公之时和以后都是存在的，并有所增加，齐国的贵族除了国、高二氏，后来还有崔氏、庆氏、陈氏等等。所以说管仲一方面是没收了部分贵族的采邑，一方面是把存在的贵族采邑纳入五属，置于国家权限之内。在当时情况下，国君的权力与贵族的权力是互相消长的，国君权力上升了，国家就强盛了。管仲改革就是要把国君的权力透入到贵族的采邑里去，这就像汉代分封诸侯，皇帝要派国相去管理各诸侯国的事务。西周分封诸侯也设有诸监。所以这种制度一直是存在的，这样才不至于使国家四分五裂。当然，任何一种历史现象都是在发展变化之中的，我们不能用某一个时期的情形来代替整个过程。管仲治齐，采取"参其国而伍其鄙"的措施，限制贵族的权力以集中于国君是使齐国力量增加，成为春秋第一霸的重要原因。

管仲改革见于《齐语》和《小匡》，《左传》上不见记载，这不能说《齐语》完全不可信。《齐语》虽然距管仲的时代至少有二百年，但春秋时期用文字记事已经较流行了，同时关于管仲的事迹可能在齐国保留了不少传说。战国所立之书或是根据传说写成，或是有文字记载流传下来的。《齐语》和《左传》可能各有所本。同时《齐语》同《左传》也有许多相同的地方，比如说齐桓公会盟最盛的葵丘之会,《左传》僖公九年云:"王使宰孔赐齐侯胙曰:天子有事于文、武,使孔赐伯舅胙。齐侯将下拜。孔曰:且有后命。天子使孔曰:以伯舅耋老,加劳,赐一级,无下拜。对曰:天威不违颜咫尺。小白,余敢贪天子之命,无下拜,恐陨越于下,以遗天子羞,敢不下拜。下拜,登受。"《齐语》记载得差不多一模一样:"葵丘之会,天子使宰孔致胙于桓公,曰:'余一人之命有事于文、武,使孔致胙。'且有后命曰:'以尔自卑劳,实谓尔伯舅,无下拜。'桓公召管子而谋,管子对曰:'为君不君,为臣不臣,乱之本也。'桓公惧,出见客,曰:'天威不违颜咫尺,小白余敢承天子之命曰尔无下拜,恐陨越于下,以为天子羞。'遂下拜,升受命。"所以我们说《齐语》的材料基本上还是可用的。齐桓公创霸的历史不仅见于《左传》、《齐语》,孟子时还有所闻所录下来,为《左传》、《齐语》所不见。如葵丘之盟时的"五命"就是很重要的材料,现在只见于《孟子·告子下》:"葵丘之会,诸侯束牲载书而不歃血。初命曰:诛不孝,无易树子,无以妾为妻;再命曰:尊贤育才,以彰有德,三命曰:敬老慈幼,无忘宾旅;四命曰:士无世官,官事无摄,取士必得,无专杀大夫;五命曰:无曲防,无遏籴,无有封而不告。曰:凡我同盟之人,即盟之后言归于好。"从这五命中可以看到当时社会意识形态的情况。第一条就反映了东方父系社会的传统,以不孝为最大的罪,树子就是已立的世子,即太子,不要改变太子;不要以妾为妻,说明贵族的尊严是不可改变的,这就是要维护父子夫妻的伦常。第二条是选拔有才能的人以为社会表率,说明齐桓公时代贵族已经开始走下坡路,贵族不一定都能当官,要先用贤才来统治人民;第三条是维护社会和平秩序,尊老爱幼,并保护各国之间的行旅安全,加强各国间的交往;第四条是取消贵族世袭官位的权利。士在古代是文士武士不分,都为贵族。要改革贵族世代为官的状况。政事要治理得好,就要专门化,官事不要兼摄,不要兼官。任用官吏一定要有才能的人。国君不能凭私怨杀大夫,对官吏有一个保障,第五条是国际上互相遵守的。无曲防说明当时黄河已有堤防了,各国在自己境内修堤防水,只顾本国安全,不管别国,就是孟子说的"以邻为壑",无曲防就是不要用弯曲的堤来危害别国,要保护别国的利益。无遏籴就是在别国荒年时不要把本国的粮食控制起来,不准出口,各国之间要互通有无。各国贵族也要互相通告,使各国之间对贵族都互相尊敬。从这五命可以看出社会在逐渐变化,贵族在逐步没落,国家统治力量在增强,开始任用贤才,这反映了当时的社会动向,《孟子》所保存的这一段材料,确是为当时的文献。《左传》上只留下了"凡我同盟之人,即盟之后,言归于好"这么几句,其余的就没有保存下来了。所以我们说在战国时,虽然距齐桓管仲的时代已二百多年,但齐国还保留了不少当年的文献及传说,孟子所记葵丘之会的五命,就应当是依据不同于《左传》、《齐语》的记载而录写下来的。《齐语》有许多是可以和《左传》互相印证的,也有和《左传》不同的,《左传》僖公四年管仲帅师伐楚,指责楚国"尔贡包茅不入,王祭不共,无以缩酒",包茅并不是什么贵重的东西,制酒时用来滤除酒糟的,是楚国的土产。而《齐语》却说:"遂南征伐楚……使(楚)贡丝于周而反。"楚国并不出丝,虽然楚国也可能有一点丝,但历来都说楚国贡包茅,没有说贡丝的。

  《齐语》里讲齐桓公创霸业时的社会基础和改革,还有很重要的一条,就是齐桓公问"五鄙如何"时,管仲回答的"相地而衰征",就是视地的好坏来决定征收地租的多少,这就是进入实物地租的阶段了。又说"井田畴均则民不憾",齐国行井田是可信的,分田要平均。这说明齐国在实行实物地租时，田地还是平均分配的，这种分配是在公社内进行的，不是由国家进行授田。由此我们知道齐国的社会基础，它已经达到"相地而衰征"的实物地租阶段，而另一方面田地还没有私有，仍由公社进行分配。实物地租在我国历史上最早始于西周末年的周宣王"不籍千亩"。而鲁国宣公十五年的"初税亩"则比管仲的时代晚了差不多一百年，齐鲁同为东方国家，相差就如此之大，说明齐国的生产水平远远超过了鲁国。但总的说来齐国社会的变化还是不大的，"士、农、工、商"四民就是首先见于《齐语》，士之子恒为士，农之子恒为农，工之子恒为工，商之子恒为商，不见异业而迁，说明这种社会没有什么大的变化。农在国中二十一乡都有，可以分田，从事从业。而《齐语》中讲的农应该包括"野"在内，这些农人"野处而不昵"，是位于野，与统治阶级不亲近的。因此这个农就包括了国、野在内，也就是说，国、野都包括在士、农、工、商四民之内。管仲治齐的一个成绩就是把野逐渐改变，使之统属于国君的权力之下，使士、农、商、工都为国家所掌握，使齐桓公有甲士三万，可以横行天下，有革车八百乘，《左传》虽未记载齐国兵车的总数，但在闵公二年记齐桓公把已灭了的卫国迁到曹地重新立国时说"齐侯使公子无亏帅车三百乘，甲士三千人以戍曹"，所以《齐语》说齐桓公有兵车八百乘也并不夸张。

齐国作为东方的一个大国，在齐桓公时拥有这样强盛的国力，但却不可能统一东方各国。一方面是因为这时楚国、晋国已经逐渐发展起来，以齐国一国之力是难以征服这些大国的；另一方面是为当时的形势和条件所不许可，因为虽然齐国的文化、经济发展较快，但在齐国的四周，还有许多夷狄。齐桓公时伐山戎、伐百戎，这都在齐国的边境，这些地区有的还处在原始社会末期，有的刚进入阶级社会,社会风俗、经济文化等诸方面与先进的东方文化之间还存在很大距离,所以在春秋前期把东方各国和地区形成一个统一的经济文化的共同体的条件还未成熟。因此齐桓公创霸就只能在"尊王攘夷"的旗号下,打着尊王的旗号来号召诸侯,借"攘夷"来传播东方的先进文化。通过战争,通过诸侯会盟,借助于武力来使各地的经济、文化逐渐混然为一体。新石器时代晚期,中国大陆上存在各种不同类型的文化,各地发展是不平衡的,要使这些文化逐渐统一起来,形成统一的语言文字的一个文化整体,还必须首先从齐、秦、晋、楚这四个地区形成四个大同小异的文化系统,从而进一步融合成一个统一的中国文化。这一过程是经过了春秋争霸、战国争雄的局面来完成的。我们讲中国历史也就必须从这几个方面来说明中国文化的形成。东方文化的特征之一就是"礼",这种上层建筑是维护东方社会的经济基础的。"尊王攘夷"就是维护这种"礼"。东方素称"礼义之邦",春秋时代"诸侯入宋、鲁观礼",鲁国本来也是东方强国之一,后来逐渐衰弱下去了,文化到了一个稳固的时代,就逐渐停滞了。宋鲁都是东方文化最高的地区,这里原来是龙山文化的范围,文化本来就很高,宋为殷商之后,保存了许多商代的东西,历西周一代,它的外部安全受周王室的保护,处在发展时期,对付鬼方、狁狁这些强敌都由周王室承担,南方戍守南淮夷也由周人负责,战事很少。东方诸侯国都在和平发展之中,所以这些国家变化不大,保存了不少古代的东西。《左传》僖公二十二年记载宋襄公在泓之战时,对楚国军队"不重伤,不鼓不成列,不以阻隘,不擒二毛",这大概是原始社会末期战争中不成文的习惯条例,所以宋襄公说是"古之为军也",这种原始社会末期角力竞赛的不成文条例在江淮流域还保存下来了,都相信和恪守这种条例是合乎规则的。《礼记·檀弓下》记吴国"大宰嚭曰：古之侵伐者不斩祀，不杀厉，不获二毛"。不斩祀就是不杀孤子，不断绝人家的祭祀，厉就是癞子，不杀癞（厉）就是不杀有病的人，二毛即是头发斑白的人，不捉二毛就是不捉年纪衰老之人。这也是存在于江淮流域的。《淮南子·氾南训》也有这种记载："古之伐国，不杀黄口，不获二毛，于古为义，于今为笑。"黄口就是小孩子，这里说的古者就是指江淮流域保存的古代习惯。《淮南子》是批评宋襄公的。在文化高、悠久的地方，古代的习俗也就保留得最多。比如说箕子到了朝鲜，使朝鲜的风俗非常好，这在《汉书·地理志》有记载。这些地方，没有经过大的战争，没有受过血的教训，所以把古代的原始的东西保存下来了。《淮南子》讲江淮流域徐偃王的传说，就说徐偃王行仁义，不忍心牺牲人民来打仗，后来就逐渐衰弱以至于灭亡了。就是说这些国家保存古代的东西太多，不能够适应形势，到了春秋时期，尤其是到了战国时代，这些国家就逐渐被灭亡了。齐国在齐桓公和管仲死了以后也逐渐衰落下来，在晋楚争霸时成为一个二等国。

齐桓公称霸，主要是以"尊王攘夷"为号召，并没有经过多大的战争，社会发展还是在战争中促进，文化交流，取他人之长补己之短，在争生存的斗争中才能促进社会发展。中国文化的进一步融合还有待晋、楚争霸，秦霸西戎，才能使各地的文化慢慢提高起来。齐桓公创霸时，主要是在名义上成为"尊王攘夷"的领袖，还没有把应该进贡于周王室天子的利益占为己有，《齐语》上讲："桓公知诸侯之归己也，故使轻其币而重其礼，故天下诸侯罢马以为币，缕綦以为奉，鹿皮四个，诸侯之使垂橐而入，稛载而归。"《左传》僖公七年亦记："齐侯修礼于诸侯，诸侯官受方物。"所以齐桓公和后来的霸主不同。晋、楚争霸时就都把原来贡献给天子的贡赋都掠夺去了，而且一天一天地加重，小国要向霸主承认贡献的东西。《左传》昭公十三年就记载了郑国子产争承的事件。承就是指贡赋的多少，郑国是小国，所以向晋国力争少贡献一点。这说明了晋、楚为霸主，不仅仅是名义上的，而且主要是争取实力了。所以晋国收取诸侯的东西越来越多，晋国国君居住的宫室非常奢侈，有"铜鞮之宫"。由此可知齐桓公的霸业和后来晋楚的不同。齐桓公的霸业主要是号召，没有取得多少实际利益，因而对齐国国势增强就没有多少作用，齐桓公一死，齐国就不能继续维持霸业，后来只能依附于晋国，有大国之名，而不能作为一等诸侯了。

（二）晋国霸业

晋国初封于唐，传说尧都于平阳，即是唐。《国语·晋语二》说晋国"景霍以为城，而汾、河、涑、浍以为渠，戎狄之民实环之"。周初的封国都是很小的，不过几十里、一百里。我们知道姬周部族原来住的邻地就在这一带，是在古公时代才从汾水流域向西迁到周原去的，可能这里还留有周部族的人。"戎狄之民实环之"，说明这周围居住的人民文化很低，这里在殷代应当是田服，主要是打猎，农业较落后。戎狄即后来所谓的白狄、赤狄，春秋时期晋国经常和赤狄、白狄打仗，并通过战争兼并了不少赤狄白狄的部落。赤狄可能就是怀姓，又作隗姓，春秋初期晋国的怀姓九宗是支持晋国公室的一支重要力量，九宗即是属于父亲血缘关系的九个宗。白狄的文化与赤狄不同，可能是属于中国本土的民族，怀姓赤狄则可能是从远方西伯利亚大森林里来的。白狄有农业，穿麻布白衣，这是中国民族的一个特征，农业与家内纺织相结合。晋文公的母家是狐氏，狐胡音同意通，狐氏就是胡人，和中国文化有些不同，但狐氏也是唐叔虞之后，故称为大戎子狐姬，也是姬姓，重耳母家即是出于此。晋国之初文化是很低的，在晋穆侯之前只有几个公的名字，也就是世系，古代人们很重视世系，谱牒之学。除了这几个名字，事实都没有记载下来。一直到了周幽王在位前后，才有《尚书·文侯之命》记载了晋文侯的史迹。司马迁把这篇《文侯之命》说成是晋文公的事，说周王命晋侯为方伯，完全是错了。文侯是东周初年的晋文侯，而不是春秋五霸之一的晋文公。西周末年，周平王东迁到了成周洛阳，而王子余臣却在虢公翰的帮助下在西周称王，即为携王。周平王二十一年，晋文侯杀王子余臣，故周平王对晋文侯有《文侯之命》这篇文章。文章一开始有"王若曰：父义和"的称呼，父是周王对同姓诸侯的称呼，义和则是晋文侯的字，晋文侯名仇，仇与逑通，逑是和好的意思，故字义和，名与字相连。晋文侯杀王子余臣，是为了扩充西周的地盘，晋国最初很小，秦国此时在秦襄公统治下逐渐由附庸兴起，晋国和秦国就把岐山以西的地方瓜分了，西周就算灭亡了。

晋文侯之后，是他的儿子昭侯即位。昭侯元年封文侯之弟成师于曲沃。这时晋国都城在翼，在今天山西翼城县，位于涑水边上。曲沃在翼的西南边，土地肥美，是很富庶的地方。晋昭侯时晋国尚在发展中，地方不大，力量较弱，而将他的叔父成师封到曲沃，这是晋昭侯造成的一个错误，《左传》记成师封于曲沃是在鲁惠公二十四年（公元前742年），时在春秋之前。到了鲁桓公三年《左传》就说"晋始乱"，曲沃的势力一天天强大，到了鲁桓公八年曲沃灭翼，到了鲁庄公十六年（公元前679年），"王使虢公命曲沃庄伯以一军为诸侯"。从曲沃之封历时六十三年，曲沃终于以枝系把大宗灭亡了。曲沃的力量大了,有一军。西周部队编制只有师这一级,而没有军,军是春秋时期才出现的。曲沃以一军一万多人为诸侯,这是曲沃代翼的条件,这一军应是从曲沃这里发展起来的,晋国原属翼的军队都被消灭了,解散了。如怀姓九宗就是忠于和保卫翼的,可能都被排除在一军之外。曲沃一军中可能有一部分是从周部族中带来的,更多的还是他的臣属和族人。

曲沃庄伯灭翼后称为晋武公,其子即位为晋献公。献公在位二十六年,灭掉了不少国家,如灭耿、灭霍、灭魏、灭虞、灭虢等。为晋国奠定了一个强大的基础。在骊姬之乱前就由一军扩展为上、下二军,献公自己统帅上军,太子申生率下军,太子申生以下带兵的将领叫做"七舆大夫"和"舆帅","舆"后来解释为众,但"舆"是什么身份没有讲清楚。《左传》上讲晋侯在军中听见舆人之诵,舆帅与七舆大夫可能是上军以外,从前属于翼大宗公族的军队。献公将曲沃一军作为上军,由自己统率,把原来属于翼的这部分公族和武装重新组织起来为下军,其将领称为七舆大夫、舆帅,由太子申生统率。这样晋国的军队就有两个系统,上军始终是核心,下军及七舆大夫、舆帅则是次一等的。后来晋国国内政治上的斗争大概与此都有关系。上、下军与晋国的关系,就像西方的在朝、在野两党关系一样。从这时起,晋国国内就形成了两种不同的政治力量。骊姬之乱,献公逼太子申生自杀,而立骊姬之子奚齐、卓子,引起了一部分贵族和人民的不满。下军原是太子申生率领的,所以下军对献公尤为不满。献公死后,对献公不满的大臣们以里克为代表,把骊姬的两个儿子奚齐、卓子先后都杀了,并在秦国的帮助下迎回了因骊姬之乱出奔在外的晋惠公。当时齐桓公还派隰朋带兵到晋国来安定晋国的内乱。惠公立后,背内外之赂,杀里克而失信于大臣,外失信于秦国,也很不得人心。其在国内主要的对立面大概还是下军的将领这批人,晋文公最终能回国,就是以下军的支持为基础的。"舆"的本意可能是指兵车,七舆大夫及舆帅大概是指在上军之外还可以当兵的舆人。后来所有的军队都叫做"舆"了,所以又有了众的意思。

晋惠公因失信于秦国,与秦国矛盾越益尖锐,终于发生了韩之战,晋国大败,晋惠公被秦俘获,军队也被打垮了。国家很危险了。但这时的形势不允许秦国把晋国灭了,一方面是国际形势不允许,一方面晋国的大臣团结的还是很牢的。另外秦穆公夫人是晋献公的女儿,也要求秦穆公不要把晋惠公带回国来献俘。于是秦答应将晋惠公送回国,但要以晋惠公的儿子晋怀公到秦国来作质为条件。晋惠公被俘,两军也被打垮了,国内大臣一面立晋怀公,使"丧君有君"来对付秦国,一面"作爰田"、"作州兵",时在鲁僖公十五年(公元前645年)。晋国的爰田就是换田制,和恩格斯讲的德国马尔克的田制差不多。爰田与井田是不同的。井田大概只有东方才有一点,而爰田则是高地的农业,不需要灌溉,主要种植麦、粟、稷一类的旱地作物。爰田制就是把公社里的田分成上、中、下几部分,每个公社成员都分取每等中的一部分,使好田坏田都得到平均地分配。云南南诏国里说每个农民耕种的田绵延了三十里,三十里大概就是一个公社的范围,三十里中有好田、中田、坏田搭配在一起分配,所以可以连接三十里,也是爰田制了。最初这些田是年年都要换的,后来逐步变成三年一换、六年一换、九年一换、十二年一换。晋国到了韩之战后"作爰田",就是干脆不换了。从换田到不换田,中间要经过很长的阶段,这是古代通行的田制。像《禹贡》上说的把田分作九等来收取赋税,这是很进步的东西,不符合古代社会的原始形象。"相地而衰征"是到春秋时齐国管仲才开始实行的。"作爰田"把公社里原来要换的田不换了，交给农民使用，这就是土地私有的因素。土地私有最初是从贵族开始的，贵族当兵，统治者就要给他一块土地归他私人耕种。"作爰田"后，把田地交给农民，也就是要人民也当兵了。中国的田地从公有到私有，始于贵族服兵役的禄田，所以"作爰田"与"作州兵"是连在一起的，这些人民原来是住在州里的，不是住在国内的。野外晋国不叫野也不叫遂，而叫州，东方低地井田地区称为丘、遂，在西方高地的就叫州。晋国原来的军队分别出于翼和曲沃，都是以城为中心保卫国君的。现在把当兵的人扩充到州的地方，使原来不当兵的也加入了军队的行列。所以《国语》和《左传》都说晋国在韩之战以后，"诸侯闻之，丧君有君，群臣辑睦，甲兵益多，好我者劝，恶我者惧"。仔细比较《左传》、《国语》这几段记载，可以知道《左传》是抄《晋语》。从韩之战以后，晋国军队的来源更多了。晋惠公时作二军，作爰田作州兵不过是补充了韩之战的损失，到了晋文公创霸时始作三军，城濮之战时晋国已是三军了。鲁成公三年（公元前588年）晋作六军，这个六军就成为晋国政治的基础，即分管六军的六卿主持了晋国的政治，当时还没有相职，卿就是依次轮流主持晋国的政令。鲁僖公二十八年作三军的同时还作三行，行就是步兵，所以晋国军队后来多至九军。

晋国军队由上、下二军一直发展到九军，晋侯要把九军都置于自己的统率之下，必需要采取出另外一些措施，按照周代的封建等级制，国君将土地人民封给贵族，就形成了一层层的隶属关系和君臣关系，封地上的人民即是属于贵族的了。晋君一方面把田分给军队成员，另一方面还要所有的人都属于国君。《左传》鲁僖公二十七年记载晋文公作三军时蒐于被庐示民以礼,作执秩以正其官。秩即指等级次序,执序就是管理等级的官吏。后来晋国就以此为常法,鲁文公六年(公元前621年)晋又有夷之蒐,就是把这种法制一代代地传下来。国君不能让"臣子的臣子,不是我的臣子"这样一个封建等级制下的现象妨碍他的统治,要把贵族的权力限制起来,让国君的权力一直贯穿到最基层,使人民都直接隶属于国君,使贵族不至于违背国君的命令,晋国铸刑鼎也是为这一目的服务的。鲁昭公二十九年(公元前513年)"晋赵鞅、荀寅帅师城汝滨,遂赋晋国一鼓铁以铸刑鼎,著范宣子所为刑书焉"。一鼓为十六石或十二斛。从人民那里收取赋铁以铸鼎,并将范宣子所写的刑书刻在鼎上。范宣子就是随会,《左传》、《国语》上都说他讲究礼和法,夷之蒐范宣子始为国政,时值鲁文公六年。"制事典、正法罪、辟刑狱……既成以授大傅阳子与大师贾陀,使行诸晋国,以为常法。"这就是晋文公时作执秩之官,夷之蒐时又重复申明,范宣子为国政则把这些措施写成法典形式以后交给大傅大师在晋国实行。此后一百多年又有铸刑鼎之事。这样就使贵族的权力被法律条文规定起来。在封建等级社会里,采邑里的人民都是分别属于各级领主的,赏罚之权操在贵族手里,并无一定之规,完全以贵族的喜恶为转移。到了把法律条文铸在鼎上,赏罚就要依照这些条文而行了,人民可以根据条文和贵族力争,贵族原来的权力就失去了。所以孔子站在贵族守旧的立场批评晋国铸刑鼎,在《左传》昭公二十九年记载孔子的话:"晋其亡乎,失其度矣!夫晋国将守唐叔之所受法度以经纬其民,卿大夫以序守之,民是以能尊其贵,贵是以能守其业,贵贱不愆,所谓度也。文公是以作执秩之官,为被庐之法,以为盟主。今弃是度也,而为刑鼎,民在鼎矣,何以尊贵？贵何业之守？贵贱无序，何以为国？且夫宣子之刑，夷之蒐也，晋国之乱制也。若之何以为法？"晋国铸刑鼎的结果是贵族的权力下降，国君的权力更集中了。在晋国铸刑鼎之前二十多年，昭公六年郑国铸刑书，在此之前还有邓析作竹书，晋国有名的政治家叔向曾写信给子产，批评郑国铸刑书"民知有辟则不忌于上，并有争心，以徵于书，而徼幸以成之，弗可为矣。……民知争端矣，将弃礼而徵于书，锥刀之末，将尽争之，乱狱滋丰，贿赂并行，终子之世，郑其败乎？"子产回答说："不能及子孙，吾以救世也。"子产是说他是为挽救郑国不得不这样做。郑是一个小国，夹在晋楚两个大国中间，既有连年的战争，还得支付大国的贡赋，欲生存下去，就必须抑制贵族的权力，把力量集中在国君所代表的公室里。要防止贵族对国君权力的侵占，就必须让人民拥护国君，铸刑书就限制了贵族对人民的权力，而把人民都集中于国家之下贡献力量。这是时势所趋，要使国家强盛，就必须将贵族力量压抑下去。尤其是晋国，压制贵族力量和提高君权显得更重要，因为晋国是由旁枝代替大宗的，所以他随时都得把可能争夺君权的贵族力量排除掉，晋献公时，虽然除去了代表大宗的翼，但献公自己的直系亲属，也就是曲沃这一部贵族宗属也想来分享献公的权益，这部分人对献公的君权是一个威胁。晋献公就和他的大臣士蔿商量，如何来防止他的亲属来逼他分权甚至取代他，士蔿教他对公族采取逐步分化的办法，先把公族中最富的公子去掉，于是"潜富子而去之"，后"又与群公子谋，使杀游子二子"，这时士蔿对献公说："可矣，不过二年，君必无患。"一年以后，士蔿尽杀游氏之族，把公族中为首的、最富的一族灭了，然后又将群公子"乃城聚而处士，冬，晋侯围聚尽杀群公子"。晋献公是以旁枝代大宗的，为了不让他的旁枝有兴起的机会，就用这样毒辣的办法把群公子都杀了。这就是晋献公为了维护君权同他自己的亲族的激烈斗争。骊姬之乱以后，这种斗争就发展成为献公几个儿子之间的斗争了。这场斗争是太子申生自杀，晋文公、晋惠公奔狄，不满晋献公的大臣里克等在晋献公死后先后杀死骊姬之子奚齐、卓子，一直到韩之战，晋文公回国以前晋国都处在不安定状态中。在这场斗争中，许多贵族被杀被逐，"诅无畜群公子,自是晋无公族"。古代公族的作用是很重要的，这些贵族子弟负有当兵保卫王室及国君的责任，在战争中则是主力。晋国由于国内政治斗争，把公族或杀或赶，以至于后来晋国要立君都要到国外去找回来，如晋昭公就是从周地找回来的。没有公族就没有亲军，所以到晋成公即位之后"乃宦卿之適子而为之田以为公族，又宦其余子，亦为余子，其庶子为公行，晋于是有公族余子公行"(《左传》宣公二年)。卿就是担任三军六军之帅的六卿之类，以卿的儿子为公族，故此后晋国军队的主力都是卿的子弟。这样，晋国的本枝不是公族，而是以卿为公族，后来终于使晋国大权旁落到六卿的手上。

骊姬之乱以后，晋文公（重耳）和晋惠公（夷吾）被迫先后逃到他们的母家狄国去了。晋文公在狄住了十二年，这时已到了齐桓公晚年，晋献公死，里克杀奚齐、卓子，晋惠公在秦国帮助下回国即位，随后就派一宦官寺人披到狄来杀晋文公，晋文公在狄也住不安了，才从狄到了齐国、宋国、卫国、曹国、楚国，最后到了秦国。这段历史大概是《国语》上记得详细些。这时齐国是桓公尚在。但管仲已死了，晋文公原想依附齐国，不久齐桓公死，晋文公遂到宋国，时宋襄公在位。又经卫、曹两国到了楚国，楚成王接待了晋文公。最后晋文公到秦国，正值晋惠公、怀公父子背内外之赂，秦国对他们父子已不抱希望,国内下军的七舆大夫、舆帅等都不拥护晋惠公、怀公。韩之战后,秦送晋惠公回国,晋怀公把君位还给惠公而自己到秦国作质,后晋怀公从秦国逃回来,晋惠公死,晋怀公十分孤立,在这种情况下,晋文公在秦国的护送下回国,杀怀公而为晋君,文公回国以后与原来下军的七舆大夫、舆帅等力量合在一起,使晋惠公、怀公时的一班大臣不安,"吕、郤畏偪,将焚公宫而弑晋侯",这个计划被寺人披向晋文公告了密,秦国派了三千兵来保护晋文公,杀瑕甥、郤芮等人,这样,晋文公在晋国的地位才算安定下来。关于晋文公继位时的年龄有两种说法:《左传》、《国语》上说晋文公生十七年奔狄在外共十九年,即位时为三十六岁,在位九年,死时不过才四十五岁,这个算法大概不正确;《史记》则记晋文公奔狄时年四十三岁,在外十九年,回国时六十二岁。但秦穆公会把女儿嫁给一个六十多岁的老头子吗?秦穆公之女原来是嫁给晋怀公的,晋怀公后逃回国。秦国要送晋文公回国,所以又把这个女儿嫁给晋文公。这样看,晋文公这时三十多岁倒差不多。晋文公在外多年,"险阻艰难,备尝之矣,民之情伪尽知之矣"(《左传》僖公二十八年),回国后十分精明,得到了一般大臣和人民的拥护。因此晋文公就继续加强君权,作执秩之官以为晋国常法,这样逐步把君权从贵族中突出来,提得很高,并采取措施把君权巩固下来。这样就为以后的君权独尊的专制政体打下了基础。晋国的法制是较成熟的,后来秦国承袭了晋国的法制,商鞅到秦国带去的就是三晋李悝的法典。

　　晋文公创霸是在城濮之战。此战发生在鲁僖公二十八年(公元前632年),城濮在卫地,今山东鄄城,城濮之战时楚国是成王在位,晋文公用舅犯的计谋大败楚国军队。战后"王命晋侯为侯伯",

为晋文公创霸之始,也是晋楚之间延续了八十多年的争霸之始。晋国能称霸八十余年,一方面是前面提到的君权提高,全国力量集中,大臣尽心为国,将帅们都把国家的利益和自己的利益连在一起。另一方面是晋国训练军队有素,总结了很多重要的经验教训。鄢陵之战时晋国栾鍼出使楚国,楚国令尹子重问晋国之勇,栾鍼回答是"好以众整"和"好以暇",整就是整齐一致对外,暇就是闲暇,有条有理、从容不迫的。晋国军队众多,既能整齐一致,又能从容不迫,整饬不乱,所以在八十多年的争霸战争中都能保持较好的素质。另外,晋国军队主要是以卿之子弟为主力构成的,《左传》成公十八年记载荀家、荀会、栾黡、韩无忌为公族大夫,他们教训卿之子弟要"共俭孝弟",教育他们把公族的利益和晋国的利益连在一起,只有维护了晋国的利益他们自己才能发展。所以说晋国对军队和公族的教育是很好的,所以能够经过四次大战——鲁僖公二十八年的晋楚城濮之战,晋文公与楚成王在位时,在卫地;鲁宣公十二年(公元前597年)时的邲之战,晋景公与楚庄王在位时,邲在郑国境内;这一仗楚虽然胜了,但却不能代替晋国的霸主地位。鲁成公十六年(公元前575年)又爆发了晋楚鄢陵之战,晋厉公与楚共王时,鄢陵在郑地,晋国再一次打败了楚国军队;最后一仗是在楚国境内打的湛阪。晋国前后称霸八十多年,军队训练得好,武力强。齐国在鞍之战被晋国打败以后,齐景公几乎被俘,从此降成一个二等国,还到晋国朝见过晋景公。晋国训练军队有素还表现在巫臣教练吴国军队这件事上。晋国巫臣为报楚国之仇,教吴叛楚,要使子重子反"罢于奔命以死"(《左传》成公七年),巫臣将晋国的兵车带了一部分到吴国去教练,使吴国很快地强盛起来,成为楚国的一个强敌。这也说明了晋国训练军队富于经验。晋国的军队在春秋时期都是最强的。

晋国维持了八十多年霸权以后就开始走下坡路了。其因有二：一是晋国称霸几十年，小国都得向他进贡，晋国国君及公室都是骄奢淫佚，晋君享受铜鞮之宫，沉湎于声色犬马之中，再也没有进取心了；一是六卿逐渐强大起来，转而各家自谋利益，《左传》昭公十三年记载郑国子产争承时批评晋国是："晋政多门，贰偷之不暇，何暇讨？"就是说晋国诸卿各自为政，图谋私利，分歧很多，苟且偷安，不想再发展了，两次宋之盟的弭兵会议就在这种形势下发生了，第一次在鲁成公十二年（公元前579年），华元弭兵，盟誓上说："凡晋、楚无相加戎，好恶同之，同恤灾危，备救凶患。若有害楚，则晋伐之；在晋，楚亦如之。交贽往来，道路无壅，谋其不协而讨不庭。有渝此盟，明神殛之，俾队其师，无克胙国。"第二次宋之盟在鲁襄公二十七年（公元前546年），距第一次弭兵会议三十三年，由宋国向戌主持盟誓，这次盟会没有新的盟誓之辞了，仍然根据上一次的，问题是如何执行这个誓辞了。楚国令尹子木提出"请晋、楚之从交相见也"，就是要原来追随晋国的和楚国的小国家分别去朝见楚国和晋国，每个小国都得同时给晋国和楚国交纳贡赋，使小国的负担加了一倍。属于晋国的小国有郑、卫、曹、宋、鲁五个，属于楚国的有陈、蔡、许三小国。齐秦两国，秦国偏向楚国，齐国偏向晋国，晋国赵孟说："晋、楚、齐、秦匹也。晋之不能于齐，犹楚之不能于秦也。"就是说齐秦与晋楚差不多都是大国，晋国不能强迫齐国来朝见你楚国，犹如楚国不能强迫秦国来朝见晋国一样，楚王于是同意"释齐、秦，他国请相见也"，这就是第二次宋之盟的内容。两次弭兵会议以后，晋国六卿专心于国内为各自利益的争夺和扩张，无心与楚打仗了，在鲁昭公四年楚灵王利用第二次宋之盟的协定,让诸侯都去朝见他,楚灵王用齐桓公召陵会盟之礼,会诸侯于申。不久吴国在晋国帮助下兴起,多次与楚国交战,楚国在这种情况下再也无力北进与晋国争霸了。而晋国内部六卿之间的斗争愈演愈烈,最后火并为韩、赵、魏三家,到战国时则发展为三家分晋了。

(三)楚国的历史

关于楚国历史的材料,主要是《史记·楚世家》,《楚世家》说:"楚之先祖出自帝颛顼高阳。"楚人可能出于羌族。芈姓之芈就应当是从羊字分化出来的,从文字学上讲,芈姓之人即是牧羊人。《楚世家》又说:"吴回生陆终。陆终生子六人,坼剖而产焉……六曰季连,芈姓,楚其后也。""坼剖而产"这是羌人的传说,周人是"不坼不剖"(《诗·大雅·生民》)《左传》昭公十三年说:"芈姓有乱,必季是立。"这种幼子继承法是原始社会的现象。

楚地在周初,南方还有许多部落,这些部落不是筑而居,而是利用篱笆作围墙,荆、楚都是指这种棘围。《左传》昭公十三年记"乾溪之难"楚灵王出奔,"王沿夏,将欲入鄢。芋尹无宇之子申亥……乃求王,遇诸棘围以归"。《国语·吴语》亦云:"王亲独行,屏营彷徨于山林之中……乃匍匐将入于棘闱,棘闱不纳,乃入芋尹申亥氏焉。"所谓"棘闱",即指用棘围起来的篱笆上开的门,这说明在南方是用荆楚为防御,为屏障。这很合乎江汉流域的自然条件。北方黄河流域可以用土筑城,南方土质的凝固程度不如黄河流域的黄土,同时南方水多,一冲一淋就要垮,因此在古代就用荆棘作为围护的屏障,后来用石头,南京城最初就是石头城,到明太祖时才改用砖砌。用砖已经很晚了。后来四川宜宾一带居住的僰人,就是住在棘围之中的。棘人大概属于百越百濮中的濮人。棘字就是濮字的音转。这说明楚人和棘人一样,都是用荆棘作为保护的屏障的。

楚国古代有很多小的部落,并没有统一起来。周初楚与周还没有发生关系,《楚世家》说:"周文王之时,季连之苗裔曰鬻熊。鬻熊子事文王,蚤卒。"以及"我先鬻熊,文王之师也"的记载都是不可靠的。《左传》昭公十二年云:"昔我先王熊绎,与吕伋、王孙牟、燮文、禽父并事康王,四国皆有分,我独无有。"说明在周康王时,楚还是一个小部落,没有被封为诸侯,为周人所轻视。又说:"昔我先王熊绎辟在荆山,筚路蓝缕以处草莽,跋涉山川以事天子,唯是桃弧棘矢以共御王事。齐王舅也;晋及鲁、卫,王母弟也。楚是以无分,而彼皆有。"《国语·晋语》亦云:"与鲜卑守燎。"齐桓公伐楚责其"尔贡包茅不入",说明他这时还是较小,生产落后,多以打猎为生,没有什么东西好贡献的。"辟在荆山",楚人最早不在丹阳,而应当在荆山,"伯父昆吾,旧许是宅",昆吾出于夏代,也许生活与楚国差不多,可能就是楚的一个部落。旧许就是在荆山。楚人兴起可能在周成王时代的熊绎,周昭王时代的铜器铭文中有伐楚的记载,整个西周时代,楚都是一些分散的小部落,当时在东南方有力量与周朝对抗的不是楚,而是淮夷、徐夷。《楚世家》记:"熊渠生子三人,当周夷王之时,王室微,诸侯或不朝,相伐。熊渠甚得江汉间民和,乃兴兵伐庸、杨粤,至于鄂。……乃立其长子康为句亶王,中子红为鄂王,少子执疵为越章王,皆在江上楚蛮之地。"熊渠依《楚世家》所记世系,当为熊绎之玄孙,兴兵伐庸之庸通墉,就是筑城的,住在土围子里的。庸、杨粤、鄂都是百濮、百越的一部分,是分散的小部落,住在深菁之中,也有一些农业。熊渠的三子都称王,过去人认为这是僭越,其实古代中国边境民族称王是很普遍的,并不是像说的那样"天无二日,世无二王"。《楚世家》上记载熊渠五世孙:"熊仪立,是为若敖……若敖卒,子熊坎立,是为霄敖。霄敖六年,卒,子熊眴立,是为……蚡冒十七年,卒。蚡冒弟熊通弑蚡冒子而代立,是为楚武王。"这里称敖,和西羌部落酋长称"豪"相同。滇王庄蹻在《华阳国志》里又作"庄豪",蹻、豪为一音之转相通,这说明楚国国君在这时还自称"敖"(豪)。楚武王死后,"子文王熊赀立,始都郢。……(文王)十三年,卒,子熊艰立,是为庄敖。"熊艰时又称敖,可能武王和文王不是生称,而是死后的追谥。"敖"是楚原来酋长的名称,以后称王应当是仿效西周诸王的名称,同化于周文化。楚文王时始都郢,郢到底在何地,说法多歧,或云在丹阳,或云在秭归,或云在丹江口。我想应在接近于荆山的宜城一带,也就是丹阳,文王时"齐桓公始霸,楚亦始大"。成王时"楚地千里"。楚国强大是兼并了邻近的许多的小部落。齐桓公死后,七个儿子和管仲的儿子都逃到楚国,楚都以为上大夫,春秋之时贵族可以自由出入国境,为他国服务,各国也收容别国叛逃之人,一方面可以了解别国情况,一方面可以壮大自己的力量。所谓"君臣之谊,无所逃于天地之间",是以后的概念。楚成王继齐桓公之后,与宋襄公争霸,泓之战大败宋兵。此后便是晋、楚之间的长期争霸。楚成王被太子商臣围而欲食熊蹯不得自绞死,商臣立为穆王。武、文、成、穆四王的谥号都是模仿周朝的。楚国自成王以后发展很快,邻近他的都是百濮百越的小部落,但楚国的生产并不发达,"民食鱼稻",稻子是南方的主要粮食作物,其产量要比北方的粟稷要高,但楚国生产并不发达。《汉书·地理志》上说:"江南无千金之家。亦无冻馁之人。"生产不发达,故无千家大富之家。而南方

【十三】春秋霸业

的自然条件得天独厚，维持生计并不困难，故无冻馁之人。这也可以看到在古代农业是十分劳苦的事，只要够吃了，人们便不愿再努力了。同时还没有那种政治势力用很大的力量来逼迫压榨人民，使生产力逐步提高，增加统治阶级的剥削。另一方面，由于地方广大，有许多地方也管不了，所以楚国的生产是比较落后的。楚国的生产落后，但是楚国一方面兴修水利，一方面掌握了大量的金、银、铜矿产，这是支持楚国与秦国争霸八十年的经济力量。兴修水利，就可以保证他本国起码的粮食供应和军队的给养，支持他的军队作战；掌握了大量的金、银、铜就可以用来铸币交换中原的物资。

水利工程大概是从楚国兴起的，开始得最早。《左传》襄公二十五年说："楚蒍掩为司马。子木使庀赋，数甲兵。甲午，蒍掩书土田，度山林，鸠薮泽，辨京陵，表淳卤，数疆潦，规偃猪，町原防，牧隰皋，井衍沃，量入修赋，赋车籍马，赋车兵、徒兵、甲楯之数。"书土田就是把田分为九等，在蒍掩诸措施中，"规偃猪"和"町原防"都是兴修水利。偃通堰，猪通潴，堰潴就是蓄水用的池塘；防也就是堤防。种水稻一定要修堰塘堤坝，平时将水蓄起来，到用水时就把水放出去。都江堰这一水利工程现在看来，就是向楚国学来的。这个问题应当另外写一篇文章，这里就不多讲了。楚国所在的江汉流域的河道是最多的；《左传》哀公六年说："江、汉、雎、漳，楚之望也。"关于楚国兴修水利的情况，《左传》上没有具体记载，汉代人作《淮南子》时说："孙叔敖决期思之水而灌雩娄之野。"(《人间训》)期思之水就是在今安徽河南交界处的史河，在河南固始一带，后来说与安徽的芍陂连起来了，《后汉书·王景传》说孙叔敖曾在安徽寿县修建芍陂，利用丘陵起伏地区筑堤，今之安丰塘，在安徽寿县南,它利用天然湖泊形成大型陂塘。《水经·肥水注》云:"陂有五门,吐纳川流,堤防长达百余里,东汉时可灌田一万顷。"雩娄在今安徽金寨县地,与固始接境,三国时称茹陂,后来这些水利工程都归到了孙叔敖所为。《淮南子》记载的都是当时的事情,说明西汉时江淮流域还有这样的传说。在汉代时这些水利工程的规模已经不小了,都江堰的规模还要大,当是从这里发展起来的。水田种稻必然要兴修水利。《水经·沘水注》里说在滚河、唐河与溳水之间,沮漳河上游,魏晋南北朝时称为"柤中",柤中就是指阻遏水的堰坝,柤通阻。春秋时楚国在江南建立了统一的政权,所以有力量修这些水利工程了。四川的都江堰是从楚国来的,《蜀王本纪》里就讲到荆人鳖令,荆人就是楚人,鳖即指今遵义,就是说楚人在遵义这个地方作县令。楚国同四川的交通在楚庄王时代就打通了,楚庄王时北方有强大的晋国为敌人,就只有向西方发展。"荆人鳖令"大概就是楚国的一个官吏带了一部分人来开发这里。都江堰也是这样开发修建的,四川农业的发展同都江堰有很大的关系。所以楚国能够对抗中原,与晋国争霸。兴修水利,有堤防堰坝一类的设施是重要原因之一。

楚国的金、银、铜储存量在春秋战国时期应当是占首位的。我在《试论岷山庄王和滇王庄蹻的关系》这篇文里讲了这个问题。古代称铜为金,在战国诸子里都说"金起于汝汉",李斯《谏逐客书》也说:"江南金锡不为用。"汝水大概就在荆山边上。青铜不仅要铜,还要锡,才能质地坚硬锋利。锡最多的是在云南蒙自(个旧),东南亚泰国的锡也是最多的。锡多产于南方,江南产锡很少,无锡这个地方大概是原来偶尔有点锡,后来没有了,就叫无锡。金、银到处都有出产,但在古代开发最多的还是在金沙江。《华阳国志》

讲古代丽水出金,丽水即金沙江,本来是出牦牛的地区,牦牛古称犛牛,后来就用犛之音称这个河为丽水。《韩非子·内储说上》云:"荆南之地,丽水之中生金,人多窃采金。采金之禁,得而辄辜磔于市,甚众,雍离其水也,而人窃金不止。"从这个故事我们可以知道在战国之时丽水地区已有"采金之禁"和刑法,这是阶级社会由政府管理的现象,这就是楚国政权已达到了这里。横断山脉从雅砻江到丽水都是产金最多的。楚国要把这些出产在边区的黄金运到楚国都来,才能发挥黄金的效用。因此在西南边区和楚国之间还有一条运送黄金的通道。这条通道主要是从陆路去,因为当时长江的上游还在巴人的手中,古代远道运送黄金也是不太安全的,另一方面长江的三峡当时还难以过船。楚国当时运送黄金的通道是从丽水经过巴国的南方的贵州遵义,即古夜郎,再运到湖南长沙。这个通道并不是一次军事征服的,而是由楚国的贵族们逐次带着他们的私属和依附他们的农民即后来所谓部曲,在封建社会里就是农奴一批一批地来到这些地区,陆续开发出来的。这些地区过去都是一些分散的小部落,这里还没有形成阶级社会,各部落各自生产,力量是没有组织的,涣散的,楚国的贵族一方面利用阶级社会的政治力量,一方面利用他的钱财就很容易使这些无组织的部落人民附属于他。战国时说楚国"地方五千里"就是将《史记》里所记的西南夷的地区都包括在内。这些地方不仅盛产黄金,而且铜也产得很多。这是楚国的一大笔财富。要把这些财富运回国,为了安全起见,在运送的道路上就有一个一个由楚国贵族移居管理的地区,我在文章中推论楚国在这些地方主要设立了两个王国,一个是岷山王国,一个是夜郎王国,他们都称庄王,大概都是楚庄王之后,以庄为姓,岷山庄王是管理开采丽水黄金的,住在

名师讲义
徐中舒先秦史讲义

荣经，即汉代的严道县，在这里比较容易管理从雅砻江到丽水一带的黄金生产的。运输则要一个部落一个部落的，一段一段的运，在丽水也许利用一段水道，到了贵州遵义这个地方。这里是一个运输中心。遵义古代叫鳖，这是夜郎庄王管理的中心。鳖后来与鳌混了，故又作鳌。夜郎庄王是主管运输的，从这里起运，大概最后一程就到达长沙。古代黄金并不是一开始就很贵重的，最初金子很少，只能够用作装饰品，或用来镏金，或是用来包金。后来黄金渐渐多了，作为通货这是最方便的。黄金最初也是以实物来做通货的，后来才逐渐发展到铸成货币。我们现在看到有统一形式的金属货币就是从楚国开始的。在货币史上，最初是用铜铸币，含有一定的分量和形式。首先是"蚁鼻钱"这是最初由古董家叫出来的一个名称，过去也没有解释。这个钱就像海贝，头上穿一个孔可以吊起来，就像一个很小的鼻子。其后就是"殊布"，有叉开的两个足，春秋战国时期都通行这种货币，三晋地区就叫两足布。"蚁鼻钱"和"殊布"都是在楚国开始铸的。而后才在三晋仿照铸成这种两足布。布就是布帛，从前布帛也可以当货币用，所以称钱为布。黄金铸币也是始于楚国，最早是金饼，后来是"郢爰"，就是把金子铸成一定分量，一定形式的平板，再在上面盖个戳。"郢"是楚国国都，爰就是分量的意思。"郢爰"就是楚国通用的货币。"郢爰"之后大概还有"陈爰"，战国晚期楚迁都于陈国，在这里铸的即叫"陈爰"。"郢爰"则是建都在安徽寿县时铸的。楚国不仅掌握了大量的金、银、铜，而且最先开始铸币，所以能够大量交换中原地区的物资。楚国以金作为通货。还可以通过湖南博物馆在长沙附近的楚墓里发现了许多天秤和小砝码来证明。砝码最大的也只能称一斤、两斤，都是用来称金子的，前面讲到丽水开采出来的黄金经夜郎运到长沙,长沙这里就是一个黄金市场,所以天秤很多,一直到战国后期秦国取了江南地区以前,都是这样。湖南博物馆作过这方面的统计。兴修水利和掌握了大量的金、银、铜是使楚国维持八十年与中原争霸局面的经济力量。

楚国虽然拥有一定的经济力量,但其政治始终没有走上像晋国、秦国等东方国家那样中央集权的形式,其力量始终分散在贵族手里,力量没有通通集中到王室手里。楚国虽然没有"环列之尹"的官吏管理各级贵族,然贵族仍然占有一部分人力和物力。可能楚国土地广大,王室力量难以达到各个地方,这是一个因素。战国初期,楚悼王时吴起从三晋来到楚国,协助楚悼王改革。吴起曾在魏国文侯、武侯时为西河之守,很有成效,将西河治理得很好。后来不容于魏武侯而奔楚,为楚悼王相,他明法审令,在楚国进行政治改革。《史记·吴起传》里讲到,吴起"损不急之官,废公族疏远者以抚养战斗之士"。吴起的改革主要的不是富国,而是强兵,是把有限的人力、物力都集中起来。吴起知道这样做在楚国是很不容易的,首先贵族的反对就是一个最主要的障碍。《吕氏春秋·贵卒篇》里讲到:"吴起谓楚王曰:荆所有余者地也,所不足者民也。今君以所不足益所有余,臣不敢为也。于是令贵人往实广虚之地,皆甚苦之。"楚国是地广人稀,人民本来就很少了,而又让很大一部分被贵族占有,这样的政治是无法搞好的。所以吴起就让楚国的贵族自己去发展,国家不再给俸禄和人民,让他们带着原来的私属到空旷的地区去发展。这种做法在楚国本来已有先例,吴起进一步利用这种形式慢慢削减贵族的力量,移民实边。《韩非子·喻老篇》记:"楚邦之法,禄臣再世而收地。"这本来是采邑制的原则,有其职才有其田,故后来称为职田。周朝的采邑和诸侯国内的采邑最初都应当是这个样子。春秋以后,诸侯国境扩大了,所以采邑也慢慢成为世袭。吴起要改变这种情况,移民实边。这种政策自然损害了贵族的利益,所以楚悼王一死,贵族们就起来造反,《战国策·秦策三》记蔡泽的话:"应侯曰:吴起为楚悼罢无能,废无用,损不急之官,塞私门之请,一楚国之俗,南攻扬越,北并陈蔡,破横散众,使驰说之士无所开其口。功已成矣,卒枝解。"而《史记·吴起传》却说:"故楚之贵戚尽欲害吴起。及悼王死,宗室大臣作乱而攻吴起,吴起走之王尸而伏之。击起之徒因射刺吴起并中悼王。悼王即葬,太子立,乃使令尹尽诛射吴起而并中王尸者。坐射起而夷宗死者七十余家。"这大概是附会之说。楚国贵族力量始终是很大的,因此楚国始终没有像晋国、秦国那样集权和那样强大。

另一方面,楚国的上层建筑也是比较落后的。我们知道宗法制是在黄河流域的中原地区逐步形成的,而楚国的宗法还比较原始。宗法制首先表现在姓与氏上,百世不迁之说是在战国以降姓氏合一后,汉朝人才这样说的,而在楚国在春秋时期姓、氏还没有完全形成,楚国后来逐渐有了九个氏,但始终没有称姓的,莫敖本来是氏,后来成为一个官名,还有昭、屈、景、杜等氏。楚国的宗法制究竟落后到什么程度,我们可以用西南夷鬼主的材料来解释。

鬼主,后来在西南夷中成为一种很主要的政治力量,《华阳国志·南中志》记载:"与夷为姓曰遑耶。诸姓为自有耶,世乱犯法辄依之藏匿。或曰有为官所法,夷或为报仇,与夷至厚者谓之百世皇耶,恩若骨肉,为其逋逃之薮。故南人轻为祸变恃此也。其速(俗)徵巫鬼,好诅盟,投石结草,官常以诅盟要之。"与夷为姓即本不是血缘关系而结成的比血缘关系还要密切的关系,遑耶过去没有解释,耶就是爷娘的爷,遑大概是最尊贵的称呼,诸姓本来有自己的血缘关系,即"诸姓为自有耶"。而结义的好像还更尊贵些。对于这些遑耶,夷人都是尽死力保护的,所以汉人犯了法就往往逃到结义的少数民族那里。这就说明这些夷人对血缘关系并不像宗法制社会那样看重,而更重视年龄相当、义气相投的结义关系。这在许多少数民族记载中都有,这还是宗法制形成以前的现象。明朝人《炎徼记闻四》中记载:"蛮夷其人有名无姓,有族属无君长。"楚国在春秋时就应当是这种"有名无姓"的情况,楚人称氏,后来逐渐把氏当成姓了。"有族属无君长"说明还没有到阶级社会,还是原始的现象。又说"苗人与其曹耦善厚者曰同年,同年之好逾于亲串。与汉人善者亦曰同年。"把不是血缘的关系放在血缘关系之上,这是宗法制形成以前的情况,氏族社会的情况。氏族就是年龄相当的生活在一起。中国封建社会的拜把子结义就是这种遗留。在清人《滇海虞衡志》里说:"爨氏以方土大姓自王蛮中,其部夷众多,皆从主人之姓。"这种情况后来在西南民族中逐渐普遍,在这个基础上便形成了鬼主,在《新唐书·两爨蛮传》里记载:"夷人尚鬼,谓主祭者为鬼主。每岁户出一牛或一羊,就其家祭之。送鬼迎鬼必有兵,囚以复仇云。……大部落有大鬼主,百家则置小鬼主。"在鬼主家祭祀他的祖先,主祭者就成为后来宗法制的起源了。祭祀以兵,就是以军队形式来主持祭祀。复仇即血亲复仇,所以鬼主这种形式尤其适合于还没有形成政府的时候,鬼主这一部分大约出于楚人之后。宋以后形成了"罗施鬼主","罗氏鬼国",大概就在水西一带,即宜宾附近。后来这里称为僰道,僰人可能是从楚国来的。水西在今红安、长宁一带,是从宜宾下来到贵州西部慢慢发展到这里,都是僰人的后代。这里还有一个"五苓夷",《华阳国志》里又称作"五茶夷",或"五斗夷",大概就是楚国贵族斗氏之后。茶、斗是相通的，鬼主在这里的发展还在诸葛亮南征以后。《华阳国志·南中志》里记载："建兴三年春，亮南征……移南中劲卒青羌万余家于蜀为五部，所当无前军号曰飞，分其羸弱配大姓，焦雍娄爨孟量（量字大概是董字之误）毛李为部曲，置五部都尉号五子，故南人言四姓五子也。以夷多刚狠不宾大姓富豪，乃劝令出金帛聘策，恶夷为家部曲，得多者奕世袭官，于是夷人贪货物，以渐附属于汉，成夷汉部曲。"诸葛亮对南方少数民族的政策后来发生了很大的影响，大渡河大相岭以东为东夷蛮，大渡河大相岭以西为西蛮，以南称为南蛮，以北称为北蛮。虽然各居一方，但都形成了这种鬼主的统治，北蛮中有从北方来的民族，如晋国叔向的后代，齐国高氏的后代，力量很大的就称为北蛮都鬼主。爨氏则是南蛮中的大鬼主。这种鬼主统治大约在南北朝时就在大渡河流域形成了，宋代则向东发展成为罗施鬼主。鬼主这种形式的发展次第大概就是如此。基础就是百家有一个鬼主，这不仅存在于西南民族中，东北亦有类似的形式，这已在前几次讲过了。从鬼主的组织形式我们可以知道楚国就是这样从很小的部落通过逐渐兼并融合而形成的一个大国，而它的经济基础和上层建筑都还是比较落后的，所以这么一个五千里大国最终还是被秦国灭了。

补充一点：通过齐、晋、秦、楚的历史的讲述，我们可以知道中国文化的融合和进一步发展，中国的统一，首先经过了春秋、战国时期齐、秦、晋、楚在各个地域的发展统一，各个地区性的统一，逐渐地都是向中原地区最高的文化发展。因为有各地本身的发展为基础，就能够很牢靠地接受中原文化，然后逐渐地和中原文化统一起来。就是说，只有经过各个部族、各个地区自身文化的发展和成熟以后，再经过春秋、战国间的频繁的军事征伐，才能形成一个统一的中国文化。统一必须建立在自身的发展上,才能形成统一的文字,统一的语言,统一的风俗习惯。南方有些民族没有能在战国时统一到中国文化之中,还是要经过自身的发展才能接受中国的文化,比如吐蕃、南诏以及五代十国时的南汉,都是经过一个时期的割据,独自发展,然后才能和中国文化融成一体,形成一个牢固的统一文化。这一过程是十分重要的。

(四)秦国的历史

秦国的历史,主要载于《史记·秦本纪》。《秦本纪》中秦国远祖的系统,杂乱得很。我们先从非子讲起,非子以前属于传说历史,非常复杂。

《秦本纪》说:"非子居犬丘。"古代有两个犬丘:一个在汧渭之间,咸阳西渭水边上的槐里县。《汉书·地理志》云:"扶风槐里县,周曰犬丘,懿王都之,秦更名废丘,高祖三年更名槐里也。"另一个犬丘在天水陇西县,即所谓西陲犬丘。这就是说秦部族的住地分成两处,都叫犬丘。本来住犬丘,后来迁到边陲去住,仍然把这个地名叫犬丘。古代地名是随着部族迁徙而保存它原来那个名称。非子是秦国的祖先,"好马及畜,善养息之"。周孝王时,因为他会养马,养得好,就给他采邑,后来称为附庸,住在秦的地方。秦地所在,《集解》徐广曰:"今天水陇西县秦亭也。"就是西陲的犬丘。从犬丘(咸阳西边槐里县)到西边天水一带,大概都是秦部族分布的地方。秦部族以牧畜养马为主,兼有农业。秦字( )上头像杵,下面两个手,底下是稻禾的禾。这个地方逐渐有农业了。

秦部族原属东夷,住在东方,世代为统治阶级养马。殷代车战要养马,所以这个部族从前为殷人服务。大概周朝兴起,他们就迁到了关中。有两个青铜器,一个叫《师酉簋》,一个叫《询簋》,师酉是父亲,询是他的儿子。《师酉簋》是过去流传下来的,《询簋》是1959年6月在陕西蓝田发现的。两个器铭都说师酉父子两人管理有许多夷人,有"西门夷、虡夷、秦夷、京夷……"(《两周金文辞大系·师酉𣪘》释文)夷,就是从东方来的。住在西门的夷人叫西门夷。两个器铭中都有秦夷,秦称为夷,可见属于东方来的部族。这两个器都是西周时代的器皿。秦夷在西周时代附属于周,住在周人所管夷人的边上,为统治阶级养马。

秦夷原来在东方,显然已经进入了父系社会。但是到西边来,逐渐同羌族杂居,沾染上很浓重的母系社会的色彩。《秦本纪》讲,秦的先代完全属于母系社会。"秦之先,帝颛顼之苗裔",颛顼是高阳氏,高阳氏是昌意之子,昌意降居若水,就是羌族。"帝颛顼之苗裔"就是羌族。"孙曰女脩,女脩织,玄鸟陨卵,女脩吞之,生子大业。""玄鸟陨卵"是商朝祖先的故事。"女脩吞之,生子大业"。这是说这一代原先的祖先就是母系,母系生了儿子。因为他从东方来,就把东方传说的影子带来了。"大业取少典之子,曰女华。""少典之子"是黄帝,传说乱得很。"女华生大费","大费生子二人",一个叫大廉,称"鸟俗氏",第二个叫若木,若木继承他父亲的名字,费氏。"其玄孙曰费昌,子孙或在中国,或在夷狄。"夷狄指羌族,东方民族到这里来同羌族杂居。"大廉玄孙曰孟戏、中衍,鸟身人言。"孟戏、中衍是弟兄两人。"鸟身人言",东方民族以鸟为图腾。东方父系社会同西方母系社会混合后,还保存东方民族始祖的传说。大费的两个儿子,一个称"鸟俗氏",一个叫若木,以父名为种号称费氏,没有提母姓。这些都可以说明秦的祖先来自东方。

【十三】 春秋霸业

秦的祖先在商朝为统治阶级服务,有名人物如蜚廉、恶来,"恶来有力,蜚廉善走,父子俱以材力事殷纣"。恶来"有子曰女防","女防生旁皋,旁皋生太几,太几生大骆,大骆生非子"。从《秦本纪》中可以看到传说的秦部族的祖先很多都属于母系,女脩、女华、女防都是母系。非子以前很远的传说,他们只记得母系,而父系有些还保存父名为种号。《秦本纪》保存了以父名母姓为种号的痕迹。非子居犬丘,这个犬丘在汧渭之间,咸阳的西边,现在叫兴平县。兴平这个地方,周懿王也住过,《汉书·地理志》讲的。周朝本来在渭水以南,渭水以北也住过。周懿王之后,就是周孝王,周孝王时非子住在周朝王都附近,为周人养马。因为马养得好,周孝王欲以非子为"大骆適嗣",大骆嫡子的后代。大骆还是带有母系的色彩,以非子为嫡嗣就是在母系中以他为父亲的儿子。"申侯之女为大骆妻,生子成为適"。申也就姜姓,申侯来源同后来打幽王那个申侯的关系不清楚。生个儿子叫成,为他的嫡后,还是父系。从母系来,母系父系交叉。申侯乃言孝王曰:"昔我先郦山之女,为戎胥轩妻(这个又是说母系。戎指羌族,申侯先代为郦山之女,为羌族胥轩妻),生中潏,以亲故归周,保西垂(这一部分就迁到天水去了,离周朝中心远了),西垂以其故和睦(很能团结西垂人,同羌族相处和睦,好得很)。今我复与大骆妻,生適子成。申骆重婚,西戎皆服,所以为王。王其图之。""申骆重婚",父系母系重复通婚,西戎皆服。这一段说,秦的另外一支住在西垂天水,也是属于母系,又有父系在内,"適"就是父系。"申骆重婚",就是说秦人的祖先住西垂,同羌族互相通婚,在这里发达了,成为两支,一支住在西垂,一支住在东边的犬丘。《秦本纪》记载周孝王说:"昔伯翳(《尧典》作伯益。翳,遮被的意思)为舜主畜(为舜牧人),畜多息,故有土

（封给土地），赐姓嬴。"《舜典》有这么一段，帝（舜）曰："畴若予上下草木鸟兽？"谁给我主持上上下下的牧羊牧牛牧马？"佥曰：益哉。帝曰：俞，咨益。汝作朕虞。"大家举伯益，舜就叫伯益做他的虞人，即牧人。这个就说明秦的祖先世世代代都是养马的。"赐姓嬴"，嬴在金文里作 ▨ 、▨ ，像条龙，从龙从贝，大概是从东方带来的一个父系的姓，后来住在秦的地方，称为秦嬴。这个讲秦的祖先的记述。古代祖先的传说一段一段，时间都无法考定。只知道他的祖先世世代代都是主持畜牧，后来周朝人因为要找个会养马的，就把他们这个部族迁到犬丘，住在周朝人的边境作为附庸。"亦不废申侯之女子为骆適者，以和西戎"。说明一边立非子这一支在周边境牧马，还有一支在西垂天水这个地方，他们同羌族相处得很好，使边疆民族得以安宁。"亦不废"，就是说对住在西垂天水这一支秦部族的小部落，周朝人也给他采邑为附庸。周朝人把这两支秦部族作为同一个部族来处理，一方面扶持非子这一支，一方面对西垂大骆这一支也一样扶持。后来秦国的历史以父系非子这一支为主。

到周厉王时代，"西戎反王室，灭犬丘大骆之族"。把西垂犬丘大骆这一族灭了。周宣王即位，乃以非子之后秦仲为大夫，"诛西戎"。"西戎杀秦仲"。周宣王叫秦仲之后去讨伐，给他七千兵，破西戎。"于是复予秦仲后，及其先大骆地犬丘并有之，为西垂大夫"。就是说秦仲之后的区域，在周宣王时代已经从东方的犬丘到达西边的犬丘。非子之君的世系可见《秦本纪》所载。

《秦本纪》记载："七年春，周幽王用襃姒废太子，立襃姒子为適，数欺诸侯，诸侯叛之。西戎犬戎与申侯伐周，杀幽王郦山下。而秦襄公将兵救周，战甚力，有功。周避犬戎难，东涉雒邑，襄公以兵送周平王。平王封襄公为诸侯,赐之岐以西之地。曰:'戎无道,侵夺我岐、丰之地,秦能攻逐戎,即有其地。'与誓,封爵之。襄公于是始国。"(周平王说:"你能把犬丘撑出去,这个地方就归你了。"与他发誓,封他为诸侯,于是乎秦襄公才开始为诸侯有国家)秦襄公是否带兵送周平王?现在看来恐怕不是。周平王东迁,周二王并立,关中这一带还为携王所据,周携王还存在。周平王二十一年(公元前750年)晋文侯仇才把携王杀了。所谓"襄公以兵送周平王"的说法大概是编写历史的人因为史料缺乏,想象出来的。晋文侯仇杀掉携王,占住西周一些地方。但是因为他力量不够,所占地方也有限。秦襄公还可以在西边这些地方发展,同戎人斗争中间可以逐渐发展。在戎人得势时,秦襄公在原来犬丘的地方不能立足,他必定从西垂那边起来,也必然还要拥戴周室,依靠东迁后的王室的命令来扩充他自己的势力。《史记·封禅书》说:"秦襄公既侯,居西垂。"他不住在犬丘,可以晓得他从西边逐渐向东边发展。秦襄公在西垂时同戎人斗争,"与诸侯通使聘享之礼",与诸侯交通,与王室交通。秦襄公伐戎,从西垂向东北发展,到岐山(就是凤翔)就死了。

秦襄公以后秦文公"居西垂宫",还是住在天水这个地方。他父子都还在西垂,兵力打到岐山。《秦本纪》说:"三年,文公以兵七百人东猎。"打猎打到东边。古代打猎就是一种军事准备。七百人还是很小。"四年,至汧渭之会。……乃卜居之。"他于是乎才住在咸阳西边,还是在渭北。秦文公十三年很重要,"初有史以纪事"。十三年才开始有历史记载,就是我们现在所谓的《秦纪》,《秦始皇本纪》中的《秦纪》,说明《史记·六国年表》中记载的,秦文公十三年以前属于传说,以后才是有历史文字记载的。大概这种记载还是简略的,也许就如古代的《春秋》、后来的《竹书纪年》一样。《竹书纪年》记载战国的历史比较可靠,战国以前的历史多半抄《春秋》,春秋以前再早的历史,大概就是战国时人根据《秦纪》及往前的传说加以编造的。古代历史的编写大概就是这样。"初有史以纪事",是我们研究历史很重要的一段记事。"十六年,文公以兵伐戎,戎败走。于是文公遂收周余民有之,地至岐,岐以东献之周。"就是把所有周余民、岐山以西所有地方,实际都占有了。把岐山以东的地方献给周,这是一句空话。周平王东迁后,犬戎和羌民占住西周原来的地方;晋文侯仇把携王杀了,又分去一部分地方。周朝已经没有力量到这个地方,而秦国还没有力量越过岐山。

文公二十年,"法初有三族之罪",这也是比较重要的。诛三族、族诛,这是中国刑法里很重要的一条,它是从秦国开始有的。所以后来说诛九族,诛多少族,那都是后人的算法,应该是诛三族。在原始时代,尤其是父系母族杂处时代,父系母系还没有十分划清楚,"三族之罪"便是很重的处罚。父族、母族、妻族,在父系母系中最亲密的就是这三族。后来所说的几代几代,那都是后人继承秦国"三族之罪"推想的。因为在古代最亲爱的无论父系母系都是这三族,而且同时诛杀,才能使他痛心。后来说人死了戮尸,都是推测的。实际上最足以威胁人的,就是诛杀他最亲爱、最关心的父族母族妻族。这种罪,在东方原始社会可以说没有。比如《甘誓》中"予则孥戮汝"这些刑法,都是根据秦以后的刑法来推论古代。在东方原始社会的农村公社里不会有这些东西。原始社会里可以有刖刑,砍断腿。《庄子》里有许多没有腿的。《左传》讲齐景公时代"国之诸市屦贱踊贵",受刖刑而需用假足的人多。在东方农村公社里,对于人身可以有许多肉刑,但要罪及三族,恐怕不容许。后来秦统一六国，凡是东方人都不愿做秦国的人，就因为秦国的法太严了。历史记载，秦灭两周，"周民东亡"，都逃亡了。秦国得到的是空城，还要移民来实空城。所以说秦国统一，最初东方人不同他合作，这也是一个很重要的原因。

出子时代。秦孝公求贤诏中说："往者厉、躁、简公、出子之不宁。"《秦本纪》记载秦宁公"生子三人，长男武公为太子。武公弟德公，同母鲁姬子，生出子。宁公卒，大庶长、弗忌、威垒三父废太子而立出子为君。"大庶长、弗忌、威垒，这三个人称为"三父"，大概是出子的长辈。秦国直接统治人民的官叫庶长。秦国最初起来没有许多层次，没有诸侯大夫这一类，最大的官就是大庶长。庶长，庶民之长。可以研究一下，为什么秦国最大的官是大庶长？出子六年，三父又叫人把出子杀了。"三父等乃复立故太子武公"。

武公"三年，诛三父等而夷三族，以其杀出子也"。这个三族就是父族母族妻族，他不像后来所谓三族，武公同三父还有血缘关系，他自己不包括在内。说明"初有三族之罪"，实际上就是对他们亲属实行。这个法很严厉。

1978年1月，陕西宝鸡杨家沟公社出土窖藏秦公钟八件。伍仕谦先生有考释文章，刊于《四川大学学报》1980年第2期。《秦公钟》有铭文一百三十五字，铭文称文公、静公、宪公。静公，就是《秦本纪》的靖公。宪公，《秦本纪》作宁公，宁公为宪公之讹。宁（宪）公"徙居平阳"，到了雍（宝鸡）。出子和武公时代，已经住到宝鸡，逐渐从西垂往东边发展，收周余民。《秦本纪》说宁（宪）公卒，"葬西山"。西山，宝鸡以西称为西山，还有几个铜器讲秦十有二公。这个数目怎么算？做器人是谁？从何时算起？历来众说纷纭。我想不必现在推算。我们晓得秦国到了岐山以后，他同周朝的关系就密切了。《秦公钟》可能是秦德公作的钟,伍先生那篇文章讲了。《秦本纪》说:"德公元年,初居雍城大郑宫。"这个地方正是《秦公钟》出土的地点。因为德公住在这儿,同周朝的关系就密切了。所以《秦公钟》铭曰:"公及王姬。"秦德公的夫人就是王姬。周朝要靠这部分力量来维持西方的安全,所以他把王姬嫁给秦国。《秦公钟》铭曰:"余小子余夙夕虔敬朕祀。以受多福,盭和胤士,咸畜左右。"他左右有许多胤士。秦国都是部族统治,都是他的亲属。胤士,士就是兵士。胤,从幺,从肉,旁边加两画,就是世代的血缘关系。秦国用他有血缘关系的部族作为主要的力量征服了旁边的外族。铭文又说:"盗(羨)百蠻(蛮),具即其服。"从这个地方看到他统治西戎部族,表现了他的力量。秦武公时建都的地方在平阳(宝鸡),前锋已到华山下。秦武公"十年,伐邽、冀戎,初县之。十一年,初县杜、郑。灭小虢"。杜,下杜,在长安东边。郑,华州郑县,就是郑桓公初封的地方。南边的郑(南郑)在汉中,小虢,在西边。一方面秦部族逐渐吞并附近的小部族,一方面他把征服的周余民和少数部族逐渐统治起来,作为一个比较大的规模的县,这种县就是郡县制的最早的规模,他不像从前的公社,县是直接隶属于国君。管理的官吏就是庶长。说明秦国直接统属他的部族,没有分封,虽有采邑,后来有封君,但他们的权限都直接掌握在国君手里,所以称为庶长这一类东西。秦武公十三年,齐桓公才立为齐国君。秦武公十九年,晋国的曲沃这一支才立为晋侯。齐晋在秦武公时代开始起来。"二十年,武公卒,葬雍平阳。"雍,是秦国最大的根据地。"初以人从死,从死者六十六人。"就是用人殉葬。后来秦穆公时有《黄鸟》之诗。秦武公死后是秦德公,秦德公的小儿子就是秦穆公。所谓死者从葬应当是东方的风俗,秦国是从东方来的。我们看到殉葬在殷商多，青莲岗文化中还看到祭天杀人的规模。《左传》僖公十九年有"宋公使邾文公用鄫子于次睢之社"的记载。用人来殉葬，用人来祭祀。

"德公元年，初居雍城大郑宫。以牺三百牢祠鄜畤。卜居雍。"秦国的畤，就是立个石头柱子来祭祀。这个东西保存了古代原始的习俗，也许是父系社会的东西带到秦国来的。秦以雍为根据地，一方面同同室结婚，一方面向东边发展。

秦穆公"四年，迎妇于晋，晋太子申生姊也"。秦晋为婚姻，后来称结婚为"秦晋之好"。秦穆公时代一方面承袭西周还存在于西方的文化，另一方面原来周朝地方的文化已经落后了，他逐渐用从东方去的客卿，接受东方的文化。秦穆公用百里傒是秦用客卿的开始。百里傒原来是虞国的大夫，晋国灭虞，虏百里傒，"以为秦穆公夫人媵于秦"。后来逃走为"楚鄙人执之"。穆公闻百里傒贤，用五张羊皮赎回来，"授之国政，号曰五羖大夫"。后来，秦公同晋惠公打仗，《左传》称为韩之战，秦把晋惠公捉去了。开始晋惠公许秦以河西之地，后来又背内外之约，到晋惠公捉住时，才"献其河西地"，这时秦国的势力东边才达到黄河。韩之战，把晋惠公捉去了。但晋国还是团结得很好，所以秦国不能称霸，只能同晋国和好。晋献公死后，秦穆公两次立晋侯，最初是晋惠公，后来是晋文公，两国关系一直很好。但是他们之间存在利害冲突，秦穆公时代同晋国的战争，《左传》记载比较详细一点。晋国，尤其在文公之后，国势强盛。秦国向东边发展，为晋所阻遏，秦穆公时始终不能过河。《左传》文公六年说秦穆公用人殉葬，"君子是以知秦之不复东征也"。也可以说没有把落后的风俗改掉，国势还不能充分发展。他虽然用客卿百里傒，但是没有完全听从客卿的谋略。秦穆公同晋国最后一战,"济河焚舟",决心同晋国打一仗。晋国好多仗都是胜利,这次晋人不出来了。所以《秦本纪》讲这一仗,"晋人皆城守不敢出。于是缪公乃自茅津渡河,封殽中尸,为发丧,哭之三日"。秦国同晋国于鲁僖公三十三年在殽交战,秦国打了败仗,尸首还在那里,于是筑坟把它封起来。"乃誓于军",《尚书》中有一篇《秦誓》就是秦穆公的誓词。这篇文章是秦国的史料。秦穆公在誓师之词中检讨自己不用客卿蹇叔、百里傒的计谋。他在《秦誓》中说:"责人斯无难,惟受责俾如流是惟艰哉!"责备人不是什么难事,接受人的责备,马上做像流水一样,这个难得很!蹇叔是百里傒推荐的,后来秦穆公与晋国争霸时就不听他的计谋,所以秦穆公作《秦誓》来检查自己。

秦穆公向东发展受阻,转而向西扩张。"三十七年,秦用由余谋伐戎王。益国十二,开地千里,遂霸西戎。""益国十二"这是笼统的记载,就是不同的十二个部落。"天子使召公过贺穆公以金鼓。"这时秦还是拥戴周室的。秦穆公继晋文公之后伐西戎,把西方统一起来,对周朝还是一个安定的因素,所以周室才贺以金鼓。金鼓,现在解释就是以铜铸的鼓,就是现在南方的铜鼓。我们发现有铜铸的鼓,大概还要早点,有人说是殷代。铸的鼓同皮的鼓一样。要论鼓,"天子使召公过贺穆公以金鼓"是一条很重要的史料。可能当时有这个东西。秦国所以能够强大,一方面他接受中原文化,一方面他杂于戎狄之间,能够同戎狄同化,逐渐统一戎狄。大概在秦穆公伐西戎以后,秦国就逐渐强大起来。

秦国在周朝西边,这里文化本来很高。西周时代,周宣王"不籍千亩",就废除了劳役地租。《史记·六国年表》记载秦简公七年(公元前409年)"初租禾",才从劳役地租到实物地租。这时离开周宣王(前828年)已经四百一十九年,比鲁国的"初税亩"(鲁宣公十五年,公元前594年)也还晚了一百八十五年。这说明周朝一个乱事,使秦国的发展推迟了四百多年。秦简公六年还有一个"令吏初带剑",吏带剑就是唱戏说的上方宝剑,剑本来不是中国的,这种武器可能是从北方来的,吏带剑增加了县令的权限。秦国的命令,一个诛三族,一个吏带剑,使大庶长这些官吏有杀生之权。这些说明秦代法律严厉的来源。

秦穆公之后,发展缓慢。一方面中国文化在西边逐渐衰落;一方面秦人自己在戎狄之间发展很缓慢;一方面晋国强大之后,同楚争霸八十多年,秦也没有力量向东边发展。所以在秦穆公之后,秦国始终在晋国的黄河以西。战国初期,魏国强大后,又把秦国从黄河以西逼到洛水以西。这可以用秦孝公的《求贤诏》来分析说明。秦孝公下令求贤属于战国时代,文中概括地叙述了战国以前的秦国情况。"昔我穆公自岐雍之间(就是凤翔),修德行武,东平晋乱,以河为界(秦穆公时代),西霸戎翟,广地千里,天子致伯,诸侯毕贺,为后世开业,甚光美。会往者厉、躁、简公、出子之不宁,国家内忧,未遑外事(国家不能向外发展)。三晋攻夺我先君河西地(三晋,韩赵魏,虽然一分为三,但还能合作对楚,所以称为三晋,其中以魏国为领导)。诸侯卑秦,丑莫大焉(这时秦国辟在西戎,风俗不同,诸侯都瞧不起秦国)。献公即位,镇抚边境,徙治栎阳(秦献公时代,一度从雍徙治栎阳。栎阳在潼关边上,东边到了河西),且欲东伐,复穆公之故地,修穆公之政令(他想继承穆公的规模,也没有实现,也没有能过河。所以秦孝公也只能从戎地向东迁徙到咸阳,只能在东边的犬丘之地)。寡人思念先君之意,常痛于心。宾客群臣有能出奇计强秦者(他还是注重宾客,用客卿),吾且尊官,与之分土。"秦孝公要强秦,要改变秦国的局势,还是希望有宾客。群臣是秦国的,宾客是外来的。所以秦用客卿是很重要的国策。秦后来用商鞅,商鞅还是客卿。商鞅从魏国把晋国的法令法典都带到秦国来,后来在咸阳立冀阙。所谓冀阙,还是东方的东西。冀就是晋国,阙就是国门,两个柱子,两个大楼。凡是国家的教令,都在冀阙里头公布出来,我们想《月令》这些东西都是阙门上公布的教令,把晋国的法令教令要做什么都公布出来。

秦国的来源,过去只知道出于东方。现在经过分析,就晓得他确实出于东方。还有赵国,原来和秦国一样都是东方养马的。《国语》说秦赵同祖。《晋语四》说"赵衰,其先君之戎御",赵衰是给晋献公御戎车的,就是赶马的。赵国的祖先是戎御,所以秦赵同祖,都是古代善于养马赶车的部族。

后　记

徐中舒先生(1898—1991),我国著名的历史学家、古文字学家。曾当选中国史学会理事、中国先秦史学会理事长、中国古文字学学会常务理事、中国考古学会顾问、四川省历史学会理事长。

徐中舒先生为安徽怀宁(今安庆市)人。出身贫寒,刻苦自学,1917年毕业于安庆初级师范学校,1925年考取清华大学国学研究院,师从王国维、梁启超、赵元任、李济;1929年受聘于中央研究院历史语言研究所,历任编辑员、研究员;1938年受中英庚款和四川大学协聘,任四川大学历史系教授,1946年起担任川大历史系主任;1927年至1949年,先后担任过暨南大学、复旦大学、北京大学、武汉大学、华西协和大学、燕京大学、中央大学等校专、兼职教授;1948年入围中央研究院首届院士候选人名单。建国后,先生继续任教于四川大学历史系,担任系主任和名誉系主任,并兼任过西南博物院院长、四川省博物馆馆长、中国科学院历史研究所学术委员,曾多次当选全国人大代表、全国政协委员。

徐中舒先生长期从事中国古代史的科研和教学,他师承王国维的"二重证据法",融古代文献学、古文字学、考古学、民族学、古器物学等学科知识于一炉,研究所据,从书里到书外,书外所得复又回到书中以求证明,在中国先秦史和古文字学研究领域多有建树，并多次为各个层次的学生讲授先秦史专题课程。1933年兼任北京大学讲师，即讲授"殷周史料考订"课程（该课程大纲收入先生《古文字学讲义》一书中，巴蜀书社2008年出版）。而先秦史讲义均为在四川大学历史系讲学过程中所形成，讲授时间分别为1957年、1963年、1964年、1965年及1982年。第一、二、四次均为四川大学历史系高年级开设的选修课，第三次是在休假一年中为准备高教部文科教材会议委托编写的《先秦史》教材，由先生口授，罗世烈、缪文远先生笔录而成，最后一次是为1982级中国古代史先秦史方向的硕士研究生讲授。以上讲义都是油印稿或抄写稿，流传不广。承天津古籍出版社美意，将徐先生生前讲义正式出版，以飨学界。因该书纳入天津古籍出版社"名师讲义"丛书系列，受丛书体例所限，本书仅将徐先生1957年和1982年的两份讲义收入，1960年代的三份讲义只能留待日后了（1961年，徐先生曾为川大历史系历史专业57级的高年级同学讲授"中国封建社会领主土地所有制和地主土地所有制问题"，这次讲课没有讲义留下来，从《光明日报》本年11月6日的报道看，应与1957年"先秦史教学大纲"中的第七讲"西周的社会性质"相似；徐先生还于1952年和1962年两次为川大历史系历史专业同学讲授中国通史先秦史部分。第一次讲授内容因无记录，已难知其详；第二次系采用郭沫若先生主编之《中国史稿》第一册为教材，讲授中徐先生对教材的观点、材料等多有修正，时参加旁听的古文字学研究生袁廷栋曾有听课笔记留下，作为附录收入1992年巴蜀书社出版的徐先生《先秦史论稿》中）。

徐中舒先生自进入清华大学国学研究院，便从王国维、梁启超、李济诸师治先秦史，其毕业论文"从古书中推测之殷周民族"是其研治先秦史的开篇之作；1930年代，先生在中央研究院历史

后 记

语言研究所工作的近10年中，相继发表了一系列学术论文，如"耒耜考"、"殷人服象及象之南迁"、"再论小屯与仰韶"、"殷周文化之蠡测"、"古代狩猎图象考"、"陈侯四器考释"、"金文嘏辞释例"、"豳风说"、"殷周之际史迹之检讨"等，奠定了徐中舒先生在先秦史学界的学术地位；抗战军兴，先生举家迁入四川，任教于四川大学历史系，因当时川大历史系人才济济，中国古代史的教学有束世澂先生，古文字学一科则有丁山先生，徐先生遂承担了当时尚无人讲授的中国近代史和明清史的教学，而学术研究则始终集注于先秦史。1940年代又写成"结绳记事考"、"井田制度探原"、"殷代兄终弟及为贵族选举制说"、"北狄在前殷文化上的贡献——论殷虚青铜器与两轮大车之由来"诸文；1950年代徐先生又先后撰写了"黄河流域穴居遗俗考"、"论殷代社会的氏族组织"、"论秦与匈奴的统一及其经济原因"、"论东亚大陆牛耕的起原"、"试论周代田制及其社会性质"、"战国初期魏齐的争霸及列国间合纵连横的开始"、"论西周是封建社会——兼论殷代社会性质"等文。在近30年研治先秦史的基础上，1957年，徐先生首次在川大历史系为高年级同学开设了"先秦史专题"选修课，历时一学期。讲授过程中，由川大历史系教师谢忠樑先生随堂听讲纪录并整理。该讲义原拟分十三个专题进行讲授，后在实际教学中，取消了"甲骨文字与铜器铭文对于商周历史所提供的新资料"一讲，整理后共得十二讲。

1978年，经历了十年"文革"浩劫后，徐先生已届80高龄。但重新走上教学一线的徐先生，学术激情却像火山爆发般喷涌而出。1978年招收"文革"后第一批古文字学方向硕士研究生5人，又代中国社会科学院研究生院培养古文字学方向硕士研究生二名；1979年接受高教部委托，在四川大学历史系开办先秦史进修班，面对全国高校招收中青年教师进行为期一年的进修学习;同年招收中国古代史先秦史方向硕士研究生四名;1982年再次招收中国古代史先秦史方向硕士研究生三名。这三届硕士研究生及先秦史进修班，徐先生都亲自授课，但1978级古文字学研究生和1979年先秦史研究生除了学生的听课记录外，当时未作详细的记录;先秦史进修班的讲授，由川大历史系教师罗世烈、缪文远先生随堂记录后，交徐先生修改成文，分别以"殷商史中的几个问题"、"西周史论述"(上、下及补充)、"中国古代的父系家庭及其亲属称谓"为题，先后发表在《四川大学学报》(哲社版)1979年第2、3、4期及1980年第1期上;1982年，徐先生为先秦史方向研究生讲课时，因为前一年先生承担了高教部委托编写高等院校《先秦史》教材的任务，因此这次授课，自始至终都作了录音，并由四川大学历史系教师江玉祥、徐亮工根据录音整理成文。

　　徐先生研究先秦史，始终将注意力集注于民族的迁徙与文化的演变上。高辛氏和高阳氏出于《史记·五帝本纪》的记载，即五帝中的帝喾和帝颛顼，相传都是黄帝的后代。然而于高辛氏和高阳氏这一传说中我们能够看到怎样的历史素地，从来学者都未能作出令人满意的解释。近代疑古之风起，夏、商尚在怀疑之列，更何论传说中的五帝，这一问题遂被束之高阁了。徐先生从"古史辨"那里拾起被其撕成碎片的上古史，在王国维先生《殷周制度论》的启发下，以自己对古史的独特认识，再依据现代考古发掘的新发现，结合民族学的例证，化腐朽为神奇，对高辛氏和高阳氏这一古老传说作出了全新的解释，并成为他研究中国上古历史的一条主线。在1955年发表的《试论周代田制及其社会性质》及1950年代至1980年代多次先秦史专题讲义中，徐先生最终将上古时期东亚大陆文化东西二分的观点与高辛、高阳的传说联系起来。他认为我国古代黄河流域的农业是从两个中心区域发展起来的:一个是西边黄河中上游的仰韶文化区,一个是东方围绕泰山的众多小河河谷丘陵高地的大汶口文化——龙山文化区。东西两区之间是一个广大、低下的沼泽森林地带,在很长的时期里把两个文化区完全隔离了,因而在黄河流域出现了两个不同系统的文化。仰韶文化农业发展较早,树木早已砍光,农田已开辟,是阳光普照的地方,因此他们称为高阳氏;而东方龙山文化区的人民向西发展,将低地逐步开发出来,才与仰韶文化有了接触。在低洼的沼泽森林地带发展起农业的龙山文化则被称为高辛氏。辛即薪,古代树木曰薪。高阳氏和高辛氏的传说正是仰韶文化和龙山文化在黄河流域由各自独立发展到接触融合的反映。龙山文化的农业发展尽管要晚一些,但由于接受了南方河姆渡文化先进因素的影响,加上开发出低地自然条件优越,故能后来居上,逐步取代了仰韶文化,一直向西发展到黄河上游的甘青地区,中国古代文化主要是继承了龙山文化的传统。早在1930年代,徐先生就在"殷人服象及象之南迁"一文中,提出了"古代环渤海湾而居之民族,即为中原文化之创造者,而商民族即起于此"的观点。而在对东方文化源头的追寻中,徐先生于1948年写成的"北狄在前殷文化上的贡献——论殷虚青铜器与两轮大车之由来"一文(该文写成后因各种原因在先生生前始终未能发表,1999年后先后发表于台湾《古今论衡》第3期、《中华文化论坛》2000年第1期及四川大学出版社2006年出版的《川大史学·徐中舒卷》上),在充分肯定殷商文化是源于东亚大陆的本土文化的前提下,就古文字及边裔史料,以探求青铜器与两轮大车输入之部族,与其所经由之路途。综合古文献、古文字、考古材料及边裔民族史料中反映古代东北民族的生产、生活习俗的方方面面,论证了古代北狄为构成中华民族之一支，居于东亚大陆北部及东北部，在殷商前期即与中原地区有了联系，殷墟之青铜器与两轮大车，由北狄自西方输入，已不为无据也。正是东方的本土文化与外来的西方文化相结合，从而成就了殷商一代辉煌的文化。对于文化发展与文化交流的关系，徐先生在"古代狩猎图像考"一文中早有明确之态度："人类文化演进，不外两途：其一由于文化自身之继续发展，其又一则由于外来文化之影响。此二者实相互为用。历史上固无全然孤立之文化，亦无全然受外来文化支配之民族。中国文化受有外来影响，远在殷商以前。"中国古代文化中有外来因素，这与"中国文化西来说"完全不同，徐先生认为：古代文明中一些因素"非我国固有，在笃爱我国文化之人士言之，宁非憾事。但吾人尚论古史，当以史实为依归。吾人由此知中国文化在远古并非孤立，此亦非无益之事。吾人观殷墟文物之盛，即在能撷取他人之长而迅即融会为己有，且发扬而光大之。吾人今日之耻辱，不在仿效他人，而在他人发明与日俱增，而我即追摹仿效，犹不能仿佛其什一也"。追寻文化交流与演变，在本书所收录之两次讲义中均有较多的反映。另外，在研究文化演变与社会变化的关系上，徐先生对社会组织的结构及变化给予了更多的注意，家族公社和农村公社在中国古代文明的起源及其后文化的变迁中所起到的作用，在两份讲义中亦有多处论述，尤其是关于先秦社会中所存在的家族公社和农村公社对于学术思想影响的论述，在传统的中国古代思想史研究途径上另辟蹊路，不落窠臼。

  本书出版在即，在此，对当年参加徐先生这两份讲义记录整理的谢忠樑、江玉祥先生表示深深的敬意和衷心的感谢。

徐亮工谨识